OEUVRES
COMPLÈTES
DE J. RACINE.

TOME QUATRIÈME.

DE L'IMPRIMERIE DE P. DIDOT, L'AINÉ,

CHEVALIER DE L'ORDRE ROYAL DE SAINT-MICHEL,

IMPRIMEUR DU ROI.

OEUVRES
COMPLÈTES
DE J. RACINE

AVEC LES NOTES
DE TOUS LES COMMENTATEURS.

ÉDITION PUBLIÉE
PAR L. AIMÉ-MARTIN.

TOME IV.

A PARIS
CHEZ LEFÈVRE, LIBRAIRE,
RUE DE L'ÉPERON, N° 6.

M DCCC XX.

ESTHER,

TRAGÉDIE

TIRÉE DE L'ÉCRITURE SAINTE.

1689.

PRÉFACE.

La célèbre maison de Saint-Cyr ayant été principalement établie pour élever dans la piété un fort grand nombre de jeunes demoiselles rassemblées de tous les endroits du royaume, on n'y a rien oublié de tout ce qui pouvoit contribuer à les rendre capables de servir Dieu dans les différents états où il lui plaira de les appeler. Mais en leur montrant les choses essentielles et nécessaires, on ne néglige pas de leur apprendre celles qui peuvent servir à leur polir l'esprit, et à leur former le jugement. On a imaginé pour cela plusieurs moyens, qui, sans les détourner de leur travail et de leurs exercices ordinaires, les instruisent en les divertissant; on leur met, pour ainsi dire, à profit leurs heures de récréation : on leur fait faire entre elles, sur leurs principaux devoirs, des conversations ingénieuses qu'on leur a composées exprès, ou qu'elles-mêmes composent sur-le-champ; on les fait parler sur les histoires qu'on leur a lues, ou sur les importantes vérités qu'on leur a enseignées; on leur fait réciter par cœur et déclamer les plus beaux endroits des meilleurs poëtes : et cela leur sert surtout à les défaire de quantité de mauvaises prononciations qu'elles pourroient avoir apportées de leurs provinces; on a soin aussi de faire apprendre à chan-

PRÉFACE.

ter à celles qui ont de la voix, et on ne leur laisse pas perdre un talent qui les peut amuser innocemment, et qu'elles peuvent employer un jour à chanter les louanges de Dieu.

Mais la plupart des plus excellents vers de notre langue ayant été composés sur des matières fort profanes, et nos plus beaux airs étant sur des paroles extrêmement molles et efféminées, capables de faire des impressions dangereuses sur de jeunes esprits, les personnes illustres qui ont bien voulu prendre la principale direction de cette maison ont souhaité qu'il y eût quelque ouvrage qui, sans avoir tous ces défauts, pût produire une partie de ces bons effets. Elles me firent l'honneur de me communiquer leur dessein, et même de me demander si je ne pourrois pas faire sur quelque sujet de piété et de morale une espèce de poëme où le chant fût mêlé avec le récit, le tout lié par une action qui rendît la chose plus vive et moins capable d'ennuyer.

Je leur proposai le sujet d'Esther, qui les frappa d'abord, cette histoire leur paroissant pleine de grandes leçons d'amour de Dieu, et de détachement du monde au milieu du monde même. Et je crus de mon côté que je trouverois assez de facilité à traiter ce sujet : d'autant plus qu'il me sembla que, sans altérer aucune des circonstances tant soit peu considérables de l'Écriture sainte, ce qui seroit, à mon avis, une espèce de sacrilége, je pourrois remplir toute mon

PRÉFACE.

action avec les seules scènes que Dieu lui-même, pour ainsi dire, a préparées.

J'entrepris donc la chose : et je m'aperçus qu'en travaillant sur le plan qu'on m'avoit donné, j'exécutois en quelque sorte un dessein qui m'avoit souvent passé dans l'esprit, qui étoit de lier, comme dans les anciennes tragédies grecques, le chœur et le chant avec l'action, et d'employer à chanter les louanges du vrai Dieu cette partie du chœur que les païens employoient à chanter les louanges de leurs fausses divinités.

A dire vrai, je ne pensois guère que la chose dût être aussi publique qu'elle l'a été. Mais les grandes vérités de l'Écriture, et la manière sublime dont elles y sont énoncées, pour peu qu'on les présente, même imparfaitement, aux yeux des hommes, sont si propres à les frapper; et d'ailleurs ces jeunes demoiselles ont déclamé et chanté cet ouvrage avec tant de grace, tant de modestie, et tant de piété, qu'il n'a pas été possible qu'il demeurât renfermé dans le secret de leur maison : de sorte qu'un divertissement d'enfants est devenu le sujet de l'empressement de toute la cour, le roi lui-même, qui en avoit été touché, n'ayant pu refuser à tout ce qu'il y a de plus grands seigneurs de les y mener, et ayant eu la satisfaction de voir, par le plaisir qu'ils y ont pris, qu'on se peut aussi bien divertir aux choses de piété, qu'à tous les spectacles profanes.

Au reste, quoique j'aie évité soigneusement de mêler le profane avec le sacré, j'ai cru néanmoins que je pouvois emprunter deux ou trois traits d'Hérodote, pour mieux peindre Assuérus : car j'ai suivi le sentiment de plusieurs savants interprètes de l'Écriture, qui tiennent que ce roi est le même que le fameux Darius, fils d'Hystaspe, dont parle cet historien. En effet, ils en rapportent quantité de preuves, dont quelques unes me paroissent des démonstrations. Mais je n'ai pas jugé à propos de croire ce même Hérodote sur sa parole, lorsqu'il dit que les Perses n'élevoient ni temples, ni autels, ni statues à leurs dieux, et qu'ils ne se servoient point de libations dans leurs sacrifices. Son témoignage est expressément détruit par l'Écriture, aussi bien que par Xénophon, beaucoup mieux instruit que lui des mœurs et des affaires de la Perse, et enfin par Quinte-Curce.

On peut dire que l'unité de lieu est observée dans cette pièce, en ce que toute l'action se passe dans le palais d'Assuérus. Cependant, comme on vouloit rendre ce divertissement plus agréable à des enfants, en jetant quelque variété dans les décorations, cela a été cause que je n'ai pas gardé cette unité avec la même rigueur que j'ai fait autrefois dans mes tragédies.

Je crois qu'il est bon d'avertir ici que bien qu'il y ait dans *Esther* des personnages d'hommes, ces personnages n'ont pas laissé d'être représentés par des filles avec toute la bienséance de leur sexe. La chose

PRÉFACE.

leur a été d'autant plus aisée, qu'anciennement les habits des Persans et des Juifs étoient de longues robes qui tomboient jusqu'à terre.

Je ne puis me résoudre à finir cette préface sans rendre à celui qui a fait la musique la justice qui lui est due, et sans confesser franchement que ses chants ont fait un des plus grands agréments de la pièce[1]. Tous les connoisseurs demeurent d'accord que depuis long-temps on n'a point entendu d'airs plus touchants ni plus convenables aux paroles. Quelques personnes ont trouvé la musique du dernier chœur un peu longue, quoique très belle. Mais qu'auroit-on dit de ces jeunes Israélites qui avoient tant fait de vœux à Dieu pour être délivrées de l'horrible péril où elles étoient, si, ce péril étant passé, elles lui en avoient rendu de médiocres actions de graces? Elles auroient directement péché contre la louable coutume de leur nation, où l'on ne recevoit de Dieu aucun bienfait signalé, qu'on ne l'en remerciât sur-le-champ par de fort longs cantiques: témoin ceux de Marie sœur de Moïse, de Débora, et de Judith, et tant d'autres dont l'Écriture est pleine. On dit même que les Juifs, encore aujourd'hui, célèbrent par de grandes actions de graces le jour où leurs ancêtres furent délivrés par Esther de la cruauté d'Aman.

[1] Ce musicien s'appeloit Moreau.

NOMS DES PERSONNAGES [1].

ASSUÉRUS, roi de Perse.
ESTHER, reine de Perse.
MARDOCHÉE, oncle d'Esther.
AMAN, favori d'Assuérus.
ZARÈS, femme d'Aman.
HYDASPE, officier du palais intérieur d'Assuérus.
ASAPH, autre officier d'Assuérus.
ÉLISE, confidente d'Esther.
THAMAR, Israélite de la suite d'Esther.
GARDES DU ROI ASSUÉRUS.
CHOEUR DE JEUNES FILLES ISRAÉLITES.

La scène est à Suse, dans le palais d'Assuérus.

LA PIÉTÉ fait le Prologue.

---

[1] Nous avons rétabli ce titre tel qu'il se trouve dans toutes les éditions faites sous les yeux de Racine : le mot *Acteurs* n'est point à la tête de la liste des personnages; on y lit seulement : *Noms des Personnages*. On remarque aussi que, dans le privilége, on ne donne point à *Esther* le titre de tragédie, mais seulement celui d'*ouvrage de poésie, tiré de l'Écriture sainte, propre à être récité et à être chanté* : tant on s'efforçoit alors d'écarter de tous les esprits la moindre idée qui pût rapprocher *Esther* d'un spectacle profane réprouvé par la religion. (G.)

PROLOGUE[1].

LA PIÉTÉ.

Du séjour bienheureux de la Divinité
Je descends dans ce lieu par la Grace habité[2];
L'Innocence s'y plaît, ma compagne éternelle,
Et n'a point sous les cieux d'asile plus fidèle.
Ici, loin du tumulte, aux devoirs les plus saints
Tout un peuple naissant est formé par mes mains :
Je nourris dans son cœur la semence féconde
Des vertus dont il doit sanctifier le monde.
Un roi qui me protège, un roi victorieux,
A commis à mes soins ce dépôt précieux.
C'est lui qui rassembla ces colombes timides,
Éparses en cent lieux, sans secours et sans guides :

---

[1] Tous les rôles de cette pièce étoient distribués aux demoiselles de Saint-Cyr, lorsque la jeune mademoiselle de Caylus, qui avoit été élevée dans cette maison, et n'en étoit sortie que depuis peu de temps, témoigna une grande envie de faire quelque personnage ; ce qui engagea l'auteur à faire pour elle ce prologue très heureusement imaginé. Il ne ressemble point à ces prologues d'Euripide, où tout ce qui doit arriver dans la pièce est froidement annoncé. C'est un cadre où Racine a su renfermer délicatement les plus magnifiques éloges du roi, de madame de Maintenon, et de la communauté de Saint-Cyr. (L. R.)

[2] La maison de Saint-Cyr. (*Note de Racine.*)

Pour elles, à sa porte, élevant ce palais,
Il leur y fit trouver l'abondance et la paix.

 Grand Dieu, que cet ouvrage ait place en ta mémoire!
Que tous les soins qu'il prend pour soutenir ta gloire
Soient gravés de ta main au livre où sont écrits
Les noms prédestinés des rois que tu chéris!
Tu m'écoutes; ma voix ne t'est point étrangère:
Je suis la Piété, cette fille si chère,
Qui t'offre de ce roi les plus tendres soupirs:
Du feu de ton amour j'allume ses desirs.
Du zéle qui pour toi l'enflamme et le dévore
La chaleur se répand du couchant à l'aurore [1].
Tu le vois tous les jours, devant toi prosterné,
Humilier ce front de splendeur couronné;
Et, confondant l'orgueil par d'augustes exemples,
Baiser avec respect le pavé de tes temples.
De ta gloire animé, lui seul, de tant de rois,
S'arme pour ta querelle, et combat pour tes droits.
Le perfide intérêt, l'aveugle jalousie,
S'unissent contre toi pour l'affreuse hérésie;
La discorde en fureur frémit de toutes parts;
Tout semble abandonner tes sacrés étendards;
Et l'enfer, couvrant tout de ses vapeurs funèbres [2],

---

[1] Il s'agit ici des missions étrangères et des travaux apostoliques dans l'Orient et dans le Nouveau-Monde, que Louis XIV encourageoit par ses bienfaits. (G.)

[2] La Beaumelle prétend que Jacques II, roi d'Angleterre, alors réfugié à la cour de France, ayant desiré de voir *Esther,* on en donna exprès pour lui une représentation remarquable par une magnificence extraordinaire. Selon lui, le roi et la reine d'Angleterre crurent reconnoître le pape dans ce vers et dans le suivant.

PROLOGUE.

Sur les yeux les plus saints a jeté ses ténèbres.
Lui seul, invariable et fondé sur la foi,
Ne cherche, ne regarde, et n'écoute que toi;
Et, bravant du démon l'impuissant artifice,
De la religion soutient tout l'édifice.
Grand Dieu, juge ta cause, et déploie aujourd'hui
Ce bras, ce même bras qui combattoit pour lui,
Lorsque des nations à sa perte animées
Le Rhin vit tant de fois disperser les armées.
Des mêmes ennemis je reconnois l'orgueil;
Ils viennent se briser contre le même écueil :
Déja, rompant par-tout leurs plus fermes barrières,
Du débris de leurs forts ils couvrent ses frontières.
Tu lui donnes un fils prompt à le seconder,
Qui sait combattre, plaire, obéir, commander;
Un fils qui, comme lui, suivi de la victoire,
Semble à gagner son cœur borner toute sa gloire;
Un fils à tous ses vœux avec amour soumis,
L'éternel désespoir de tous ses ennemis:
Pareil à ces esprits que ta justice envoie,
Quand son roi lui dit : Pars, il s'élance avec joie;
Du tonnerre vengeur s'en va tout embraser,
Et, tranquille, à ses pieds revient le déposer [1].

Il est certain qu'on en fit l'application au pape Innocent XI, alors brouillé avec la cour de France; mais cette application maligne étoit très éloignée de l'intention de l'auteur, qui avoit en vue les troubles de l'Angleterre et ceux de la France. (G.)

[1] Allusion à la campagne de 1688, dans laquelle le grand dauphin prit Philipsbourg, Heidelberg, Manheim, et conquit le Palatinat. (G.)

PROLOGUE.

Mais, tandis qu'un grand roi venge ainsi mes injures,
Vous qui goûtez ici des délices si pures,
S'il permet à son cœur un moment de repos,
A vos jeux innocents appelez ce héros;
Retracez-lui d'Esther l'histoire glorieuse,
Et sur l'impiété la foi victorieuse.

Et vous, qui vous plaisez aux folles passions
Qu'allument dans vos cœurs les vaines fictions,
Profanes amateurs de spectacles frivoles,
Dont l'oreille s'ennuie au son de mes paroles,
Fuyez de mes plaisirs la sainte austérité :
Tout respire ici Dieu, la paix, la vérité.

FIN DU PROLOGUE.

ESTHER.

J'ose vous implorer, et pour ma propre vie,
Et pour les tristes jours d'un peuple infortuné
Qu'à périr avec moi vous avez condamné.

Acte III, Sc. IV.

ESTHER.

ACTE PREMIER[1].

(Le théâtre représente l'appartement d'Esther.)

SCÈNE I.

ESTHER, ÉLISE.

ESTHER.

Est-ce toi, chère Élise? O jour trois fois heureux!
Que béni soit le ciel qui te rend à mes vœux,
Toi qui, de Benjamin comme moi descendue,
Fus de mes premiers ans la compagne assidue,

---

[1] Deux jugements opposés ont été portés sur cet ouvrage. Voltaire et La Harpe croyoient impossible qu'un auteur qui connoissoit aussi bien que Racine les convenances théâtrales eût cru les observer en faisant *Esther*; en un mot, *ils n'y voyoient rien de tragique*. Geoffroy, combattant cette opinion, opposoit à Voltaire et à La Harpe l'entrée si dramatique de Mardochée au premier acte, le danger et le dévouement d'Esther, la surprise d'Aman dans la scène v de l'acte II, et sa chute terrible au troisième acte. Cette multitude de situations vraiment tragiques ne laissent aucun doute sur l'erreur de La Harpe, qui, ayant examiné toute la pièce avec cette prévention, n'y a vu que le récit des livres saints mis fidèlement en scène, et ne s'est occupé que d'en faire ressortir les beautés poétiques. Néanmoins il est utile de remarquer qu'*Esther* ayant

ESTHER.

Et qui, d'un même joug souffrant l'oppression,
M'aidois à soupirer les malheurs de Sion!
Combien ce temps encore est cher à ma mémoire!
Mais toi, de ton Esther ignorois-tu la gloire?
Depuis plus de six mois que je te fais chercher,
Quel climat, quel désert a donc pu te cacher?

ÉLISE.

Au bruit de votre mort justement éplorée,
Du reste des humains je vivois séparée,
Et de mes tristes jours n'attendois que la fin,
Quand tout-à-coup, madame, un prophète divin:
« C'est pleurer trop long-temps une mort qui t'abuse,
« Lève-toi, m'a-t-il dit, prends ton chemin vers Suse[1]:
« Là tu verras d'Esther la pompe et les honneurs,
« Et sur le trône assis le sujet de tes pleurs[2].

été faite uniquement pour Saint-Cyr, pour madame de Maintenon, et pour Louis XIV, Racine n'avoit pas cru nécessaire d'y garder toutes les convenances de la scène: mais qu'il n'ait pas voulu faire une tragédie, qu'il n'ait pas cherché à donner à chaque situation les formes les plus dramatiques, c'est une erreur dont on peut se convaincre par la lecture seule de la pièce. Sans doute Racine n'eut jamais l'intention de laisser représenter *Esther* sur un théâtre public, puisqu'on lit dans le privilége de 1689, qu'*il est fait défense expresse à tous acteurs et autres montant sur les théâtres publics, d'y représenter ni chanter ledit ouvrage.* On peut consulter sur les représentations de Saint-Cyr les lettres de madame de Sévigné.

[1] Les rois de Perse successeurs du grand Cyrus avoient choisi trois villes principales pour y séjourner alternativement, Suse, Ecbatane, et Babylone. Suse, capitale de la Susiane, aujourd'hui le Koursistan, province du royaume de Perse vers le Tigre. (G.)

[2] On peut observer ici que *le sujet de tes pleurs assis sur le trône* n'est pas le terme propre. *Le sujet* se dit des choses: *l'objet* se dit

ACTE I, SCÈNE I.

« Rassure, ajouta-t-il, tes tribus alarmées,
« Sion : le jour approche où le dieu des armées
« Va de son bras puissant faire éclater l'appui ;
« Et le cri de son peuple est monté jusqu'a lui[1]. »
Il dit : et moi, de joie et d'horreur pénétrée[2],
Je cours. De ce palais j'ai su trouver l'entrée.
O spectacle ! O triomphe admirable à mes yeux,
Digne en effet du bras qui sauva nos aïeux !
Le fier Assuérus couronne sa captive,
Et le Persan superbe est aux pieds d'une Juive !
Par quels secrets ressorts, par quel enchaînement
Le ciel a-t-il conduit ce grand événement ?

des choses et des personnes. J'ose croire que ces deux vers eussent été plus corrects, tournés ainsi :

> Là tu verras d'Esther la pompe et les honneurs,
> Et sur le trône assis l'objet de tant de pleurs. (L.)

[1] Métaphore sublime et touchante, dont les auteurs sacrés font un fréquent usage. On lit dans l'Exode, chap. II, v. 23 : « Ascen-« ditque clamor eorum ad Deum ab operibus. » — « Et les cris que tiroit d'eux l'excès de leurs travaux s'élevèrent jusqu'à Dieu. » Le prophète Jérémie a imité ce passage de Moïse, lorsqu'il a dit, chap XIV, v. 2 : « Et clamor Jerusalem ascendit. » — « Et le cri de Jérusalem est monté. » (G.)

[2] *Horreur* est ici un terme très énergique, qui signifie *un effroi religieux mêlé de crainte et de respect*. C'est dans ce sens que Racine a dit, dans *Iphigénie*, act. V, sc. VI :

> Jette une sainte horreur qui nous rassure tous.

M. de La Harpe approuve le vers d'*Iphigénie*, parceque le sens est modifié par l'épithète *sainte*, et il condamne celui d'*Esther*, parceque *horreur* n'a point d'épithète ; mais l'union de *joie* avec *horreur* est une modification encore plus forte que celle d'une épithète. (G.)

ESTHER.

Peut-être on t'a conté la fameuse disgrace
De l'altière Vasthi, dont j'occupe la place [1],
Lorsque le roi, contre elle enflammé de dépit,
La chassa de son trône, ainsi que de son lit.
Mais il ne put sitôt en bannir la pensée :
Vasthi régna long-temps dans son ame offensée.
Dans ses nombreux états il fallut donc chercher [2]
Quelque nouvel objet qui l'en pût détacher.

[1] Vasthi eut raison d'opposer les lois de la pudeur aux caprices d'un roi ivre, qui, dans une débauche, vouloit exposer sa femme aux regards des courtisans. Assuérus étoit doublement dégradé, et par une honteuse ivresse, et par un oubli encore plus honteux de ce qu'il devoit aux mœurs et aux usages de la Perse. Mais Racine n'avoit garde de rendre Assuérus odieux, et Vasthi intéressante : il a supprimé sagement la cause de cette disgrace, laissant entendre seulement qu'elle étoit la suite de l'orgueil insensé de l'*altière Vasthi*. (G.)

[2] « Postquàm regis Assueri indignatio deferbuerat, recordatus « est Vasthi, et quæ fecisset, vel quæ passa esset. Dixeruntque « pueri regis ac ministri ejus : Quærantur regi puellæ virgines ac « speciosæ, et mittantur qui considerent per universas provincias « puellas speciosas et virgines, et adducant eas ad civitatem Susan, « et tradant eas in domum feminarum... Et quæcumque inter om- « nes oculis regis placuerit, ipsa regnet pro Vasthi. Placuit sermo « regi : et ità ut suggesserat, jussit fieri. » — « Lorsque la colère du roi Assuérus fut adoucie, il se ressouvint de Vasthi, et de ce qu'elle avoit fait et de ce qu'elle avoit souffert. Alors les serviteurs et les officiers du roi lui dirent : Qu'on cherche pour le roi des filles qui soient vierges et belles, et qu'on envoie dans toutes les provinces des gens qui considèrent les plus belles d'entre les jeunes filles qui sont vierges, et qu'ils les amènent dans la ville de Suse, dans le palais des femmes... Et celle qui plaira davantage aux yeux du roi sera reine à la place de Vasthi. Cet avis plut au roi ; et il leur

ACTE I, SCÈNE I.

De l'Inde à l'Hellespont ses esclaves coururent :
Les filles de l'Égypte à Suse comparurent ;
Celles même du Parthe et du Scythe indompté [1]
Y briguèrent le sceptre offert à la beauté.
On m'élevoit alors, solitaire et cachée,
Sous les yeux vigilants du sage Mardochée [2] :
Tu sais combien je dois à ses heureux secours.
La mort m'avoit ravi les auteurs de mes jours ;
Mais lui, voyant en moi la fille de son frère,

commanda de faire ce qu'ils lui avoient conseillé. » (*Esth.*, c. II, v. 2, 3, et 4.)

[1] L'histoire ne fait aucune mention des Parthes sous l'empire des Assyriens et des Mèdes ; mais ils existoient : c'étoit une colonie de Scythes, qui s'étoient séparés du reste de la nation ; et c'est pour cela qu'on leur donna le nom de *Parthes*, qui signifie *bannis*. (G.) « Cumque percrebruisset regis imperium, et juxtà mandatum illius « multæ pulchræ virgines adducerentur Susan, et Egeo traderen- « tur eunucho, Esther quoque inter cæteras puellas ei tradita est, « ut servaretur in numero feminarum. » — « Cette ordonnance du roi ayant donc été répandue par-tout, lorsqu'on amenoit à Suse plusieurs filles très belles, et qu'on les mettoit entre les mains de l'eunuque Égée, on lui amena aussi Esther entre les autres, afin qu'elle fût gardée avec les femmes destinées pour le roi. » (*Esth.*, c. II, v. 8.)

[2] « Erat vir judæus in Susan civitate, vocabulo Mardochæus, « qui translatus fuerat de Jerusalem eo tempore quo Jechoniam « regem Juda Nabuchodonosor rex Babylonis transtulerat. Qui fuit « nutritus filiæ fratris sui Edissæ, quæ altero nomine vocabatur « Esther, et utrumque parentem amiserat, pulchra nimis et decora « facie. Mortuisque patre ejus ac matre, Mardochæus sibi eam « adoptavit in filiam. » — « Il y avoit alors dans la ville de Suse un homme juif, nommé Mardochée, qui avoit été transféré de Jérusalem au temps que Nabuchodonosor, roi de Babylone, avoit fait amener Jechonias, roi de Juda, de Judée à Babylone ; il avoit élevé

Me tint lieu, chère Élise, et de père et de mère.
Du triste état des Juifs jour et nuit agité,
Il me tira du sein de mon obscurité ;
Et, sur mes foibles mains fondant leur délivrance,
Il me fit d'un empire accepter l'espérance.
A ses desseins secrets, tremblante, j'obéis :
Je vins ; mais je cachai ma race et mon pays [1].
Qui pourroit cependant t'exprimer les cabales
Que formoit en ces lieux ce peuple de rivales,
Qui toutes, disputant un si grand intérêt,
Des yeux d'Assuérus attendoient leur arrêt ?
Chacune avoit sa brigue et de puissants suffrages [2] :
L'une d'un sang fameux vantoit les avantages ;
L'autre, pour se parer de superbes atours,
Des plus adroites mains empruntoit le secours ;

auprès de lui la fille de son frère, nommée Édisse, qui s'appeloit autrement Esther ; elle avoit perdu son père et sa mère ; elle étoit parfaitement belle, et il paroissoit une grace extraordinaire sur son visage. Son père et sa mère étant morts, Mardochée l'avoit adoptée pour être sa fille. » (*Esth.*, cap. II, v. 5, 6, et 7.)

[1] « Quæ noluit indicare ei populum et patriam suam : Mardo-
« chæus enim præceperat ei, ut de hac re omninò reticeret. » —
« Esther ne voulut pas lui dire (à l'eunuque Égée) de quel pays et
de quelle nation elle étoit, parcequ'e Mardochée lui avoit ordonné
de tenir cela très secret. » (*Esth.*, cap. II, v. 8, 10.)

[2] Idée empruntée de Tacite. Racine en a déja fait usage dans *Britannicus*, acte IV, sc. II : « Nec minore ambitu feminæ exarse-
« rant suam quæque nobilitatem, formam, opes contendere, ac
« digna tanto matrimonio ostentare. » — « Les femmes, dévorées
d'ambition, faisoient valoir leur naissance, leur beauté, leurs richesses, et tout ce qui pouvoit les rendre dignes d'une telle union. »
(*Annal.*, lib. XII.) (L. B.)

ACTE I, SCÈNE I.

Et moi, pour toute brigue et pour tout artifice,
De mes larmes au ciel j'offrois le sacrifice.
    Enfin, on m'annonça l'ordre d'Assuérus [1].
Devant ce fier monarque, Élise, je parus.
Dieu tient le cœur des rois entre ses mains puissantes [2];
Il fait que tout prospère aux ames innocentes,
Tandis qu'en ses projets l'orgueilleux est trompé.
De mes foibles attraits le roi parut frappé :
Il m'observa long-temps dans un sombre silence [3];

---

[1] « Evoluto autem tempore per ordinem, instabat dies quo Es-
« ther, filia Abihaïl fratris Mardochæi, quam sibi adoptaverat in
« filiam, deberet intrare ad regem. Quæ non quæsivit muliebrem
« cultum, sed quæcumque voluit Egeus eunuchus custos virginum,
« hæc ei ad ornatum dedit. Erat enim formosa valdè, et incredi-
« bili pulchritudine omnium oculis gratiosa et amabilis videbatur. »
— « Après donc qu'il se fut passé du temps, le jour vint auquel
Esther, fille d'Abihaïl frère de Mardochée, et que Mardochée avoit
adoptée pour sa fille, devoit être présentée au roi en son rang.
Elle ne demanda rien pour sa parure; mais Égée, eunuque qui
avoit le soin de ces filles, lui donna pour cela tout ce qu'il voulut,
car elle étoit parfaitement bien faite, et son incroyable beauté la
rendoit aimable et agréable à tous ceux qui la voyoient. » (*Esth.*,
cap. II, vers. 15.)

[2] « Sicut divisiones aquarum, ita cor regis in manu Domini :
« quòcumque voluerit inclinabit illud. » — « Le cœur du roi est dans
la main du Seigneur comme une eau courante : il le fait tourner de
quelque côté qu'il veut. » (*Prov.*, cap. XXI, vers. 1.)

[3] L'Écriture parle de la beauté d'Esther comme d'une chose incroyable, *incredibili pulchritudine*, et cependant Racine ne met
rien de bien tendre, du moins en apparence, dans le premier regard qu'Assuérus jette sur elle :

    Il l'observa long-temps dans un sombre silence,

dit le poëte ; et il semble qu'il exclut de cette contemplation le plai-

Et le ciel, qui pour moi fit pencher la balance,
Dans ce temps-là, sans doute, agissoit sur son cœur.
Enfin, avec des yeux où régnoit la douceur :
Soyez reine, dit-il; et, dès ce moment même,
De sa main sur mon front posa son diadème [1].
Pour mieux faire éclater sa joie et son amour,
Il combla de présents tous les grands de sa cour;
Et même ses bienfaits, dans toutes ses provinces,
Invitèrent le peuple aux noces de leurs princes [2].

sir et le transport. L'impression est cependant la même que celle qu'il donne à Pyrrhus, lorsque ce prince guide Andromaque à l'autel,
S'enivrant en marchant du plaisir de la voir.

Dans ces deux situations le poëte a eu égard aux mœurs. On ne devoit point retrouver cet abandon, cette familiarité des princes grecs, dans un roi de Perse, dont rien ne trouble jamais la majesté; mais il falloit cependant avertir les spectateurs des sentiments d'Assuérus. La différence des mœurs fait la différence du vers, mais l'effet est le même, parceque les mœurs sont connues, et que le poëte, en s'y conformant, sait en tirer des beautés nouvelles.

[1] La rigueur de la régle voudroit *il posa*. « Et adamavit eam rex « plus quàm omnes mulieres, habuitque gratiam et misericordiam « coràm eo super omnes mulieres; et posuit diadema regni in ca-« pite ejus, fecitque eam regnare in loco Vasthi. « — « Le roi l'aima plus que toutes ses autres femmes, et elle s'acquit dans son cœur et dans son esprit une considération plus grande que toutes les autres : il lui mit sur la tête le diadême royal, et il la fit reine à la place de Vasthi. » (*Esth.*, cap. II, vers. 17.)

[2] « Et jussit convivium præparari per-magnificum cunctis prin-« cipibus, et servis suis, pro conjunctione et nuptiis Esther. Et « dedit requiem universis provinciis ac dona largitus est juxtà ma-« gnificentiam principalem. » — « Et le roi commanda qu'on fît un festin très magnifique à tous les grands de sa cour et à tous ses ser-

ACTE I, SCÈNE I.

Hélas! durant ces jours de joie et de festins,
Quelle étoit en secret ma honte et mes chagrins[1]!
Esther, disois-je, Esther dans la pourpre est assise,
La moitié de la terre à son sceptre est soumise,
Et de Jérusalem l'herbe cache les murs!
Sion, repaire affreux de reptiles impurs,
Voit de son temple saint les pierres dispersées,
Et du Dieu d'Israël les fêtes sont cessées!

ÉLISE.

N'avez-vous point au roi confié vos ennuis?

ESTHER.

Le roi, jusqu'à ce jour, ignore qui je suis[2]:
Celui par qui le ciel règle ma destinée

---

viteurs, pour le mariage et les noces d'Esther. Il soulagea les peuples de toutes ses provinces, et il fit des dons dignes de la magnificence d'un si grand prince. » (*Esth.*, cap. II, vers. 18.)

[1] Tout le monde supplée l'ellipse, *et quels étoient mes chagrins*, et ce tour plus vif vaut mieux en poésie que l'affectation d'une régularité très inutile, si le poëte eût mis, comme le veut l'abbé d'Olivet:
Quels étoient en secret ma honte et mes chagrins. (L.)

[2] Ce soin de cacher sa naissance fit donner à la nièce de Mardochée le surnom d'*Esther*, qui, en hébreu, signifie *inconnue* : c'étoit par une inspiration divine que Mardochée lui avoit défendu de se faire connoître. Voltaire et M. de La Harpe se sont récriés sur la sottise d'un roi de Perse qui ne sait pas de quel pays est sa femme. Mais, sans recourir aux desseins de Dieu, qui ne permettoit pas qu'Assuérus eût cette curiosité, il importoit fort peu à ce monarque de connoître précisément l'origine et la famille d'Esther: il lui suffisoit de savoir qu'elle étoit belle et aimable. Les despotes orientaux ne s'informent pas d'autre chose. Esther étoit née à Suse, elle avoit été élevée dans cette capitale de la Perse: on pouvoit donc ignorer qu'elle étoit Juive. Ainsi Voltaire

Sur ce secret encor tient ma langue enchaînée [1].
ÉLISE.
Mardochée? Hé! peut-il approcher de ces lieux?
ESTHER.
Son amitié pour moi le rend ingénieux.
Absent je le consulte, et ses réponses sages
Pour venir jusqu'à moi trouvent mille passages :
Un père a moins de soin du salut de son fils.
Déja même, déja, par ses secrets avis [2],
J'ai découvert au roi les sanglantes pratiques

n'a raisonné que d'après nos idées et nos usages, sans égard pour les mœurs orientales. (G.)

[1] « Necdum prodiderat Esther patriam et populum suum, juxtà « mandatum ejus ; quidquid enim ille præcipiebat observabat Es- « ther, et ità cuncta faciebat, ut eo tempore solita erat quo eam « parvulam nutriebat. » — « Esther n'avoit point encore découvert ni son pays ni son peuple, selon l'ordre que Mardochée lui en avoit donné : car Esther observoit tout ce qu'il lui ordonnoit, et laissoit encore toutes choses en ce temps-là par son avis, de même que lorsqu'il la nourrissoit auprès de lui, étant encore toute petite. » (*Esth.*, cap. II, vers. 20.)

[2] « Eo igitur tempore quo Mardochæus ad regis januam mora- « batur, irati sunt Bagathan et Thares, duo eunuchi regis, qui ja- « nitores erant, et in primo palatii limine præsidebant : voluerunt- « que insurgere in regem et occidere eum. Quod Mardochæum non « latuit, statimque nuntiavit reginæ Esther ; et illa regi, ex nomine « Mardochæi, qui ad se rem detulerat. » — « Lors donc que Mardochée demeuroit à la porte du roi, Bagathan et Tharès, deux de ses eunuques, qui commandoient à la première entrée du palais, ayant conçu quelque mécontentement contre le roi, entreprirent « d'attenter contre sa personne et de le tuer. Mais Mardochée ayant découvert leur dessein, en avertit aussitôt la reine Esther. La reine en avertit le roi au nom de Mardochée, dont elle avoit reçu l'avis. » (*Esth.*, cap. II, vers. 21, 22.)

ACTE I, SCÈNE I.

Que formoient contre lui deux ingrats domestiques [1].
Cependant mon amour pour notre nation
A rempli ce palais de filles de Sion,
Jeunes et tendres fleurs par le sort agitées,
Sous un ciel étranger comme moi transplantées.
Dans un lieu séparé de profanes témoins,
Je mets à les former mon étude et mes soins [2];
Et c'est là que, fuyant l'orgueil du diadème,
Lasse de vains honneurs, et me cherchant moi-même,
Aux pieds de l'Éternel je viens m'humilier,
Et goûter le plaisir de me faire oublier [3].
Mais à tous les Persans je cache leurs familles.
Il faut les appeler. Venez, venez, mes filles,
Compagnes autrefois de ma captivité,
De l'antique Jacob jeune postérité [4].

---

[1] Ces deux vers paroissent jetés ici sans dessein, et cependant ils donnent à cette pièce le mouvement qui la met en jeu : de là le songe effrayant du roi, la révision des annales de son règne, l'impression nouvelle que fait sur lui le danger qu'il a couru, le regret qu'il témoigne de n'avoir pas récompensé celui qui l'en a tiré, le triomphe de Mardochée, enfin le salut de tous les juifs. (L. B.)

[2] Ces vers sont une allusion aussi adroite que flatteuse à la maison de Saint-Cyr. (L. B.)

[3] Ce trait admirable de la modestie d'Esther s'appliquoit à madame de Maintenon, qui venoit à Saint-Cyr oublier l'éclat et les grandeurs de la cour. (G.)

[4] Il s'en faut bien que cette scène soit, comme on l'a dit, inutile à l'action, puisqu'elle fait connoître les événements de l'avant-scène, et trace les caractères d'Esther et de Mardochée. Le sujet n'y est pas entièrement exposé; mais ce n'est pas une règle essentielle que toute l'exposition se trouve dans la première scène. (G.)

SCENE II.

ESTHER, ÉLISE, LE CHOEUR.

UNE ISRAÉLITE, *chantant derrière le théâtre.*
Ma sœur, quelle voix nous appelle?
UNE AUTRE.
J'en reconnois les agréables sons :
C'est la reine.
TOUTES DEUX.
Courons, mes sœurs, obéissons.
La reine nous appelle :
Allons, rangeons-nous auprès d'elle.
TOUT LE CHOEUR, *entrant sur la scène par plusieurs endroits différents.*
La reine nous appelle :
Allons, rangeons-nous auprès d'elle.
ÉLISE.
Ciel! quel nombreux essaim d'innocentes beautés
S'offre à mes yeux en foule, et sort de tous côtés!
Quelle aimable pudeur sur leur visage est peinte!
Prospérez, cher espoir d'une nation sainte.
Puissent jusques au ciel vos soupirs innocents
Monter comme l'odeur d'un agréable encens[1]!
Que Dieu jette sur vous des regards pacifiques!

---

[1] On lit dans l'Apocalypse, cap. VIII, vers. 4 : « Ascendit fumus « incensorum de orationibus sanctorum, de manu angeli, coram « Deo. »—« La fumée de l'encens, composée des prières des saints, s'élève de la main de l'ange devant Dieu. »

ESTHER.

Mes filles, chantez-nous quelqu'un de ces cantiques [1]
Où vos voix si souvent se mêlant à mes pleurs
De la triste Sion célèbrent les malheurs.

UNE ISRAÉLITE *chante seule.*

Déplorable Sion, qu'as-tu fait de ta gloire [2] ?
Tout l'univers admiroit ta splendeur :
Tu n'es plus que poussière ; et de cette grandeur
Il ne nous reste plus que la triste mémoire.
Sion, jusques au ciel élevée autrefois,
 Jusqu'aux enfers maintenant abaissée,
  Puissé-je demeurer sans voix,
 Si dans mes chants ta douleur retracée
Jusqu'au dernier soupir n'occupe ma pensée [3] !

[1] Racine met dans la bouche d'Esther les paroles qu'adressoient aux Juifs ceux qui les avoient conduits captifs à Babylone : « Et qui « abduxerunt nos : Hymnum cantate nobis de canticis Sion. » — « Ceux qui nous avoient enlevés nous disoient : Chantez-nous quelqu'un des cantiques de Sion. » (Ps. CXXXVI, vers. 4.)

[2] Dans *Esther* et dans *Athalie*, Racine a voulu nous donner une idée des chœurs des anciennes tragédies grecques ; mais il n'a pas poussé l'imitation jusqu'à rendre le chœur permanent sur la scène. Les chœurs d'*Esther* ne sont que le cortège particulier de la reine, et ne sont pas aussi intimement liés avec l'action que les chœurs des tragédies grecques. Cet essai a donné lieu à Racine de faire briller un nouveau genre de talent, et de montrer qu'il étoit aussi habile à manier la lyre qu'à chausser le cothurne. Rien n'égale la sublimité, le sentiment, et la grace touchante répandus dans les chœurs de Racine ; notre littérature n'a point de plus belles odes : c'est le langage des prophètes ; c'est la poésie des écrivains sacrés, dans tout son éclat. (G.)

[3] « Adhæreat lingua mea faucibus meis, si non meminero tui, « si non proposuero Jerusalem in principio lætitiæ meæ. » — « Que

TOUT LE CHOEUR.

O rives du Jourdain! ô champs aimés des cieux!
Sacrés monts, fertiles vallées,
Par cent miracles signalées!
Du doux pays de nos aïeux
Serons-nous toujours exilées?

UNE ISRAÉLITE, *seule*.

Quand verrai-je, ô Sion! relever tes remparts,
Et de tes tours les magnifiques faites?
Quand verrai-je de toutes parts
Tes peuples en chantant accourir à tes fêtes?

TOUT LE CHOEUR.

O rives du Jourdain! ô champs aimés des cieux!
Sacrés monts, fertiles vallées,
Par cent miracles signalées!
Du doux pays de nos aïeux
Serons-nous toujours exilées?

SCENE III.

ESTHER, MARDOCHÉE, ÉLISE, LE CHOEUR.

ESTHER.

Quel profane en ce lieu s'ose avancer vers nous?
Que vois-je! Mardochée! O mon père, est-ce vous?
Un ange du Seigneur, sous son aile sacrée [1],

« ma langue soit attachée à mon gosier, si je ne me souviens pas de toi, si je ne me propose pas Jérusalem comme le principal sujet de ma joie. » (Ps. CXXXVI, vers. 7 et 8.)

[1] Quoi de plus frappant et de plus théâtral que cette entrée de

ACTE I, SCÈNE III.

A donc conduit vos pas, et caché votre entrée?
Mais d'où vient cet air sombre, et ce cilice affreux,
Et cette cendre enfin qui couvre vos cheveux[1]?
Que nous annoncez-vous?

MARDOCHÉE.

O reine infortunée!
O d'un peuple innocent barbare destinée!
Lisez, lisez l'arrêt détestable, cruel...
Nous sommes tous perdus! et c'est fait d'Israël!

ESTHER.

Juste ciel! tout mon sang dans mes veines se glace[2].

MARDOCHÉE.

On doit de tous les Juifs exterminer la race.
Au sanguinaire Aman nous sommes tous livrés;
Les glaives, les couteaux, sont déja préparés;
Toute la nation à-la-fois est proscrite.
Aman, l'impie Aman, race d'Amalécite,

Mardochée qui vient, sous le sac, couvert de cendre, et dans le deuil le plus affreux, apporter à Esther la nouvelle de la proscription des Juifs! Oui, sans doute, comme le dit Esther, c'est un ange qui, sous son aile sacrée, a conduit ses pas, et a rendu sa marche invisible. Pouvoit-il sans un pareil miracle s'introduire dans l'appartement d'Esther, inaccessible à tous les hommes, suivant les lois inflexibles des Orientaux? Les miracles sont si familiers dans l'histoire juive, qu'on ne peut pas reprocher au poëte un merveilleux hors de saison. (G.)

[1]. « Quæ cùm audisset Mardochæus, scidit vestimenta sua, et « indutus est sacco, spargens cinerem capiti. » — « Mardochée ayant appris ceci, déchira ses vêtements, se revêtit d'un sac, et se couvrit la tête de cendres. » (*Esth.*, cap. IV, v. 1.)

[2] Racine avoit oublié qu'il avoit déja mis ce vers, mot pour mot, dans la bouche d'OEnone, *Phèdre*, act. IV, sc. III. (G.)

A, pour ce coup funeste, armé tout son crédit ;
Et le roi, trop crédule, a signé cet édit.
Prévenu contre nous par cette bouche impure,
Il nous croit en horreur à toute la nature.
Ses ordres sont donnés ; et, dans tous ses états,
Le jour fatal est pris pour tant d'assassinats.
Cieux, éclairerez-vous cet horrible carnage!
Le fer ne connoîtra ni le sexe ni l'âge [1] ;
Tout doit servir de proie aux tigres, aux vautours ;
Et ce jour effroyable arrive dans dix jours [2].

ESTHER.

O Dieu, qui vois former des desseins si funestes,
As-tu donc de Jacob abandonné les restes?

UNE DES PLUS JEUNES ISRAÉLITES.

Ciel, qui nous défendra, si tu ne nous défends?

---

[1] *Le fer ne connoîtra :* figure si naturelle, si heureuse, et si bien placée, qu'à peine en sent-on la hardiesse extraordinaire. Homère cependant a été encore plus hardi ; il prête au fer du guerrier le desir de percer le corps de l'ennemi :

Λιλαιόμενος χροὸς ἆσαι (G.)

[2] « Jussimus ut quoscumque Aman, qui omnibus provinciis præ-
« positus est, et secundus à rege, et quem patris loco colimus,
« monstraverit, cum conjugibus ac liberis deleantur ab inimicis
« suis, nullusque eorum misereatur, quartadecimâ die duo decimi
« mensis Adar anni præsentis. »—« Nous avons ordonné que tous ceux qu'Aman, qui commande à toutes les provinces, qui est le second après le roi, et que nous honorons comme notre père, aura fait voir être de ce peuple, soient tués par leurs ennemis, avec leurs femmes et leurs enfants, le quatorzième jour d'Adar, le douzième mois de cette année, sans que personne en ait aucune compassion. » (*Esth.*, cap. IV, vers. 6.)

MARDOCHÉE.

Laissez les pleurs, Esther, à ces jeunes enfants.
En vous est tout l'espoir de vos malheureux frères :
Il faut les secourir; mais les heures sont chères;
Le temps vole, et bientôt amènera le jour
Où le nom des Hébreux doit périr sans retour.
Toute pleine du feu de tant de saints prophètes,
Allez, osez au roi déclarer qui vous êtes.

ESTHER.

Hélas! ignorez-vous quelles sévères lois
Aux timides mortels cachent ici les rois?
Au fond de leur palais leur majesté terrible
Affecte à leurs sujets de se rendre invisible;
Et la mort est le prix de tout audacieux [1]

---

[1] « Quæ respondit ei, et jussit ut diceret Mardochæo : omnes « servi regis, et cunctæ quæ sub ditione ejus sunt norunt provin- « ciæ, quod sive vir, sive mulier, non vocatus, interius atrium re- « gis intraverit, absque ullâ cunctatione statim interficiatur, nisi « forte rex auream virgam ad eum tetenderit pro signo clementiæ, « atque ita possit vivere. Ego igitur quo modo ad regem intrare « potero, quæ triginta jam diebus non sum vocata ad eum? » — « Esther, pour réponse, lui ordonna de dire ceci à Mardochée : tous les serviteurs du roi, et toutes les provinces de son empire, savent que qui que ce soit, homme ou femme, qui entre dans la salle intérieure du roi sans y avoir été appelé par son ordre, est mis à mort infailliblement à la même heure, à moins que le roi n'étende vers lui son sceptre d'or, pour une marque de clémence, et qu'il lui sauve ainsi la vie. Comment donc puis-je maintenant aller trouver le roi, puisqu'il y a déjà trente jours qu'il ne m'a point fait appeler? » (*Esth.*, cap. IV, vers. 10 et 11.) — On a objecté qu'Esther aimée d'Assuérus n'étoit pas en danger de la vie, ce qui détruisoit tout l'intérêt de la scène. Mais il falloit juger l'intérêt de cette scène d'après les mœurs orientales, et l'on auroit vu que rien

Qui, sans être appelé, se présente à leurs yeux,
Si le roi dans l'instant, pour sauver le coupable,
Ne lui donne à baiser son sceptre redoutable.
Rien ne met à l'abri de cet ordre fatal,
Ni le rang, ni le sexe; et le crime est égal.
Moi-même, sur son trône, à ses côtés assise,
Je suis à cette loi, comme une autre soumise:
Et, sans le prévenir, il faut, pour lui parler,
Qu'il me cherche, ou du moins qu'il me fasse appeler.

MARDOCHÉE.

Quoi! lorsque vous voyez périr votre patrie,
Pour quelque chose, Esther, vous comptez votre vie!
Dieu parle, et d'un mortel vous craignez le courroux!
Que dis-je? votre vie, Esther, est-elle à vous?
N'est-elle pas au sang dont vous êtes issue?
N'est-elle pas à Dieu dont vous l'avez reçue?
Et qui sait, lorsqu'au trône il conduisit vos pas [1],

---

n'est plus commun dans les despotes de l'Asie, que ces passages rapides et imprévus d'une passion à une autre; que ces hommes violents parcourent sans cesse les deux extrêmes, aujourd'hui offrant à la beauté qui les enchante la moitié de leur trône, demain prononçant l'arrêt de sa mort. Vasthi, tendrement aimée d'Assuérus, n'étoit-elle pas subitement tombée dans la disgrace, pour avoir désobéi, non pas à une loi formelle de l'empire, mais au caprice injuste et passager d'un roi privé de la raison? Esther devoit d'autant plus craindre pour sa vie en paroissant devant Assuérus, sans son ordre, qu'il y avoit trente jours, dit l'Écriture, que le roi ne l'avoit appelée. (G.)

[1] « Et quis novit utrùm idcircò ad regnum veneris, ut in tali « tempore parareris. » — « Et qui sait si ce n'est point pour cela même que vous avez été élevée à la dignité royale, afin d'être prête d'agir en un temps comme celui-ci? » (*Esth.*, cap. IV, vers. 14.)

ACTE I, SCÈNE III.

Si pour sauver son peuple il ne vous gardoit pas?
Songez-y bien : ce dieu ne vous a pas choisie
Pour être un vain spectacle aux peuples de l'Asie,
Ni pour charmer les yeux des profanes humains :
Pour un plus noble usage il réserve ses saints.
S'immoler pour son nom et pour son héritage,
D'un enfant d'Israël voilà le vrai partage :
Trop heureuse pour lui de hasarder vos jours !
Et quel besoin son bras a-t-il de nos secours?
Que peuvent contre lui tous les rois de la terre?
En vain ils s'uniroient pour lui faire la guerre :
Pour dissiper leur ligue il n'a qu'à se montrer ;
Il parle, et dans la poudre il les fait tous rentrer[1].
Au seul son de sa voix la mer fuit, le ciel tremble[2] ;
Il voit comme un néant tout l'univers ensemble ;
Et les foibles mortels, vains jouets du trépas,
Sont tous devant ses yeux comme s'ils n'étoient pas[3].

---

[1] Voilà du sublime, tel qu'on n'en trouve point dans les tragédies profanes de Racine, ni même dans Corneille. Le vers de J.-B. Rousseau :

> Il parle, et nous voyons leurs trônes mis en poudre.
> CANT. tiré du ps. XLVII.

est une imitation bien languissante de celui de Racine. (G.)

[2] *La mer fuit* est une image empruntée du psaume CXIII, vers. 3 : *Mare vidit et fugit. Le ciel tremble* est une idée d'Homère que Virgile et Ovide ont imitée. Remarquons que ce vers, dont l'harmonie est si forte, est composé tout entier de monosyllabes, à l'exception du mot *tremble*, dont la deuxième syllabe est étouffée par l'e muet. (G.)

[3] Traduction littérale de ce verset d'Isaïe : « Omnes gentes quasi « non sint, sic sunt coràm eo. » (Cap. XL.) (G.)

S'il a permis d'Aman l'audace criminelle,
Sans doute qu'il vouloit éprouver votre zèle.
C'est lui qui, m'excitant à vous oser chercher,
Devant moi, chère Esther, a bien voulu marcher;
Et s'il faut que sa voix frappe en vain vos oreilles,
Nous n'en verrons pas moins éclater ses merveilles.
Il peut confondre Aman, il peut briser nos fers
Par la plus foible main qui soit dans l'univers;
Et vous, qui n'aurez point accepté cette grace,
Vous périrez peut-être, et toute votre race [1].

ESTHER.

Allez : que tous les Juifs dans Suse répandus,
A prier avec vous jour et nuit assidus,
Me prêtent de leurs vœux le secours salutaire,
Et pendant ces trois jours gardent un jeûne austère [2].

[1] « Si enim nunc silueris, per aliam occasionem liberabuntur « Judæi : et tu et domus patris tui peribitis. » — « Car si vous demeurez maintenant dans le silence, Dieu trouvera quelque autre moyen pour délivrer les Juifs, et vous périrez, vous, et la maison de votre père. » — Tout ce discours de Mardochée est d'une force et d'une éloquence vraiment divine. L'effet qu'il produit sur Esther est frappant et vraiment théâtral : elle n'oppose plus rien aux ordres de Dieu qui lui parle par la bouche du prophète; elle ne raisonne plus, elle obéit. (G)

[2] « Vade, et congrega omnes Judæos quos in Susan repereris, « et orate pro me. Non comedatis et non bibatis tribus diebus et « tribus noctibus : et ego cum ancillis meis similiter jejunabo, et « tunc ingrediar ad regem, contra legem faciens, non vocata, tra- « densque me morti et periculo. » — « Allez; assemblez tous les Juifs que vous trouverez dans Suse, et priez pour moi. Ne mangez point et ne buvez point pendant trois jours et trois nuits. Je jeûnerai de même avec les femmes qui me servent; et après cela

Déja la sombre nuit a commencé son tour :
Demain, quand le soleil rallumera le jour,
Contente de périr, s'il faut que je périsse,
J'irai pour mon pays m'offrir en sacrifice.
Qu'on s'éloigne un moment.
(*Le chœur se retire vers le fond du théâtre.*)

SCENE IV.

ESTHER, ÉLISE, LE CHOEUR.

ESTHER.

O mon souverain roi [1],
Me voici donc tremblante et seule devant toi !

j'irai trouver le roi, contre la loi qui le défend et sans y être appelée, en m'abandonnant au péril et à la mort. » (*Esth.*, c. IV, v. 16.) — On sait que Racine avoit en vue l'institution de Saint-Cyr lorsqu'il plaça dans sa pièce les chœurs des jeunes Israélites. Le sujet de lui-même se prêtoit merveilleusement à l'allusion, puisque l'Écriture dit expressément qu'Esther avoit des compagnes de la même religion qu'elle.

[1] « Domine mî, qui rex noster es solus, adjuva me solitariam,
« et cujus præter te nullus est auxiliator alius. Periculum meum in
« manibus meis est. Audivi à patre meó quod tu Domine tulisses
« Israël de cunctis gentibus, et patres nostros ex omnibus retrò
« majoribus suis, ut possideres hereditatem sempiternam, fecisti-
« que eis sicut locutus es. Peccavimus in conspectu tuo, et idcircò
« tradidisti nos in manus inimicorum nostrorum : coluimus enim
« Deos eorum. Justus es, Domine : et nunc non eis sufficit, quod
« durissimâ nos opprimunt servitute, sed robur manuum suarum,
« idolorum potentiæ deputantes. Volunt tua mutare promissa, et
« delere hereditatem tuam, et claudere ora laudantium te, atque
« exstinguere gloriam templi et altaris tui, ut aperiant ora gentium,

Mon père mille fois m'a dit dans mon enfance
Qu'avec nous tu juras une sainte alliance,
Quand, pour te faire un peuple agréable à tes yeux,
Il plut à ton amour de choisir nos aïeux :

« et laudent idolorum fortitudinem, et prædicent carnalem regem
« in sempiternum. Ne tradas, Domine, sceptrum tuum his qui non
« sunt, ne rideant ad ruinam nostram; sed converte consilium eo-
« rum super eos, et eum qui in nos cœpit sævire, disperde. Me-
« mento, Domine, et ostende te nobis in tempore tribulationis nos-
« træ, et da mihi fiduciam, Domine, rex deorum et universæ potes-
« tatis : tribue sermonem compositum in ore meo in conspectu leo-
« nis, et transfer cor illius in odium hostis nostri, ut et ipse pereat,
« et cæteri qui ei consentiunt. Nos autem libera manu tuâ, et ad-
« juva me, nullum aliud auxilium habentem, nisi te, Domine, qui
« habes omnium scientiam; et nosti quia oderim gloriam iniquo-
« rum et detester cubile incircumcisorum et omnis alienigenæ. Tu
« scis necessitatem meam, quod abominer signum superbiæ et glo-
« riæ meæ quod est super caput meum in diebus ostentationis
« meæ, et detester illud quasi pannum menstruatæ, et non portem
« in diebus silentii mei, et quòd non comederim in mensâ Aman,
« nec mihi placuerit convivium regis, et non biberim vinum liba-
« minum. Et nunquam lætata sit ancilla tua ex quo hùc translata
« sum usque in præsentem diem, nisi in te, Domine, Deus Abra-
« ham; Deus fortis super omnes, exaudi vocem eorum qui nullam
« aliam spem habent, et libera nos de manu iniquorum et erue me
« à timore meo. » — » Mon seigneur, qui êtes seul notre roi, assistez-moi dans l'abandonnement où je me trouve, puisque vous êtes
le seul qui me puissiez secourir. Le péril où je me trouve est présent et inévitable. J'ai su de mon père, ô Seigneur, que vous aviez
pris Israël d'entre toutes les nations, et que vous aviez choisi nos
pères en les séparant de tous leurs ancêtres qui les avoient devan-
cés, pour vous établir parmi eux un héritage éternel : et vous leur
avez fait tout le bien que vous leur aviez promis. Nous avons péché devant vous, et c'est pour cela que vous nous avez livrés entre
les mains de nos ennemis : car nous avons adoré leurs dieux. Vous

ACTE I, SCÈNE IV.

Même tu leur promis de ta bouche sacrée
Une postérité d'éternelle durée.
Hélas! ce peuple ingrat a méprisé ta loi;
La nation chérie a violé sa foi;

êtes juste, Seigneur; et maintenant ils ne se contentent pas de nous opprimer par une dure servitude; mais, attribuant la force de leurs bras à la puissance de leurs idoles, ils veulent renverser vos promesses, exterminer votre héritage, fermer la bouche de ceux qui vous louent, et éteindre la gloire de votre temple et de votre autel, pour ouvrir la bouche des nations, pour faire louer la puissance de leurs idoles, et pour relever à jamais un roi de chair et de sang. Seigneur, n'abandonnez pas votre sceptre à ceux qui ne sont rien, de peur qu'ils ne se rient de notre ruine; mais faites tomber sur eux leurs mauvais desseins, et perdez celui qui a commencé à nous faire ressentir les effets de sa cruauté. Seigneur, souvenez-vous de nous; montrez-vous à nous dans le temps de notre affliction, et donnez-moi de la fermeté et de l'assurance, ô Seigneur, roi des dieux et de toute puissance qui est dans le monde. Mettez dans ma bouche des paroles sages et composées en la présence du lion, et transférez son cœur de l'affection à la haine de notre ennemi, afin qu'il périsse lui-même avec tous ceux qui lui sont unis. Délivrez-nous par votre puissante main, et assistez-moi, Seigneur, vous qui êtes mon unique secours; vous qui connoissez toutes choses, et qui savez que je hais la gloire des injustes, et que je déteste le lit des incirconcis et de tout étranger. Vous savez la nécessité où je me trouve, et qu'aux jours où je parois dans la magnificence et dans l'éclat, j'ai en abomination la marque superbe de ma gloire que je porte sur ma tête, et que je la déteste comme un linge souillé et qui fait horreur; que je ne la porte point dans les jours de mon silence, et que je n'ai point mangé à la table d'Aman, ni pris plaisir au festin du roi; que je n'ai point bu du vin offert sur l'autel des idoles, et que, depuis le temps que j'ai été amenée en ce palais jusqu'aujourd'hui, jamais votre servante ne s'est réjouie qu'en vous seul, ô Seigneur, Dieu d'Abraham! O Dieu puissant, au-dessus de tous, écoutez la voix de ceux qui n'ont aucune espé-

Elle a répudié son époux et son père [1],
Pour rendre à d'autres dieux un honneur adultère :
Maintenant elle sert sous un maître étranger.
Mais c'est peu d'être esclave, on la veut égorger :
Nos superbes vainqueurs, insultant à nos larmes,
Imputent à leurs dieux le bonheur de leurs armes,
Et veulent aujourd'hui qu'un même coup mortel
Abolisse ton nom, ton peuple, et ton autel.
Ainsi donc un perfide, après tant de miracles,
Pourroit anéantir la foi de tes oracles,
Raviroit aux mortels le plus cher de tes dons,
Le saint que tu promets et que nous attendons?
Non, non, ne souffre pas que ces peuples farouches,
Ivres de notre sang, ferment les seules bouches
Qui dans tout l'univers célèbrent tes bienfaits;
Et confonds tous ces dieux qui ne furent jamais.
 Pour moi, que tu retiens parmi ces infidèles,
Tu sais combien je hais leurs fêtes criminelles,
Et que je mets au rang des profanations

---

rance qu'en vous seul; sauvez-nous de la main des méchants, et délivrez-moi de ce que je crains. » (*Esth.*, cap. XIV, vers. 3, etc.)

[1] *Répudier son époux et son père:* manière énergique d'exprimer que la nation juive a renoncé à son Dieu. Cette hardiesse est d'autant plus heureuse, que Sion est toujours présentée, dans l'Écriture, comme l'épouse que Dieu avoit choisie. Chez les Juifs, répudier c'étoit renoncer à sa femme. Ce droit ne pouvoit être exercé que par le mari. Ici la puissance de répudier est attribuée à l'épouse contre son mari, et ce qui est encore plus hardi, contre son propre père. Toute autre expression eût affoibli l'idée du poëte. C'est un crime de *renier* son Dieu; alors on ne croit plus : mais le *répudier*, c'est y croire et y renoncer. Il y a à-la-fois mépris et ingratitude.

ACTE I, SCÈNE IV.

Leur table, leurs festins, et leurs libations ;
Que même cette pompe où je suis condamnée,
Ce bandeau, dont il faut que je paroisse ornée
Dans ces jours solennels à l'orgueil dédiés,
Seule et dans le secret, je le foule à mes pieds ;
Qu'à ces vains ornements je préfère la cendre,
Et n'ai de goût qu'aux pleurs que tu me vois répandre.
J'attendois le moment marqué dans ton arrêt,
Pour oser de ton peuple embrasser l'intérêt.
Ce moment est venu : ma prompte obéissance
Va d'un roi redoutable affronter la présence.
C'est pour toi que je marche : accompagne mes pas
Devant ce fier lion qui ne te connoît pas ;
Commande en me voyant que son courroux s'apaise,
Et prête à mes discours un charme qui lui plaise :
Les orages, les vents, les cieux, te sont soumis ;
Tourne enfin sa fureur contre nos ennemis.

SCENE V.

(Toute cette scène est chantée.)

LE CHOEUR.

UNE ISRAÉLITE, *seule.*

Pleurons et gémissons, mes fidéles compagnes ;
  A nos sanglots donnons un libre cours ;
  Levons les yeux vers les saintes montagnes[1]
  D'où l'innocence attend tout son secours.

---

[1] « Levavi oculos meos in montes, undè veniet auxilium mihi. »

O mortelles alarmes !
Tout Israël périt. Pleurez, mes tristes yeux :
Il ne fut jamais sous les cieux
Un si juste sujet de larmes.

TOUT LE CHOEUR.
O mortelles alarmes !

UNE AUTRE ISRAÉLITE.
N'étoit-ce pas assez qu'un vainqueur odieux
De l'auguste Sion eût détruit tous les charmes,
Et traîné ses enfants captifs en mille lieux ?

TOUT LE CHOEUR.
O mortelles alarmes !

LA MÊME ISRAÉLITE.
Foibles agneaux livrés à des loups furieux,
Nos soupirs sont nos seules armes.

TOUT LE CHOEUR.
O mortelles alarmes !

UNE ISRAÉLITE.
Arrachons, déchirons, tous ces vains ornements
Qui parent notre tête.

UNE AUTRE.
Revêtons-nous d'habillements
Conformes à l'horrible fête
Que l'impie Aman nous apprête.

TOUT LE CHOEUR.
Arrachons, déchirons, tous ces vains ornements
Qui parent notre tête.

— « J'ai levé les yeux vers les saintes montagnes, d'où me doit venir du secours. » (Ps. cxx, vers. 1.)

ACTE I, SCÈNE V.

UNE ISRAÉLITE, *seule*.

Quel carnage de toutes parts !
On égorge à-la-fois les enfants, les vieillards,
    Et la sœur, et le frère,
    Et la fille, et la mère,
  Le fils dans les bras de son père !
Que de corps entassés, que de membres épars,
    Privés de sépulture !
  Grand Dieu ! tes saints sont la pâture
   Des tigres et des léopards.

UNE DES PLUS JEUNES ISRAÉLITES.

    Hélas ! si jeune encore,
Par quel crime ai-je pu mériter mon malheur ?
  Ma vie à peine a commencé d'éclore :
    Je tomberai comme une fleur
    Qui n'a vu qu'une aurore.
    Hélas ! si jeune encore,
Par quel crime ai-je pu mériter mon malheur[1] ?

UNE AUTRE.

Des offenses d'autrui malheureuses victimes,
Que nous servent, hélas ! ces regrets superflus ?
Nos pères ont péché ; nos pères ne sont plus,
  Et nous portons la peine de leurs crimes.

TOUT LE CHOEUR.

Le dieu que nous servons est le dieu des combats :

---

[1] La répétition de ces deux vers est touchante. Racine ne se contente pas de varier la mesure de ses vers, il varie aussi le ton. Après la peinture horrible du carnage, il peint un enfant qui se plaint. Ces différents contrastes servent beaucoup à animer le style. (L. B.)

Non, non, il ne souffrira pas
Qu'on égorge ainsi l'innocence.

UNE ISRAÉLITE, *seule*.

Hé quoi ! diroit l'impiété,
Où donc est-il ce dieu si redouté
Dont Israël nous vantoit la puissance ?

UNE AUTRE.

Ce dieu jaloux, ce dieu victorieux,
Frémissez, peuples de la terre,
Ce dieu jaloux, ce dieu victorieux,
Est le seul qui commande aux cieux :
Ni les éclairs ni le tonnerre
N'obéissent point à vos dieux.

UNE AUTRE.

Il renverse l'audacieux.

UNE AUTRE.

Il prend l'humble sous sa défense[1].

TOUT LE CHOEUR.

Le dieu que nous servons est le dieu des combats :
Non, non, il ne souffrira pas
Qu'on égorge ainsi l'innocence.

DEUX ISRAÉLITES.

O Dieu, que la gloire couronne,
Dieu, que la lumière environne[2],

---

[1] On dit *prendre la défense de quelqu'un* ; on dit aussi *prendre quelqu'un sous sa protection* ; mais *prendre sous sa défense* n'a point été reçu par l'usage. Rien de plus commun que des termes qui paroissent être synonymes, et qui ne peuvent cependant être mis l'un pour l'autre, soit avec les mêmes prépositions, soit avec les mêmes verbes. (D'O.)

[2] « Amictus lumine sicut vestimento... Qui ambulas super pen-

ACTE I, SCÈNE V.

Qui voles sur l'aile des vents,
Et dont le trône est porté par les anges :

DEUX AUTRES DES PLUS JEUNES.

Dieu, qui veux bien que de simples enfants
Avec eux chantent tes louanges ;

TOUT LE CHOEUR.

Tu vois nos pressants dangers :
Donne à ton nom la victoire ;
Ne souffre point que ta gloire
Passe à des dieux étrangers.

UNE ISRAÉLITE, *seule*.

Arme-toi, viens nous défendre :
Descends, tel qu'autrefois la mer te vit descendre
Que les méchants apprennent aujourd'hui
    A craindre ta colère :
Qu'ils soient comme la poudre et la paille légère
    Que le vent chasse devant lui [1].

« nas ventorum. » — « Tout revêtu de lumière, comme d'un vêtement... Qui marchez sur les ailes des vents. » (Ps. CIII, vers. 2 et 4.) — « Et ascendit super Cherubim, et volavit, et lapsus est super « pennas venti. » — « Il a monté sur les Chérubins, et il a pris son vol ; il a volé sur les ailes des vents. » (REG., cap. XXII, v. 11.)

[1] « Sint tanquam pulvis ante faciem venti. » — « Qu'ils deviennent comme la poussière qui est emportée par le vent. » (Ps. XXIV, vers. 5.) — « Et sicut stipulam ante faciem venti. » — « Et comme la paille qui est emportée par le vent. » (Ps. LXXXII, vers. 12.) — Il est curieux et instructif d'observer avec quel art deux grands poëtes, ayant à rendre la même idée dans des sujets différents, ont su choisir la couleur la plus convenable, et l'harmonie propre au sujet. Les vers de Racine, qui sont une imprécation contre les méchants, respirent un ton plus véhément, une harmonie plus vigoureuse et plus fière que ceux de Jean-Baptiste Rousseau, qui

TOUT LE CHOEUR.

Tu vois nos pressants dangers :
Donne à ton nom la victoire ;
Ne souffre point que ta gloire
Passe à des dieux étrangers.

n'expriment qu'une plainte touchante, et dont la teinte doit être douce et mélancolique :

Et votre souffle m'enlève
De la terre des vivants,
Comme la feuille séchée,
Qui, de sa tige arrachée,
Devient le jouet des vents.
Cant. d'Ézéchias. (G.)

FIN DU PREMIER ACTE.

ACTE SECOND.

(Le théâtre représente la chambre où est le trône d'Assuérus.)

SCENE I.

AMAN, HYDASPE.

AMAN.

Hé quoi! lorsque le jour ne commence qu'à luire,
Dans ce lieu redoutable oses-tu m'introduire [1]?

HYDASPE.

Vous savez qu'on s'en peut reposer sur ma foi;
Que ces portes, seigneur, n'obéissent qu'à moi [2]:
Venez. Par-tout ailleurs on pourroit nous entendre.

AMAN.

Quel est donc le secret que tu me veux apprendre?

---

[1] Ce lieu est la chambre même où est le trône d'Assuérus; le sujet ne permettoit pas au poëte une observation plus exacte de l'unité de lieu. La scène se passe dans l'enceinte du palais d'Assuérus, mais dans divers appartements de ce palais. (G.)

[2] Ce vers admirable est parfaitement dans le style oriental. *Les portes* jouent un grand rôle dans l'Orient, où il est si difficile d'approcher de celles qui renferment les rois et les grands. De plus, chez les Juifs, les juges rendoient la justice aux *portes* des villes: c'est ce qui fait que cette phrase, *les portes de la fille de Sion, de Jérusalem*, revient si souvent dans l'Écriture. Mais celle des *portes* qui n'*obéissent* qu'à un seul homme, n'est qu'au poëte qui l'a trouvée. (L.)

HYDASPE.

Seigneur, de vos bienfaits mille fois honoré,
Je me souviens toujours que je vous ai juré
D'exposer à vos yeux, par des avis sincères,
Tout ce que ce palais renferme de mystères.
Le roi d'un noir chagrin paroît enveloppé :
Quelque songe effrayant cette nuit l'a frappé.
Pendant que tout gardoit un silence paisible,
Sa voix s'est fait entendre avec un cri terrible :
J'ai couru. Le désordre étoit dans ses discours :
Il s'est plaint d'un péril qui menaçoit ses jours;
Il parloit d'ennemi, de ravisseur farouche;
Même le nom d'Esther est sorti de sa bouche.
Il a dans ces horreurs passé toute la nuit.
Enfin, las d'appeler un sommeil qui le fuit [1],
Pour écarter de lui ces images funèbres,
Il s'est fait apporter ces annales célèbres [2]
Où les faits de son règne, avec soin amassés,
Par de fidèles mains chaque jour sont tracés;
On y conserve écrits le service et l'offense,
Monuments éternels d'amour et de vengeance.
Le roi, que j'ai laissé plus calme dans son lit,

---

[1] On a jusqu'ici excusé dans ce vers une prétendue faute de grammaire, en faveur de la vivacité du tour; mais, en examinant mieux la chose, je trouve que la grammaire est ici d'accord avec la poésie, et qu'il est plus correct de dire *qui le fuit* que *qui le fuyoit :* le sommeil fuit encore Assuérus au moment où parle Hydaspe. (G.)

[2] Cet usage des rois de Perse, qui prenoient soin de conserver la mémoire de ce qui se passoit de plus mémorable sous leur règne, est attesté par Hérodote, liv. VIII, et par Thucydide, liv. I. (G.)

ACTE II, SCÈNE I.

D'une oreille attentive écoute ce récit.

AMAN.

De quel temps de sa vie a-t-il choisi l'histoire ?

HYDASPE.

Il revoit tous ces temps si remplis de sa gloire,
Depuis le fameux jour qu'au trône de Cyrus
Le choix du sort plaça l'heureux Assuérus [1].

AMAN.

Ce songe, Hydaspe, est donc sorti de son idée ?

HYDASPE.

Entre tous les devins fameux dans la Chaldée,
Il a fait assembler ceux qui savent le mieux
Lire en un songe obscur les volontés des cieux...
Mais quel trouble vous-même aujourd'hui vous agite ?
Votre ame, en m'écoutant, paroît tout interdite :
L'heureux Aman a-t-il quelques secrets ennuis ?

AMAN.

Peux-tu le demander dans la place où je suis ?
Haï, craint, envié, souvent plus misérable
Que tous les malheureux que mon pouvoir accable !

HYDASPE.

Hé ! qui jamais du ciel eut des regards plus doux ?
Vous voyez l'univers prosterné devant vous.

AMAN.

L'univers ! Tous les jours un homme... un vil esclave,

---

[1] On a déja vu, dans la préface d'*Esther*, que Racine avoit adopté l'opinion de dom Calmet et de quelques autres savants interprètes, qui pensent qu'Assuérus est le même que Darius, fils d'Hystaspe. Si l'on en croit Hérodote (liv. III), la ruse, plus que le sort, contribua à placer ce prince sur le trône de Perse. (G.)

D'un front audacieux me dédaigne et me brave.
HYDASPE.
Quel est cet ennemi de l'état et du roi?
AMAN.
Le nom de Mardochée est-il connu de toi?
HYDASPE.
Qui? ce chef d'une race abominable, impie?
AMAN.
Oui, lui-même.
HYDASPE.
Hé, seigneur! d'une si belle vie
Un si foible ennemi peut-il troubler la paix?
AMAN.
L'insolent devant moi ne se courba jamais[1].
En vain de la faveur du plus grand des monarques
Tout révère à genoux les glorieuses marques;
Lorsque d'un saint respect tous les Persans touchés
N'osent lever leurs fronts à la terre attachés[2],
Lui, fièrement assis, et la tête immobile,
Traite tous ces honneurs d'impiété servile,

---

[1] « Solus Mardochæus non flectebat genu, neque adorabat eum. » — « Il n'y avoit que Mardochée qui ne fléchissoit point le genou devant lui, et qui ne l'adoroit point. » (*Esth.*, c. III, v. 2.) — Ce n'étoit point par insolence ni par orgueil que Mardochée refusoit cet hommage au favori d'Assuérus: c'étoit par principe de religion; et ce noble motif, qui relève encore le caractère de ce vertueux Israélite, est clairement énoncé dans l'éloquente prière que l'historien sacré met dans sa bouche. (Voy. *Esth.*, c. XIII, v. 12, 13, 14.) (G.)

[2] Voltaire affoiblit ce tour, en ôtant l'inversion, lorsqu'il fait dire à son Mahomet, act. II, sc. V:

Et je verrois leurs fronts attachés à la terre. (G.)

ACTE II, SCÈNE I.

Présente à mes regards un front séditieux,
Et ne daigneroit pas au moins baisser les yeux !
Du palais cependant il assiége la porte :
A quelque heure que j'entre, Hydaspe, ou que je sorte,
Son visage odieux m'afflige et me poursuit ;
Et mon esprit troublé le voit encor la nuit.
Ce matin j'ai voulu devancer la lumière :
Je l'ai trouvé couvert d'une affreuse poussière,
Revêtu de lambeaux, tout pâle ; mais son œil [1]
Conservoit sous la cendre encor le même orgueil.
D'où lui vient, cher ami, cette impudente audace ?
Toi, qui dans ce palais vois tout ce qui se passe [2],
Crois-tu que quelque voix ose parler pour lui ?
Sur quel roseau fragile a-t-il mis son appui ?

HYDASPE.

Seigneur, vous le savez, son avis salutaire
Découvrit de Tharès le complot sanguinaire.
Le roi promit alors de le récompenser :
Le roi, depuis ce temps, paroît n'y plus penser.

AMAN.

Non, il faut à tes yeux dépouiller l'artifice [3].

---

[1] Comme ce vers est coupé par ces mots *tout pâle*, dont l'effet est pittoresque à l'imagination et à l'oreille ! (L.)

[2] Ce vers est une réminiscence du vers suivant de *Bajazet* :

Toi qui dans ce palais sais tout ce qui se passe.

[3] La Harpe croit voir ici un défaut de justesse dans le dialogue. Aman ne lui paroît pas répondre directement à ce que vient de dire Hydaspe. Ce prétendu défaut de justesse n'est qu'un effet de l'art : Aman, troublé par sa haine, n'est occupé que de l'insolence de Mardochée ; et, tout entier au dépit et à la vengeance, il répond à sa passion plus qu'aux discours d'Hydaspe. (G.)

J'ai su de mon destin corriger l'injustice:
Dans les mains des Persans jeune enfant apporté,
Je gouverne l'empire où je fus acheté[1];
Mes richesses des rois égalent l'opulence;
Environné d'enfants soutiens de ma puissance,
Il ne manque à mon front que le bandeau royal.
Cependant (des mortels aveuglement fatal!)
De cet amas d'honneurs la douceur passagère
Fait sur mon cœur à peine une atteinte légère;
Mais Mardochée, assis aux portes du palais[2],
Dans ce cœur malheureux enfonce mille traits;
Et toute ma grandeur me devient insipide,
Tandis que le soleil éclaire ce perfide[3].

[1] Il faut admirer l'énergique brièveté de ce vers, et l'opposition hardie qui nous fait voir dans celui qui gouverne l'empire le même homme qui y fut vendu comme esclave. Ce n'est pas là une antithèse puérile, mais un contraste frappant. On ne peut dire plus en moins de mots. (G.)

[2] « Egressus est itaque illo die Aman lætus et alacer. Cùmque vidisset Mardochæum sedentem ante fores palatii, et non solùm « non assurexisse sibi, sed nec motum quidem de loco sessionis « suæ, indignatus est valdè... Et cùm hæc omnia habeam, nihil « me habere puto, quamdiù videro Mardochæum Judæum seden- « tem ante fores regias. »—« Aman sortit donc ce jour-là fort content et plein de joie; et ayant vu que Mardochée, qui étoit assis devant la porte du palais, non seulement ne s'étoit pas levé pour lui faire honneur, mais ne s'étoit pas même remué de la place où il étoit, il en conçut une grande indignation.... Quoique j'aie tous ces avantages, je croirai n'avoir rien, tant que je verrai le Juif Mardochée demeurer assis devant la porte du palais du roi quand je passe. » (*Esth.*, cap. v, vers. 9 et 13.)

[3] Il faut bien permettre aux poëtes de mettre *tandis que* au lieu de *tant que*, quand cela leur est commode. C'est ainsi que Voltaire a dit:

ACTE II, SCÈNE I.

HYDASPE.

Vous serez de sa vue affranchi dans dix jours :
La nation entière est promise aux vautours [1].

AMAN.

Ah! que ce temps est long à mon impatience!
C'est lui, je te veux bien confier ma vengeance [2],
C'est lui qui, devant moi refusant de ployer,
Les a livrés au bras qui les va foudroyer.
C'étoit trop peu pour moi d'une telle victime [3] :
La vengeance trop foible attire un second crime.

> Celui que, par deux fois, mon père avoit vaincu,
> Et qu'il tint enchaîné *tandis qu'il* a vécu.

Mais il ne faut pas oublier que ces deux mots ne sont pas synonymes, et ne disent point du tout la même chose. *Tandis que* exprime un temps indéterminé : *tant que* signifie tout le temps déterminé par la phrase, et c'est toujours bien fait de ne pas les confondre. Au reste, Mardochée n'est nullement *perfide*, même envers Aman; mais la puissance orgueilleuse et blessée ne mesure pas les qualifications; les plus odieuses sont pour elle les meilleures. Le mensonge des paroles est un caractère propre aux méchants. (L.)

[1] *Promise aux vautours* : expression de la plus singulière énergie, et que Racine ne doit qu'à lui seul. (G.)

[2] Ellipse pour *le motif de ma vengeance*. Il y a peut-être quelque équivoque dans les termes : car confier à quelqu'un sa vengeance, c'est se reposer sur quelqu'un du soin d'être vengé; mais le sens par lui-même est si clair, qu'il ne résulte de cette manière de s'exprimer aucune ambiguité réelle. (G.)

[3] « Et pro nihilo duxit in unum Mardochæum mittere manus
« suas : audierat enim quòd esset gentis judeæ; magisque voluit
« omnem Judæorum, qui erant in regno Assueri, perdere na-
« tionem. » — « Mais il compta pour rien de se venger seulement
de Mardochée; et, ayant su qu'il étoit Juif, il aima mieux entreprendre de perdre toute la nation des Juifs qui étoient dans le royaume d'Assuérus. » (*Esth.*, cap. III, vers. 6.)

Un homme tel qu'Aman, lorsqu'on l'ose irriter,
Dans sa juste fureur ne peut trop éclater.
Il faut des châtiments dont l'univers frémisse;
Qu'on tremble en comparant l'offense et le supplice;
Que les peuples entiers dans le sang soient noyés.
Je veux qu'on dise un jour aux siècles effrayés:
« Il fut des Juifs, il fut une insolente race;
« Répandus sur la terre ils en couvroient la face;
« Un seul osa d'Aman attirer le courroux,
« Aussitôt de la terre ils disparurent tous [1]. »

HYDASPE.

Ce n'est donc pas, seigneur, le sang amalécite
Dont la voix à les perdre en secret vous excite?

AMAN.

Je sais que, descendu de ce sang malheureux,
Une éternelle haine a dû m'armer contre eux;
Qu'ils firent d'Amalec un indigne carnage [2];

---

[1] Les littérateurs modernes regardent comme ridicule la vengeance d'un ministre qui, pour punir un seul homme, veut exterminer toute une nation. Ils ne connoissent guère ni l'ivresse du pouvoir, ni les mœurs de l'Orient, où rien n'est plus ordinaire que de voir d'insensés despotes sacrifier des familles, des villes, des provinces entières à leur ressentiment contre un seul coupable. Ils disent que cela n'est pas théâtral: rien, au contraire, n'est plus propre à inspirer la terreur que ces exemples épouvantables d'une férocité et d'une rage aveugle, armée d'un pouvoir sans bornes. (G.)

[2] Aman descendoit du roi Agag, qui fut pris et épargné par Saül: ce qui fut cause de la réprobation de Saül; et c'est apparemment par cette raison que Mardochée, qui descendoit de Saül, comme Esther le dit dans la suite, ne vouloit point fléchir le genou devant un homme du sang d'Agag: car il y a apparence que

Que, jusqu'aux vils troupeaux, tout éprouva leur rage;
Qu'un déplorable reste à peine fut sauvé;
Mais, crois-moi, dans le rang où je suis élevé,
Mon ame, à ma grandeur tout entière attachée,
Des intérêts du sang est foiblement touchée.
Mardochée est coupable; et que faut-il de plus?
Je prévins donc contre eux l'esprit d'Assuérus,
J'inventai des couleurs, j'armai la calomnie,
J'intéressai sa gloire : il trembla pour sa vie.
Je les peignis puissants, riches, séditieux [1];
Leur dieu même ennemi de tous les autres dieux.
« Jusqu'à quand souffre-t-on que ce peuple respire [2],
« Et d'un culte profane infecte votre empire?
« Étrangers dans la Perse, à nos lois opposés,
« Du reste des humains ils semblent divisés,
« N'aspirent qu'à troubler le repos où nous sommes,

Néhémie, Esdras, et les autres Juifs qui se prosternoient devant le roi, se prosternoient aussi devant Aman. (L. R.)

[1] « Dixitque Aman regi Assuero : Est populus per omnes pro-« vincias regni tui dispersus, et à se mutuò separatus, novis utens « legibus et ceremoniis, insuper et regis scita contemnens. Et op-« timè nosti quòd non expediat regno tuo ut insolescat per licen-« tiam. » — « Et Aman dit au roi Assuérus : Il y a un peuple dispersé par toutes les provinces de votre royaume, divisé d'avec luimême, qui a des lois et des cérémonies toutes nouvelles, et qui de plus méprise les ordonnances du roi. Et vous savez fort bien qu'il est de l'intérêt de votre royaume de ne souffrir pas que la licence le rende encore plus insolent. » (*Esth*., cap. III, vers 8.)

[2] Transition sublime! Aman, qui raconte à son confident ce qu'il a fait, adresse tout-à-coup la parole au roi comme s'il étoit présent. Tacite, trompé par de faux mémoires, trace à-peu-près le même portrait des Juifs, dans ses Histoires, liv. V. (G.)

« Et, détestés par-tout, détestent tous les hommes.
« Prévenez, punissez, leurs insolents efforts [1];
« De leur dépouille enfin grossissez vos trésors.
Je dis, et l'on me crut. Le roi, dès l'heure même,
Mit dans ma main le sceau de son pouvoir suprême :
« Assure, me dit-il, le repos de ton roi;
« Va, perds ces malheureux : leur dépouille est à toi [2]. »
Toute la nation fut ainsi condamnée.
Du carnage avec lui je réglai la journée.
Mais de ce traître enfin le trépas différé
Fait trop souffrir mon cœur de son sang altéré.
Un je ne sais quel trouble empoisonne ma joie.
Pourquoi dix jours encor faut-il que je le voie?

HYDASPE.

Et ne pouvez-vous pas d'un mot l'exterminer?
Dites au roi, seigneur, de vous l'abandonner.

AMAN.

Je viens pour épier le moment favorable.
Tu connois, comme moi, ce prince inexorable :
Tu sais combien terrible en ses soudains transports

---

[1] « Si tibi placet, decerne ut pereat, et decem millia talentorum « appendam arcariis gazæ tuæ. » — « Ordonnez donc, s'il vous plaît, qu'il périsse, et je paierai aux trésoriers de votre épargne dix mille talents. » (*Esth.*, cap. III, vers. 9.)

[2] « Tulit ergò rex annulum quo utebatur de manu suâ, et de-« dit eum Aman... Dixitque ad eum : argentum quod tu polliceris, « tuum sit: de populo age quod tibi placet. » — « Alors le roi tira de son doigt l'anneau dont il avoit accoutumé de se servir, et le donna à Aman, et lui dit : Gardez pour vous l'argent que vous m'offrez, et pour ce qui est de ce peuple, faites-en ce que vous voudrez. » (*Esth.*, cap. III, vers. 10 et 11.)

De nos desseins souvent il rompt tous les ressorts.
Mais à me tourmenter ma crainte est trop subtile :
Mardochée à ses yeux est une ame trop vile.

HYDASPE.

Que tardez-vous? Allez, et faites promptement
Élever de sa mort le honteux instrument[1].

AMAN.

J'entends du bruit; je sors. Toi, si le roi m'appelle...

HYDASPE.

Il suffit.

SCENE II.

ASSUÉRUS, HYDASPE, ASAPH,
SUITE D'ASSUÉRUS.

ASSUÉRUS.

Ainsi donc, sans cet avis fidèle,
Deux traîtres dans son lit assassinoient leur roi?
Qu'on me laisse, et qu'Asaph seul demeure avec moi.

---

[1] « Responderuntque ei, Zares uxor ejus, et cæteri amici : jube parari excelsam trabem, habentem altitudinis quinquaginta cubitos, et dic manè regi, ut appendatur super eum Mardochæus. » — « Zarès, sa femme, et tous ses amis, lui répondirent : Commandez qu'on dresse une potence fort élevée, qui ait cinquante coudées de haut, et dites au roi, demain au matin, qu'il y fasse pendre Mardochée. » (*Esth.*, cap. v, vers. 14.)

SCENE III.

ASSUÉRUS, ASAPH.

ASSUÉRUS, *assis sur son trône.*

Je veux bien l'avouer : de ce couple perfide
J'avois presque oublié l'attentat parricide ;
Et j'ai pâli deux fois au terrible récit
Qui vient d'en retracer l'image à mon esprit.
Je vois de quel succès leur fureur fut suivie,
Et que dans les tourments ils laissèrent la vie ;
Mais ce sujet zélé qui, d'un œil si subtil,
Sut de leur noir complot développer le fil,
Qui me montra sur moi leur main déja levée,
Enfin par qui la Perse avec moi fut sauvée,
Quel honneur pour sa foi, quel prix a-t-il reçu [1] ?

ASAPH.

On lui promit beaucoup : c'est tout ce que j'ai su.

---

[1] « Quod cùm audisset rex, ait : Quid pro hâc fide honoris ac « præmii Mardochæus consecutus est? Dixerunt ei servi illius ac « ministri : Nihil omninò mercedis accepit. » — « Ce que le roi ayant entendu, il dit : Quel honneur et quelle récompense Mardochée a-t-il reçu pour cette fidélité qu'il m'a témoignée? Ses serviteurs et ses officiers lui dirent : Il n'en a reçu aucune récompense. » (*Esth.*, cap. VI, vers. 3.) — « Assuérus, se faisant lire les « annales de son règne, entendit : Une pièce de terre a été donnée « à celui-ci, pour prix d'une belle action; celui-là a reçu des pré-« sents pour sa fidélité; mais, à la conspiration découverte par « Mardochée, il remarqua que ce service étoit resté sans récom-« pense; aussitôt il fit cesser la lecture, pour s'occuper de réparer « l'oubli d'un si grand bienfait. » (Jos., *Ant. jud.*, l. XI, c. VI. (L. B.)

ACTE II, SCÈNE III.

ASSUÉRUS.

O d'un si grand service oubli trop condamnable!
Des embarras du trône effet inévitable!
De soins tumultueux un prince environné [1]
Vers de nouveaux objets est sans cesse entraîné;
L'avenir l'inquiète, et le présent le frappe;
Mais, plus prompt que l'éclair, le passé nous échappe;
Et de tant de mortels, à toute heure empressés
A nous faire valoir leurs soins intéressés,
Il ne s'en trouve point qui, touchés d'un vrai zéle,
Prennent à notre gloire un intérêt fidéle,
Du mérite oublié nous fassent souvenir,
Trop prompts à nous parler de ce qu'il faut punir.
Ah! que plutôt l'injure échappe à ma vengeance,
Qu'un si rare bienfait à ma reconnoissance!
Et qui voudroit jamais s'exposer pour son roi?
Ce mortel qui montra tant de zéle pour moi
Vit-il encore?

ASAPH.
    Il voit l'astre qui vous éclaire.

ASSUÉRUS.
Et que n'a-t-il plus tôt demandé son salaire?
Quel pays reculé le cache à mes bienfaits?

---

[1] Ce discours d'Assuérus ne peut être regardé comme un lieu commun : il est si vrai, si naturel, si plein de sentiment! Il n'est point inutile à l'action, puisqu'il sert à excuser l'erreur et la crédulité du roi, complice, sans le savoir, de la cruauté d'Aman. On le plaint, parcequ'on voit qu'il est de sa nature juste et bienfaisant, et qu'il ne fait que le mal qu'on lui cache sous l'apparence du bien. (G.)

ASAPH.

Assis le plus souvent aux portes du palais,
Sans se plaindre de vous, ni de sa destinée,
Il y traîne, seigneur, sa vie infortunée.

ASSUÉRUS.

Et je dois d'autant moins oublier la vertu,
Qu'elle-même s'oublie. Il se nomme, dis-tu?

ASAPH.

Mardochée est le nom que je viens de vous lire.

ASSUÉRUS.

Et son pays?

ASAPH.

Seigneur, puisqu'il faut vous le dire,
C'est un de ces captifs à périr destinés;
Des rives du Jourdain sur l'Euphrate amenés.

ASSUÉRUS.

Il est donc Juif! O ciel, sur le point que la vie [1]
Par mes propres sujets m'alloit être ravie,
Un Juif rend par ses soins leurs efforts impuissants!
Un Juif m'a préservé du glaive des Persans!
Mais, puisqu'il m'a sauvé, quel qu'il soit, il n'importe.
Holà, quelqu'un.

---

[1] *Sur le point que* se disoit encore du temps de Racine. Cette phrase n'est plus en usage: on ne dit plus que *sur le point de*. (L.)

SCENE IV.

ASSUÉRUS, HYDASPE, ASAPH.

HYDASPE.
Seigneur?
ASSUÉRUS.
Regarde à cette porte;
Vois s'il s'offre à tes yeux quelque grand de ma cour.
HYDASPE.
Aman à votre porte a devancé le jour[1].
ASSUÉRUS.
Qu'il entre. Ses avis m'éclaireront peut-être.

SCENE V.

ASSUÉRUS, AMAN, HYDASPE, ASAPH.

ASSUÉRUS.
Approche, heureux appui du trône de ton maître,
Ame de mes conseils, et qui seul tant de fois
Du sceptre dans ma main as soulagé le poids.
Un reproche secret embarrasse mon âme.
Je sais combien est pur le zèle qui t'enflamme :

---

[1] « Statimque rex : Quis est, inquit, in atrio ? »—« Le roi ajouta en même temps : Qui est dans la salle du palais? » (*Esth*, cap. VI, vers. 4. — « Responderunt pueri : Aman stat in atrio. Dixitque « rex : Ingrediatur. » — « Ses officiers lui répondirent : Aman est dans la salle. Le roi dit : Qu'il entre. » (*Esth.*, cap. VI, vers. 5.)

Le mensonge jamais n'entra dans tes discours,
Et mon intérêt seul est le but où tu cours.
Dis-moi donc : que doit faire un prince magnanime
Qui veut combler d'honneurs un sujet qu'il estime[1]?
Par quel gage éclatant, et digne d'un grand roi,
Puis-je récompenser le mérite et la foi?
Ne donne point de borne à ma reconnoissance :
Mesure tes conseils sur ma vaste puissance.

AMAN, *tout bas.*

C'est pour toi-même, Aman, que tu vas prononcer[2] :
Et quel autre que toi peut-on récompenser?

ASSUÉRUS.

Que penses-tu?

AMAN.

Seigneur, je cherche, j'envisage
Des monarques persans la conduite et l'usage;
Mais à mes yeux en vain je les rappelle tous :
Pour vous régler sur eux, que sont-ils près de vous?
Votre règne aux neveux doit servir de modèle[3].
Vous voulez d'un sujet reconnoître le zèle,
L'honneur seul peut flatter un esprit généreux :

---

[1] « Cùmque esset ingressus, ait illi : Quid debet fieri viro quem
« rex honorare desiderat? » — « Aman étant entré, le roi lui dit :
Que doit-on faire pour honorer un homme que le roi desire de
combler d'honneurs? » (*Esth.*, cap. VI, vers. 6.)

[2] « Cogitans autem in corde suo Aman, et reputans quòd nul-
« lum alium rex, nisi se, vellet honorare. » — « Aman pensant en
lui-même, et s'imaginant que le roi n'en vouloit point honorer
d'autre que lui. » (*Esth.*, cap. VI, vers. 6.)

[3] *Aux neveux, nepotibus,* pour *à nos neveux,* tour latin, dont
je crois qu'il n'existe point d'autre exemple. (G.)

ACTE II, SCÈNE V.

Je voudrois donc, seigneur, que ce mortel heureux [1],
De la pourpre aujourd'hui paré comme vous-même,
Et portant sur le front le sacré diadème,
Sur un de vos coursiers pompeusement orné,
Aux yeux de vos sujets dans Suse fût mené;
Que, pour comble de gloire et de magnificence,
Un seigneur éminent en richesse, en puissance [2],
Enfin de votre empire après vous le premier,
Par la bride guidât son superbe coursier [3];
Et lui-même marchant en habits magnifiques

---

[1] « Debet indui vestibus regiis, et imponi super equum qui de « sellâ regis est, et accipere regium diadema super caput suum ; « et primus de regiis principibus ac tyrannis teneat equum ejus, « et per plateam civitatis incedens clamet, et dicat : Sic honorabi- « tur quemcumque voluerit rex honorare. » — « Qu'il soit vêtu des habits royaux ; qu'il monte sur le même cheval que le roi monte ; qu'il ait le diadème royal sur la tête, et que le premier des princes et des grands de la cour du roi tienne son cheval par la bride, et que, marchant devant lui par la place de la ville, il crie : C'est ainsi que sera honoré celui qu'il plaira au roi d'honorer. » (*Esth.*, cap. VI, v. 8, 9.)

[2] Cette qualification de *seigneur* est moderne. C'est cependant un titre que tous les poëtes tragiques donnent aux rois et aux grands. Dans *Andromaque*, dans *Iphigénie*, Oreste et Achille sont appelés *seigneur*: La Harpe pensoit que Racine n'auroit pas dû se servir de ce titre dans un sujet persan ; mais il est difficile de concevoir pourquoi ce titre seroit plus déplacé dans un sujet persan que dans un sujet grec ou romain. L'usage est général, et ne doit point souffrir d'exception.

[3] Cette expression, *par la bride*, placée au commencement du vers, se trouve relevée et ennoblie par le reste de la phrase, dont le style est pompeux. Ainsi Racine a su placer heureusement, dans la poésie la plus noble, les mots de *pavé*, de *chiens*, de *boucs*, de *chevaux*, etc. (G.)

Criât à haute voix dans les places publiques :
« Mortels, prosternez-vous : c'est ainsi que le roi
« Honore le mérite, et couronne la foi. »

ASSUÉRUS.

Je vois que la sagesse elle-même t'inspire.
Avec mes volontés ton sentiment conspire.
Va, ne perds point de temps : ce que tu m'as dicté,
Je veux de point en point qu'il soit exécuté [1].
La vertu dans l'oubli ne sera plus cachée.
Aux portes du palais prends le juif Mardochée :
C'est lui que je prétends honorer aujourd'hui ;
Ordonne son triomphe, et marche devant lui ;
Que Suse par ta voix de son nom retentisse,
Et fais à son aspect que tout genou fléchisse.
Sortez tous.

AMAN.

Dieux [2] !

---

[1] « Dixitque ei rex : Festina, et sumtâ stolâ et equo, fac, ut lo-
« cutus es, Mardochæo Judæo qui sedet ante fores palatii. Cave ne
« quidquam de his quæ locutus es, prætermittas. » — « Le roi lui
dit : Hâtez-vous donc ; prenez une robe et un cheval, et faites tout
ce que vous avez dit, à Mardochée, Juif, qui est devant la porte
du palais. Prenez bien garde de ne rien oublier de tout ce que vous
venez de dire. » (*Esth.*, cap. VI, vers 10.)

[2] Ceux qui disent qu'il n'y a rien de théâtral dans la tragédie
d'Esther pourroient-ils montrer, dans les tragédies qu'ils vantent le plus, quelque coup de théâtre plus frappant que celui de
la surprise d'Aman, ou plutôt du coup de foudre qui tombe sur
lui au moment où il s'y attend le moins ? Quel tableau du méchant
pris dans le piège que son orgueil vient de tendre à son roi ! Comme
tous les spectateurs jouissent de la confusion et du désespoir de
ce misérable ! Cette situation réunit le double intérêt qu'inspirent
la vertu récompensée et le crime puni. (G.)

SCENE VI.

ASSUÉRUS.

   Le prix est sans doute inouï :
Jamais d'un tel honneur un sujet n'a joui ;
Mais plus la récompense est grande et glorieuse,
Plus même de ce Juif la race est odieuse,
Plus j'assure ma vie, et montre avec éclat
Combien Assuérus redoute d'être ingrat.
On verra l'innocent discerné du coupable :
Je n'en perdrai pas moins ce peuple abominable ;
Leurs crimes...

SCENE VII.

ASSUÉRUS, ESTHER, ÉLISE, THAMAR.
PARTIE DU CHOEUR.

(*Esther entre s'appuyant sur Élise ; quatre Israélites soutiennent sa robe.*)

ASSUÉRUS.
   Sans mon ordre on porte ici ses pas !
Quel mortel insolent vient chercher le trépas ?
Gardes... C'est vous, Esther ? Quoi ! sans être attendue ?

ESTHER.
Mes filles, soutenez votre reine éperdue :
Je me meurs.
    (*Elle tombe évanouie.*)

ESTHER.

ASSUÉRUS.

Dieux puissants! quelle étrange pâleur
De son teint tout-à-coup efface la couleur!
Esther, que craignez-vous? Suis-je pas votre frère [1]?
Est-ce pour vous qu'est fait un ordre si sévère?
Vivez : le sceptre d'or que vous tend cette main,
Pour vous de ma clémence est un gage certain.

ESTHER.

Quelle voix salutaire ordonne que je vive,
Et rappelle en mon sein mon ame fugitive?

ASSUÉRUS.

Ne connoissez-vous pas la voix de votre époux?
Encore un coup, vivez, et revenez à vous.

ESTHER.

Seigneur, je n'ai jamais contemplé qu'avec crainte [2]
L'auguste majesté sur votre front empreinte;
Jugez combien ce front irrité contre moi
Dans mon ame troublée a dû jeter d'effroi :
Sur ce trône sacré qu'environne la foudre

---

[1] *Suis-je pas* pour *ne suis-je pas*; nous avons déja remarqué cette licence. « Quid habes, Esther? Ego sum frater tuus : noli metuere. « Non morieris : non enim pro te, sed pro omnibus hæc lex con- « stituta est. Accede igitur, et tange sceptrum. » — « Qu'avez-vous, Esther? Je suis votre frère; n'ayez aucune crainte, vous ne mourrez point : car cette loi n'a pas été faite pour vous, mais pour tous les autres. Approchez-vous donc, et touchez mon sceptre. » (*Esth.*, cap. xv, vers. 12, 13, 14.)

[2] « Quæ respondit : Vidi te domine quasi angelum Dei, et con- « turbatum est cor meum præ timore gloriæ tuæ. » — « Esther lui répondit : Seigneur, vous m'avez paru comme un ange de Dieu, et mon cœur a été troublé par la crainte de votre gloire. » (*Esth.*, cap. xv, vers. 16.)

J'ai cru vous voir tout prêt à me réduire en poudre.
Hélas! sans frissonner, quel cœur audacieux
Soutiendroit les éclairs qui partoient de vos yeux?
Ainsi du Dieu vivant la colère étincelle [1]...

ASSUÉRUS.

O soleil! ô flambeau de lumière immortelle!
Je me trouble moi-même; et sans frémissement
Je ne puis voir sa peine et son saisissement.
Calmez, reine, calmez la frayeur qui vous presse.
Du cœur d'Assuérus souveraine maîtresse,
Éprouvez seulement son ardente amitié.
Faut-il de mes états vous donner la moitié [2]?

ESTHER.

Eh! se peut-il qu'un roi craint de la terre entière,
Devant qui tout fléchit et baise la poussière,
Jette sur son esclave un regard si serein,
Et m'offre sur son cœur un pouvoir souverain?

ASSUÉRUS.

Croyez-moi, chère Esther, ce sceptre, cet empire,
Et ces profonds respects que la terreur inspire,
A leur pompeux éclat mêlent peu de douceur,

---

[1] *La colère étincelle;* expression hardie et poétique, dont Racine a pu trouver l'idée dans Virgile : *ignescunt iræ* (*Æneid.*, lib. IX, v. 66.); mais qui, bien des siècles avant Virgile, avoit été consacrée par l'usage qu'en fait l'Écriture. *Exardescet, sicut ignis, ira tua.* (Ps. LXXXVIII, vers. 45.) (G.)

[2] « Dixitque ad eam rex: Quid vis, Esther regina? Quæ est pe-
« titio tua? Etiamsi dimidiam partem regni petieris, dabitur tibi. »
— « Et le roi lui dit : Que voulez-vous, reine Esther? Que demandez-vous? Quand vous me demanderiez la moitié de mon royaume, je vous la donnerois. » (*Esth.*, cap. V, vers. 3.)

Et fatiguent souvent leur triste possesseur.
Je ne trouve qu'en vous je ne sais quelle grace
Qui me charme toujours et jamais ne me lasse.
De l'aimable vertu doux et puissants attraits!
Tout respire en Esther l'innocence et la paix.
Du chagrin le plus noir elle écarte les ombres,
Et fait des jours sereins de mes jours les plus sombres
Que dis-je? sur ce trône assis auprès de vous,
Des astres ennemis j'en crains moins le courroux[1],

[1] Cette expression d'*astres ennemis*, si belle, si poétique par elle-même, a de plus le mérite de la convenance dans la bouche d'un prince qui adoroit le soleil et les astres, et qui croyoit à l'astrologie. On est surpris de voir dans cette pièce cette manière toute nouvelle de parler d'amour, que le poëte qu'on a surnommé le *tendre* met dans la bouche d'un de ces rois si fiers qui regardoient tous les mortels comme leurs esclaves. Assuérus ne parle à cette Esther qui l'a charmé, qu'avec un respect mêlé d'admiration. Elle étoit jeune et belle : *Pulchra nimis, et decorâ facie* (*Esth.*, cap. II, vers. 7); et cependant il ne lui parle jamais de sa beauté. Quand Néron parle à Junie, il lui dit :

> Ces trésors dont le ciel voulut vous embellir, etc.

Assuérus ne paroît pas songer à ces trésors, mais à des qualités plus estimables :

> Je ne trouve qu'en vous je ne sais quelle grace
> Qui me charme toujours, et jamais ne me lasse.
> De l'aimable vertu doux et puissants attraits!

Lorsqu'il est à table avec elle, il lui dit encore :

> Oui, vos moindres discours ont des graces secrètes;
> Une noble pudeur, à tout ce que vous faites,
> Donne un prix que n'ont point ni la pourpre ni l'or.

Le poëte a même eu l'attention de ne jamais joindre au nom d'Esther cette épithète si ordinaire aux noms des autres princesses: *belle Monime*, etc. Jamais Assuérus ne dit *belle Esther*: ce ne fut

ACTE II, SCÈNE VII.

Et crois que votre front prête à mon diadême
Un éclat qui le rend respectable aux dieux même.
Osez donc me répondre, et ne me cachez pas
Quel sujet important conduit ici vos pas.
Quel intérêt, quels soins vous agitent, vous pressent?
Je vois qu'en m'écoutant vos yeux au ciel s'adressent.
Parlez : de vos desirs le succès est certain,
Si ce succès dépend d'une mortelle main.

ESTHER.

O bonté qui m'assure autant qu'elle m'honore [1] !
Un intérêt pressant veut que je vous implore :
J'attends ou mon malheur ou ma félicité;
Et tout dépend, seigneur, de votre volonté.
Un mot de votre bouche, en terminant mes peines,

pas non plus sa beauté qui le frappa quand il la vit pour la première fois; cet air seul de vertu fut cause

> Qu'il l'observa long-temps dans un sombre silence.

Quand le même poëte dépeint Pyrrhus auprès d'Andromaque, on voit Pyrrhus

> Mener en conquérant sa nouvelle conquête,
> Et d'un œil où brilloient sa joie et son espoir,
> S'enivrer en marchant du plaisir de la voir.

Assuérus, quand Esther paroît devant lui, *l'observe long-temps dans un profond silence*; et sans lui dire : *Votre beauté me charme, vos attraits vous rendent digne de la couronne*, il lui donne le diadème, en lui disant seulement : *Soyez reine*. (L. R.)

[1] *Assurer* avec un régime direct ne s'emploie que pour certifier : en terme d'art il signifie affirmer. Il falloit absolument dire ici *rassurer*. On trouve la même faute dans un vers de la scène VII de l'acte II d'Athalie. Cependant il est utile de remarquer que long-temps avant Racine le mot *assurer* étoit en usage dans le sens qu'il lui donne ici.

Peut rendre Esther heureuse entre toutes les reines.

ASSUÉRUS.

Ah! que vous enflammez mon desir curieux!

ESTHER.

Seigneur, si j'ai trouvé grace devant vos yeux,
Si jamais à mes vœux vous fûtes favorable,
Permettez, avant tout, qu'Esther puisse à sa table
Recevoir aujourd'hui son souverain seigneur,
Et qu'Aman soit admis à cet excès d'honneur [1].
J'oserai devant lui rompre ce grand silence;
Et j'ai pour m'expliquer besoin de sa présence.

ASSUÉRUS.

Dans quelle inquiétude, Esther, vous me jetez!
Toutefois qu'il soit fait comme vous souhaitez.

(*A ceux de sa suite.*)

Vous, que l'on cherche Aman; et qu'on lui fasse entendre
Qu'invité chez la reine, il ait soin de s'y rendre [2].

---

[1] « Si inveni in conspectu regis gratiam, et si regi placet ut det
« mihi quod postulo, et meam impleat petitionem, veniat Rex et
« Aman ad convivium quod paravi eis, et cràs aperiam regi volun-
« tatem meam. » — « Que si j'ai trouvé grace devant le roi, et s'il
lui plaît de m'accorder ce que je demande, et de faire ce que je
desire, le roi vienne encore, et Aman avec lui, au festin que je
leur ai préparé, et demain je déclarerai au roi ce que je souhaite. »
(*Esth.*, cap. v, vers. 8.)

[2] « Statimque rex: vocate, inquit, citò Aman, ut Esther obe-
« diat voluntati. » — « Qu'on appelle Aman, dit le roi aussitôt,
afin qu'il obéisse à la volonté de la reine. » (*Esth.*, cap. v, vers. 5.)
— C'étoit la plus grande faveur à laquelle on pouvoit prétendre
dans la Perse. Rarement les rois admettoient à leur table leur mère,
jamais leur épouse. Plutarque rapporte que, lorsque Artaxerxès
fit venir à sa table ses frères, ce fut une nouveauté; et que, dans

SCENE VIII.

ASSUÉRUS, ESTHER, ÉLISE, THAMAR, HYDASPE, PARTIE DU CHOEUR.

HYDASPE.

Les savants Chaldéens, par votre ordre appelés,
Dans cet appartement, seigneur, sont assemblés.

ASSUÉRUS.

Princesse, un songe étrange occupe ma pensée :
Vous-même en leur réponse êtes intéressée.
Venez, derrière un voile écoutant leurs discours,
De vos propres clartés me prêter le secours.
Je crains pour vous, pour moi, quelque ennemi perfide.

ESTHER.

Suis-moi, Thamar. Et vous, troupe jeune et timide,
Sans craindre ici les yeux d'une profane cour,
A l'abri de ce trône attendez mon retour.

SCENE IX.

(Cette scène est partie déclamée, et partie chantée.)

ÉLISE, PARTIE DU CHOEUR.

ÉLISE.

Que vous semble, mes sœurs, de l'état où nous sommes?

une autre occasion, les grands de sa cour furent jaloux de l'honneur qu'il fit à Timagore le Crétois, ou, selon d'autres, à Eutyme de Gortine, en l'invitant à manger avec lui. (L. B.)

D'Esther, d'Aman, qui le doit emporter?
Est-ce Dieu, sont-ce les hommes,
Dont les œuvres vont éclater?
Vous avez vu quelle ardente colère
Allumoit de ce roi le visage sévère.

UNE DES ISRAÉLITES.

Des éclairs de ses yeux l'œil étoit ébloui.

UNE AUTRE.

Et sa voix m'a paru comme un tonnerre horrible.

ÉLISE.

Comment ce courroux si terrible
En un moment s'est-il évanoui?

UNE DES ISRAÉLITES *chante*.

Un moment a changé ce courage inflexible :
Le lion rugissant est un agneau paisible.
Dieu, notre Dieu sans doute a versé dans son cœur
Cet esprit de douceur [1].

LE CHOEUR *chante*.

Dieu, notre Dieu sans doute a versé dans son cœur
Cet esprit de douceur.

LA MÊME ISRAÉLITE *chante*.

Tel qu'un ruisseau docile [2]
Obéit à la main qui détourne son cours,
Et, laissant de ses eaux partager le secours,
Va rendre tout un champ fertile,

---

[1] « Convertitque Deus spiritum regis in mansuetudinem. » — « En même temps Dieu changea le cœur du roi, et lui inspira de la douceur. » (*Esth.*, cap. v, vers. 11.)

[2] Ce vers est une imitation d'un verset du livre des proverbes déja cité acte I, scène I.

Dieu, de nos volontés arbitre souverain,
Le cœur des rois est ainsi dans ta main.

ÉLISE.

Ah! que je crains, mes sœurs, les funestes nuages
Qui de ce prince obscurcissent les yeux!
Comme il est aveuglé du culte de ses dieux!

UNE ISRAÉLITE.

Il n'atteste jamais que leurs noms odieux.

UNE AUTRE.

Aux feux inanimés dont se parent les cieux [1]
Il rend de profanes hommages.

UNE AUTRE.

Tout son palais est plein de leurs images.

LE CHOEUR chante.

Malheureux! vous quittez le maître des humains
Pour adorer l'ouvrage de vos mains [2]!

UNE ISRAÉLITE chante.

Dieu d'Israël, dissipe enfin cette ombre:
Des larmes de tes saints quand seras-tu touché?

---

[1] Louis Racine s'est approprié cette belle expression:

Aux feux inanimés qui roulent sur leurs têtes.
LA RELIGION, ch. III.

C'est un fils qui hérite de son père; mais, en passant entre ses mains, le bien a perdu quelque chose de sa valeur: *dont se parent les cieux* a plus de grace que *qui roulent sur leurs têtes*. (G.)

[2] « Confundantur omnes qui adorant sculptilia, et qui glorian- « tur in simulacris suis. » — « Que tous ceux-là soient confondus qui adorent les ouvrages de sculpture, et qui se glorifient dans leurs idoles. » (Ps. XCVI, vers. 7.)

Quand sera le voile arraché
Qui sur tout l'univers jette une nuit si sombre?
Dieu d'Israël, dissipe enfin cette ombre :
Jusqu'à quand seras-tu caché?

UNE DES PLUS JEUNES ISRAÉLITES.

Parlons plus bas, mes sœurs. Ciel! si quelque infidèle,
Écoutant nos discours, nous alloit déceler!

ÉLISE.

Quoi! fille d'Abraham, une crainte mortelle
Semble déja vous faire chanceler!
Hé! si l'impie Aman, dans sa main homicide
Faisant luire à vos yeux un glaive menaçant,
A blasphémer le nom du Tout-Puissant
Vouloit forcer votre bouche timide!

UNE AUTRE ISRAÉLITE.

Peut-être Assuérus, frémissant de courroux,
Si nous ne courbons les genoux
Devant une muette idole,
Commandera qu'on nous immole.
Chère sœur, que choisirez-vous?

LA JEUNE ISRAÉLITE.

Moi, je pourrois trahir le Dieu que j'aime!
J'adorerois un dieu sans force et sans vertu,
Reste d'un tronc par les vents abattu,
Qui ne peut se sauver lui-même!

LE CHOEUR *chante.*

Dieux impuissants, dieux sourds, tous ceux qui vous implo
Ne seront jamais entendus.
Que les démons, et ceux qui les adorent,
Soient à jamais détruits et confondus!

ACTE II, SCÈNE IX.

UNE ISRAÉLITE *chante*.

Que ma bouche et mon cœur, et tout ce que je suis [1],
Rendent honneur au Dieu qui m'a donné la vie.
   Dans les craintes, dans les ennuis,
    En ses bontés mon ame se confie.
Veut-il par mon trépas que je le glorifie?
Que ma bouche et mon cœur, et tout ce que je suis,
Rendent honneur au Dieu qui m'a donné la vie.

ÉLISE.

Je n'admirai jamais la gloire de l'impie.

UNE AUTRE ISRAÉLITE.

Au bonheur du méchant qu'une autre porte envie.

ÉLISE.

   Tous ses jours paroissent charmants [2];
    L'or éclate en ses vêtements;
Son orgueil est sans borne ainsi que sa richesse;
Jamais l'air n'est troublé de ses gémissements;
Il s'endort, il s'éveille au son des instruments;
   Son cœur nage dans la mollesse.

---

[1] Cette strophe est la seule qui paroisse foible et au-dessous du génie lyrique de l'auteur. (G.)

[2] Racine le fils a dit, et on a répété d'après lui, que ce morceau étoit imité du chap. v d'Isaïe, vers. 12. La vérité est que Racine n'a imité que l'opposition de l'apparente félicité des méchants avec le véritable bonheur des justes; et cette opposition n'est pas d'Isaïe, mais du psaume CXLIII, dans lequel David, après avoir fait une énumération toute différente de celle de Racine, finit par ces mots : « Beatum dixerunt populum cui hæc sunt; beatus populus « cujus Dominus Deus ejus. » — « Ils ont appelé heureux le peuple qui possède tous ces biens; mais plus heureux est le peuple qui a le Seigneur pour son Dieu. » (Vers. 18.) (G.)

UNE AUTRE ISRAÉLITE.

Pour comble de prospérité,
Il espère revivre en sa postérité;
Et d'enfants à sa table une riante troupe
Semble boire avec lui la joie à pleine coupe[1].

(Tout le reste est chanté.)

LE CHOEUR.

Heureux, dit-on, le peuple florissant
Sur qui ces biens coulent en abondance!
Plus heureux le peuple innocent
Qui dans le Dieu du ciel a mis sa confiance!

UNE ISRAÉLITE, *seule.*

Pour contenter ses frivoles desirs
L'homme insensé vainement se consume:
Il trouve l'amertume
Au milieu des plaisirs.

UNE AUTRE, *seule.*

Le bonheur de l'impie est toujours agité;
Il erre à la merci de sa propre inconstance.

---

[1] *Boire la joie*: expression énergique et audacieuse, empruntée de Virgile, qui dit que Didon buvoit l'amour à longs traits.

« Longumque bibebat amorem. »
ÆNEID., lib. I, v. 753.

Mais Virgile est beaucoup plus hardi : Racine emploie un correctif; il se sert du mot *coupe*, qui adoucit la métaphore. J. B. Rousseau, dans sa Cantate de Bacchus, a plus imité Racine que Racine n'a imité Virgile :

La céleste troupe
Dans ce jus vanté,
Boit à pleine coupe
L'immortalité... (G.)

Ne cherchons la félicité
Que dans la paix de l'innocence.

LA MÊME, *avec une autre.*

O douce paix !
O lumière éternelle !
Beauté toujours nouvelle !
Heureux le cœur épris de tes attraits !
O douce paix !
O lumière éternelle !
Heureux le cœur qui ne te perd jamais !

LE CHOEUR.

O douce paix !
O lumière éternelle !
Beauté toujours nouvelle !
O douce paix !
Heureux le cœur qui ne te perd jamais !

LA MÊME, *seule.*

Nulle paix pour l'impie : il la cherche, elle fuit [1] ;

---

[1] « Impii autem quasi mare fervens quod quiescere non potest... « Non est pax impiis. » — « Mais les méchants sont comme une mer toujours agitée, qui ne peut se calmer... Il n'y a point de paix pour les méchants. » (ISAIE, chap. LVII, vers. 20, 21 ; et ch. XLVIII, v. 22.) — Je doute, dit l'abbé d'Olivet, que le pronom relatif *la* puisse être mis après *nulle paix*. Tout pronom rappelle son antécédent ; or l'antécédent est *nulle paix*. Ce vers signifieroit donc que l'impie cherche *nulle paix* et que *nulle paix* le fuit. Après cette observation, d'Olivet cite Dumarsais, qui a dit dans l'Encyclopédie, au mot ARTICLE : « Je crois que le feu, la vivacité, l'enthousiasme que « le style poétique demande, ont pu autoriser Racine à dire :

Nulle paix pour l'impie : il la cherche, elle fuit.

« Mais cette expression ne seroit pas régulière en prose, parceque

Et le calme en son cœur ne trouve point de place :
Le glaive au-dehors le poursuit ;
Le remords au-dedans le glace.

UNE AUTRE.

La gloire des méchants en un moment s'éteint :
L'affreux tombeau pour jamais les dévore.
Il n'en est pas ainsi de celui qui te craint :
Il renaîtra, mon Dieu, plus brillant que l'aurore.

LE CHŒUR.

O douce paix !
Heureux le cœur qui ne te perd jamais !

ÉLISE, *sans chanter.*

Mes sœurs, j'entends du bruit dans la chambre prochaine.
On nous appelle : allons rejoindre notre reine¹.

la première proposition étant universelle négative, les pronoms « *la* et *elle* des propositions qui suivent ne doivent pas rappeler « dans un sens affirmatif et individuel un mot qui a d'abord été « pris dans un sens négatif universel. »

¹ C'est ici principalement que nous devons admirer l'adresse avec laquelle Racine a su lier ses chœurs avec l'action. Les tragiques anciens, à l'exception de Sophocle, n'ont point atteint à ce genre de perfection. Le chœur, selon la remarque de Voltaire, remplissoit chez eux l'intervalle des actes, et paroissoit toujours sur la scène. Il y avoit en cela plus d'un inconvénient ; car ou il parloit dans les entr'actes de ce qui s'étoit passé dans les actes précédents, et c'étoit une répétition fatigante ; ou il prévenoit de ce qui devoit arriver dans les actes suivants, et cette annonce déroboit le plaisir de la surprise ; ou enfin il étoit étranger au sujet, et par conséquent il devoit ennuyer. Ces inconvénients, ou plutôt les difficultés de les éviter, déterminèrent nos poëtes à ne plus faire usage des chœurs. Ce fut Hardy qui donna le premier exemple de cette réforme en 1617. (L. B.)

FIN DU SECOND ACTE.

ACTE TROISIÈME.

(Le théâtre représente les jardins d'Esther, et un des côtés du salon où se fait le festin.)

SCENE I.
AMAN, ZARÈS.

ZARÈS.

C'est donc ici d'Esther le superbe jardin[1] ;
Et ce salon pompeux est le lieu du festin ?
Mais, tandis que la porte en est encor fermée,
Écoutez les conseils d'une épouse alarmée.
Au nom du sacré nœud qui me lie avec vous[2],
Dissimulez, seigneur, cet aveugle courroux ;

---

[1] Ici la scène change. Racine n'a jamais violé la règle de l'unité de lieu que dans cet endroit ; mais il n'a point prétendu faire une tragédie dans les règles : il a voulu mettre en dialogue l'histoire d'Esther, qu'il a choisie comme la plus propre à la maison de Saint-Cyr et à sa fondatrice ; il a cru que, pour jeter plus de vivacité, il devoit ajouter aux charmes des vers ceux de la musique et le spectacle des décorations. (L. B.) — Le scrupule sur l'unité de lieu jusqu'au point de la renfermer dans un même appartement, comme Racine l'a pratiqué d'ordinaire, est une perfection, mais non pas une règle. Il est d'autant plus raisonnable de ne pas s'y astreindre rigoureusement, qu'on se priveroit par-là de bien des sujets et de nombre de beautés tout autrement essentielles. L'esprit du précepte est rempli quand la vraisemblance n'est pas violée. (L.)

[2] Du temps de Racine, le mot *sacré*, placé devant le substantif, ne produisoit point encore un effet désagréable. Aujourd'hui l'u-

Éclaircissez ce front où la tristesse est peinte :
Les rois craignent sur-tout le reproche et la plainte.
Seul entre tous les grands par la reine invité,
Ressentez donc aussi cette félicité.
Si le mal vous aigrit, que le bienfait vous touche.
Je l'ai cent fois appris de votre propre bouche :
Quiconque ne sait pas dévorer un affront,
Ni de fausses couleurs se déguiser le front,
Loin de l'aspect des rois qu'il s'écarte, qu'il fuie.
Il est des contre-temps qu'il faut qu'un sage essuie :
Souvent avec prudence un outrage enduré
Aux honneurs les plus hauts a servi de degré.

AMAN.

O douleur! ô supplice affreux à la pensée!
O honte, qui jamais ne peut être effacée!
Un exécrable Juif, l'opprobre des humains,
S'est donc vu de la pourpre habillé par mes mains!
C'est peu qu'il ait sur moi remporté la victoire;
Malheureux, j'ai servi de héraut à sa gloire!
Le traître, il insultoit à ma confusion;
Et tout le peuple même, avec dérision
Observant la rougeur qui couvroit mon visage,
De ma chute certaine en tiroit le présage.
Roi cruel, ce sont là les jeux où tu te plais!
Tu ne m'as prodigué tes perfides bienfaits
Que pour me faire mieux sentir ta tyrannie,
Et m'accabler enfin de plus d'ignominie.

sage veut qu'on mette *sacré* après son substantif. Racine offre plusieurs exemples de cette construction, sur laquelle il est inutile de revenir. (G.)

ACTE III, SCÈNE I.

ZARÈS.

Pourquoi juger si mal de son intention?
Il croit récompenser une bonne action.
Ne faut-il pas, seigneur, s'étonner au contraire
Qu'il en ait si long-temps différé le salaire?
Du reste, il n'a rien fait que par votre conseil.
Vous-même avez dicté tout ce triste appareil:
Vous êtes après lui le premier de l'empire.
Sait-il toute l'horreur que ce Juif vous inspire?

AMAN.

Il sait qu'il me doit tout, et que, pour sa grandeur [1],
J'ai foulé sous les pieds remords, crainte, pudeur;
Qu'avec un cœur d'airain exerçant sa puissance
J'ai fait taire les lois, et gémir l'innocence;
Que pour lui, des Persans bravant l'aversion,
J'ai chéri, j'ai cherché la malédiction:
Et, pour prix de ma vie à leur haine exposée,
Le barbare aujourd'hui m'expose à leur risée!

ZARÈS.

Seigneur, nous sommes seuls. Que sert de se flatter?
Ce zèle que pour lui vous fîtes éclater,
Ce soin d'immoler tout à son pouvoir suprême,
Entre nous, avoient-ils d'autre objet que vous-même [2]?

---

[1] On assure qu'un ministre qui étoit encore en place alors, mais qui n'étoit plus en faveur (M. de Louvois), avoit donné lieu à ce vers, parceque, dans un mouvement de colère, il avoit dit quelque chose de semblable. (L. R.)

[2] C'est dans l'esprit seul des spectateurs que ces idées doivent naître. Instruits du caractère d'Aman, ils savent bien que tout ce que ce favori se vante d'avoir fait pour le roi, il ne l'a fait que pour lui-même. Mais est-il dans les convenances que la femme

Et, sans chercher plus loin, tous ces Juifs désolés,
N'est-ce pas à vous seul que vous les immolez?
Et ne craignez-vous point que quelque avis funeste...
Enfin la cour nous hait, le peuple nous déteste.
Ce Juif même, il le faut confesser malgré moi[1],
Ce Juif, comblé d'honneurs, me cause quelque effroi,
Les malheurs sont souvent enchaînés l'un à l'autre,
Et sa race toujours fut fatale à la vôtre.
De ce léger affront songez à profiter.
Peut-être la fortune est prête à vous quitter;
Aux plus affreux excès son inconstance passe :
Prévenez son caprice avant qu'elle se lasse.
Où tendez-vous plus haut? Je frémis quand je voi
Les abîmes profonds qui s'offrent devant moi :
La chute désormais ne peut être qu'horrible.
Osez chercher ailleurs un destin plus paisible :
Regagnez l'Hellespont et ces bords écartés
Où vos aïeux errants jadis furent jetés
Lorsque des Juifs contre eux la vengeance allumée

d'Aman parle ainsi? Ne devroit-elle pas plutôt se plaindre de l'injustice du roi? Ce qu'Aman n'ose s'avouer à lui-même, est-ce à Zarès à le lui dire aussi froidement? Nous remarquons d'ailleurs que ce discours va contre le but que Zarès se propose : au lieu d'éclairer Aman, il doit l'irriter; car les hommes les plus méchants ne peuvent souffrir d'être avilis aux yeux de ceux qu'ils aiment.

[1] « Cui responderunt sapientes, quos habebat in consilio, *et « uxor ejus*: Si de semine Judæorum est Mardochæus, ante quem « cadere cœpisti, non poteris ei resistere, sed cades in conspectu « ejus. » — « Et les sages dont il prenoit conseil, *et sa femme*, lui répondirent : Si ce Mardochée, devant lequel vous avez commencé de tomber, est de la race des Juifs, vous ne pourrez lui résister, mais vous tomberez devant lui. » (*Esth*., cap. VI, v. 13.)

Chassa tout Amalec de la triste Idumée[1].
Aux malices du sort enfin dérobez-vous.
Nos plus riches trésors marcheront devant nous :
Vous pouvez du départ me laisser la conduite,
Sur-tout de vos enfants j'assurerai la fuite.
N'ayez soin cependant que de dissimuler.
Contente, sur vos pas vous me verrez voler :
La mer la plus terrible et la plus orageuse
Est plus sûre pour nous que cette cour trompeuse.
Mais à grands pas vers vous je vois quelqu'un marcher :
C'est Hydaspe.

SCENE II.

AMAN, ZARÈS, HYDASPE.

HYDASPE, *à Aman.*

Seigneur, je courois vous chercher[2].
Votre absence en ces lieux suspend toute la joie ;
Et pour vous y conduire Assuérus m'envoie.

AMAN.

Et Mardochée est-il aussi de ce festin[3] ?

---

[1] On ne diroit point tout Hercule pour les *Héraclides*, tout Pallante pour les *Pallantides*. Mais comme dans le style de l'Écriture sainte, on dit tout Israël pour le peuple sorti d'Israël, on peut dire tout Amalec pour les Amalécites, dont il fut le père. (L. R.)

[2] « Adhùc illis loquentibus : Venerunt eunuchi regis, et citò eum
« ad convivium quod regina paraverat, pergere compulerunt. » —
« Lorsqu'ils lui parloient encore, les eunuques du roi survinrent,
« et le forcèrent de venir aussitôt au festin que la reine avoit pré-
« paré. » (*Esther.*, cap. VI, vers. 14.)

[3] Question amère et ironique, qui peint les tourments secrets auxquels le cœur d'Aman est en proie. (G.)

HYDASPE.

A la table d'Esther portez-vous ce chagrin?
Quoi! toujours de ce Juif l'image vous désole?
Laissez-le s'applaudir d'un triomphe frivole.
Croit-il d'Assuérus éviter la rigueur?
Ne possédez-vous pas son oreille et son cœur?
On a payé le zèle, on punira le crime;
Et l'on vous a, seigneur, orné votre victime.
Je me trompe, ou vos vœux par Esther secondés
Obtiendront plus encor que vous ne demandez.

AMAN.

Croirai-je le bonheur que ta bouche m'annonce?

HYDASPE.

J'ai des savants devins entendu la réponse:
Ils disent que la main d'un perfide étranger
Dans le sang de la reine est prête à se plonger.
Et le roi, qui ne sait où trouver le coupable,
N'impute qu'aux seuls Juifs ce projet détestable.

AMAN.

Oui, ce sont, cher ami, des monstres furieux:
Il faut craindre sur-tout leur chef audacieux.
La terre avec horreur dès long-temps les endure;
Et l'on n'en peut trop tôt délivrer la nature.
Ah! je respire enfin. Chère Zarès, adieu.

HYDASPE.

Les compagnes d'Esther s'avancent vers ce lieu[1]:

---

[1] Aujourd'hui, dans les représentations d'*Esther* sans les chœurs, les comédiens substituent au vers de Racine le vers suivant de leur composition:

Esther, Assuérus s'avancent vers ce lieu;

ACTE III, SCÈNE II.

Sans doute leur concert va commencer la fête.
Entrez, et recevez l'honneur qu'on vous apprête.

SCENE III.

ÉLISE, LE CHŒUR.

(Ceci se récite sans chant.)

UNE DES ISRAÉLITES.

C'est Aman.

UNE AUTRE.

C'est lui-même, et j'en frémis, ma sœur.

LA PREMIÈRE.

Mon cœur de crainte et d'horreur se resserre.

L'AUTRE.

C'est d'Israël le superbe oppresseur.

LA PREMIÈRE.

C'est celui qui trouble la terre.

ÉLISE.

Peut-on, en le voyant, ne le connaître pas!
L'orgueil et le dédain sont peints sur son visage.

UNE ISRAÉLITE.

On lit dans ses regards sa fureur et sa rage.

UNE AUTRE.

Je croyois voir marcher la mort devant ses pas.

et de là ils passent sans interruption à la scène quatrième. Ce mauvais vers, substitué à celui de Racine, n'est pas le seul inconvénient attaché à la suppression d'un chœur si bien lié à l'action; car cette suppression détruit l'intervalle nécessaire, entre les deux scènes, pour le festin d'Esther. (G.)

UNE DES PLUS JEUNES.

Je ne sais si ce tigre a reconnu sa proie :
Mais, en nous regardant, mes sœurs, il m'a semblé
Qu'il avoit dans les yeux une barbare joie
 Dont tout mon sang est encore troublé.

ÉLISE.

Que ce nouvel honneur va croître son audace[1] !
 Je le vois, mes sœurs, je le voi :
A la table d'Esther l'insolent près du roi
 A déja pris sa place.

UNE DES ISRAÉLITES.

Ministres du festin, de grace dites-nous,
Quels mets à ce cruel, quel vin préparez-vous?

UNE AUTRE.

Le sang de l'orphelin,

UNE TROISIÈME.

    Les pleurs des misérables,

LA SECONDE.

Sont ses mets les plus agréables;

LA TROISIÈME.

C'est son breuvage le plus doux.

ÉLISE.

Chères sœurs, suspendez la douleur qui vous presse.
Chantons, on nous l'ordonne; et que puissent nos chants
Du cœur d'Assuérus adoucir la rudesse,
Comme autrefois David, par ses accords touchants,
Calmoit d'un roi jaloux la sauvage tristesse !

(Tout le reste de cette scène est chanté.)

---

[1] Nouvel exemple du verbe *croître* pris activement. (G.)

ACTE III, SCÈNE III.

UNE ISRAÉLITE.

Que le peuple est heureux,
Lorsqu'un roi généreux,
Craint dans tout l'univers, veut encore qu'on l'aime!
Heureux le peuple! heureux le roi lui-même!

TOUT LE CHOEUR.

O repos! ô tranquillité!
O d'un parfait bonheur assurance éternelle,
Quand la suprême autorité
Dans ses conseils a toujours auprès d'elle
La justice et la vérité!

(Ces quatre stances sont chantées alternativement par une voix seule et par tout le chœur.)

UNE ISRAÉLITE.

Rois, chassez la calomnie [1] :
Ses criminels attentats
Des plus paisibles états
Troublent l'heureuse harmonie.

Sa fureur, de sang avide,
Poursuit par-tout l'innocent.
Rois, prenez soin de l'absent
Contre sa langue homicide.

---

[1] Ces strophes sont remarquables par l'élégance et la grace, par une heureuse facilité de style. On leur a souvent comparé la paraphrase du psaume CXIX, contre les calomniateurs; mais les vers de J.-B. Rousseau n'ont rien de commun avec ceux de Racine, qui s'adressent aux rois, et n'ont pour objet que la calomnie politique. Louis Racine dit que son père *se félicitoit de ces quatre stances qui contiennent des vérités utiles aux rois*. (G.)

De ce monstre si farouche
Craignez la feinte douceur :
La vengeance est dans son cœur,
Et la pitié dans sa bouche.

La fraude adroite et subtile
Sème de fleurs son chemin :
Mais sur ses pas vient enfin
Le repentir inutile.

UNE ISRAÉLITE, *seule.*
D'un souffle l'aquilon écarte les nuages,
Et chasse au loin la foudre et les orages :
Un roi sage, ennemi du langage menteur,
Écarte d'un regard le perfide imposteur.

UNE AUTRE.
J'admire un roi victorieux,
Que sa valeur conduit triomphant en tous lieux;
Mais un roi sage et qui hait l'injustice [1],
Qui, sous la loi du riche impérieux,
Ne souffre point que le pauvre gémisse,
Est le plus beau présent des cieux.

UNE AUTRE.
La veuve en sa défense espère;

UNE AUTRE.
De l'orphelin il est le père;

---

[1] Il y avoit sans doute quelque courage à faire chanter de pareils vers devant Louis XIV; mais le prince qui s'accusa si noblement lui-même d'avoir trop aimé la guerre étoit digne d'entendre ces sublimes leçons. (G.)

ACTE III, SCÈNE III.

TOUTES ENSEMBLE.

Et les larmes du juste implorant son appui
   Sont précieuses devant lui [1].

UNE ISRAÉLITE, *seule.*

Détourne, roi puissant, détourne tes oreilles
   De tout conseil barbare et mensonger.
     Il est temps que tu t'éveilles :
Dans le sang innocent ta main va se plonger
     Pendant que tu sommeilles.
Détourne, roi puissant, détourne tes oreilles
   De tout conseil barbare et mensonger.

UNE AUTRE.

Ainsi puisse sous toi trembler la terre entière!
Ainsi puisse à jamais contre tes ennemis
Le bruit de ta valeur te servir de barrière!
S'ils t'attaquent, qu'ils soient en un moment soumis;
   Que de ton bras la force les renverse;
   Que de ton nom la terreur les disperse;
Que tout leur camp nombreux soit devant tes soldats
   Comme d'enfants une troupe inutile;
Et si par un chemin il entre en tes états,
   Qu'il en sorte par plus de mille [2].

---

[1] Rousseau a presque copié ces vers (liv. I, od. v) :

   Et les larmes de l'innocence
   Sont précieuses devant lui.

[2] L'arrangement de cette phrase a quelque chose de pénible qui nuit à la rapidité et à l'élégance du style. Racine dit : *Que la terreur de ton nom disperse tes ennemis; que tout leur camp nombreux entre en tes états, qu'il en sorte.* Peut-on dire d'un camp qu'il entre et qu'il sort? Sans doute le mot est employé pour *troupe* et pour *armée;*

SCÈNE IV.

ASSUÉRUS, ESTHER, AMAN, ÉLISE,
LE CHOEUR.

ASSUÉRUS, *à Esther.*
Oui, vos moindres discours ont des graces secrètes :
Une noble pudeur à tout ce que vous faites
Donne un prix que n'ont point ni la pourpre ni l'or.
Quel climat renfermoit un si rare trésor?
Dans quel sein vertueux avez-vous pris naissance,
Et quelle main si sage éleva votre enfance?
Mais dites promptement ce que vous demandez :
Tous vos desirs, Esther, vous seront accordés [1] ;
Dussiez-vous, je l'ai dit, et veux bien le redire,
Demander la moitié de ce puissant empire [2].

ESTHER.
Je ne m'égare point dans ces vastes desirs.
Mais puisqu'il faut enfin expliquer mes soupirs,
Puisque mon roi lui-même à parler me convie,

---

il donne même une idée de l'immensité des ennemis, mais il nous semble manquer de correction.

[1] *Desirs* pour *demande*, est une hardiesse permise aux poëtes. On dit en prose : *satisfaire, combler les desirs, accorder les demandes*. Racine emploie *le desir* pour *la chose desirée*. (G.)

[2] « Quid petis ut detur tibi? et pro quâ re postulas? Etiam si « dimidiam partem regni mei petieris, impetrabis. » — « Que desirez-vous que je vous donne, et que me demandez-vous? Quand vous me demanderiez la moitié de mon royaume, je vous la donnerois. » (*Esth.*, cap. v, vers. 6.)

ACTE III, SCÈNE IV.

(*Elle se jette aux pieds du roi.*)

J'ose vous implorer, et pour ma propre vie [1],
Et pour les tristes jours d'un peuple infortuné
Qu'à périr avec moi vous avez condamné.

ASSUÉRUS, *la relevant.*

A périr! Vous! Quel peuple? Et quel est ce mystère [2]?

AMAN, *tout bas.*

Je tremble.

ESTHER.

Esther, seigneur, eut un Juif pour son père :
De vos ordres sanglants vous savez la rigueur.

AMAN, *à part.*

Ah dieux!

---

[1] « Ad quem illa respondit : Si inveni gratiam in oculis tuis, ò « rex, et si tibi placet, dona mihi animam meam pro quâ rogo, et « populum meum pro quo obsecro. Traditi enim sumus ego et po- « pulus meus, ut conteramur, jugulemur, et pereamus.. Atque uti- « nam in servos et famulas venderemur, esset tolerabile malum, « et gemens tacerem : nunc autem hostis noster est, cujus crude- « litas redundat in regem. » — « Esther lui répondit : O roi, si j'ai trouvé grace devant vos yeux, je vous conjure de m'accorder, s'il vous plaît, ma propre vie, et celle de mon peuple pour lequel j'implore votre clémence : car nous avons été livrés moi et mon peuple pour être foulés aux pieds, pour être égorgés et exterminés. Et plût à Dieu qu'on nous vendît au moins et hommes et femmes comme des esclaves : ce mal seroit supportable en quelque sorte, et je me tairois en me contentant de gémir. Mais maintenant nous avons un ennemi impitoyable, dont la cruauté retombe sur le roi même. » (*Esth.*, cap. VII, vers. 3, 4.)

[2] « Respondensque rex Assuerus ait : Quis est iste, et cujus po- « tentiæ, ut hæc audeat facere? » — « Le roi Assuérus lui répondit : Qui est celui-là, et qui est assez puissant pour faire ce que vous dites? » (*Esth.*, cap. VII, vers. 5.)

ASSUÉRUS.

Ah! de quel coup me percez-vous le cœur!
Vous la fille d'un Juif! Hé quoi! tout ce que j'aime,
Cette Esther, l'innocence et la sagesse même,
Que je croyois du ciel les plus chères amours,
Dans cette source impure auroit puisé ses jours!
Malheureux!

ESTHER.

Vous pourrez rejeter ma prière :
Mais je demande au moins que, pour grace dernière,
Jusqu'à la fin, seigneur, vous m'entendiez parler,
Et que sur-tout Aman n'ose point me troubler.

ASSUÉRUS.

Parlez.

ESTHER.

O Dieu, confonds l'audace et l'imposture!
Ces Juifs, dont vous voulez délivrer la nature,
Que vous croyez, seigneur, le rebut des humains,
D'une riche contrée autrefois souverains,
Pendant qu'ils n'adoroient que le Dieu de leurs pères
Ont vu bénir le cours de leurs destins prospères.

Ce Dieu, maître absolu de la terre et des cieux,
N'est point tel que l'erreur le figure à vos yeux :
L'Éternel est son nom; le monde est son ouvrage;
Il entend les soupirs de l'humble qu'on outrage,
Juge tous les mortels avec d'égales lois,
Et du haut de son trône interroge les rois [1].

---

[1] Jamais on ne fit un aussi noble usage de la poésie, jamais on ne porta aussi haut l'art des vers. C'est à la lecture de ces vers sublimes que Voltaire, dans toute la naïveté du sentiment dont il

ACTE III, SCÈNE IV.

Des plus fermes états la chute épouvantable,
Quand il veut, n'est qu'un jeu de sa main redoutable.
Les Juifs à d'autres dieux osèrent s'adresser :
Roi, peuples, en un jour tout se vit disperser :
Sous les Assyriens leur triste servitude
Devint le juste prix de leur ingratitude.
  Mais, pour punir enfin nos maîtres à leur tour,
Dieu fit choix de Cyrus avant qu'il vît le jour [1],
L'appela par son nom, le promit à la terre,
Le fit naître, et soudain l'arma de son tonnerre,
Brisa les fiers remparts et les portes d'airain,
Mit des superbes rois la dépouille en sa main,
De son temple détruit vengea sur eux l'injure :
Babylone paya nos pleurs avec usure.
Cyrus, par lui vainqueur, publia ses bienfaits,

étoit pénétré, s'écrioit : « On a honte de faire des vers quand on « en lit de pareils ! » (L. et G.)

[1] Ce vers et les suivants sont la traduction poétique des quatre premiers versets du XLVe chapitre d'Isaïe : « Hæc dicit Dominus « Christo meo Cyro, cujus apprehendi dexteram... Ego ante te ibo : « et gloriosos terræ humiliabo; portas æreas conteram, et vectes « ferreos confringam... Ut scias quia Dominus, qui voco nomen « tuum... Vocavi te nomine tuo. » Bossuet, dans un style digne du prophète, avoit déja traduit ou plutôt paraphrasé ce passage d'Isaïe : « Quel autre a fait un Cyrus, si ce n'est Dieu qui l'avoit nommé deux cents ans avant sa naissance, dans les oracles d'Isaïe? » — « Tu n'es pas encore, lui disoit-il, mais je te vois, et je t'ai nommé par ton nom; tu t'appelleras Cyrus. Je marcherai devant toi « dans les combats; à ton approche je mettrai les rois en fuite, je « briserai les portes d'airain. C'est moi qui étends les cieux, qui « soutiens la terre, qui nomme ce qui est comme ce qui n'est pas. » (*Orais. fun. du grand Condé.*) (G.)

Regarda notre peuple avec des yeux de paix,
Nous rendit et nos lois et nos fêtes divines ;
Et le temple déja sortoit de ses ruines.
Mais, de ce roi si sage héritier insensé,
Son fils interrompit l'ouvrage commencé [1],
Fut sourd à nos douleurs : Dieu rejeta sa race,
Le retrancha lui-même, et vous mit en sa place.

Que n'espérions-nous point d'un roi si généreux !
Dieu regarde en pitié son peuple malheureux,
Disions-nous : un roi règne, ami de l'innocence.
Par-tout du nouveau prince on vantoit la clémence :
Les Juifs par-tout de joie en poussèrent des cris.
Ciel ! verra-t-on toujours par de cruels esprits
Des princes les plus doux l'oreille environnée,
Et du bonheur public la source empoisonnée ?
Dans le fond de la Thrace un barbare enfanté
Est venu dans ces lieux souffler la cruauté ;
Un ministre ennemi de votre propre gloire...

AMAN.

De votre gloire ! Moi ? Ciel ! Le pourriez-vous croire ?
Moi, qui n'ai d'autre objet ni d'autre dieu...

ASSUÉRUS.

Tais-toi [2].
Oses-tu donc parler sans l'ordre de ton roi ?

---

[1] Cambyse.

[2] La dureté de cet ordre est une fidèle image du mépris qu'avoient les despotes de l'Asie pour ces premiers esclaves de leurs caprices. Auguste, dans une monarchie naissante et beaucoup plus polie que celle de Perse, parle autrement à Cinna ; il lui dit, du ton le plus modéré : *Tu tiens mal ta promesse.* (Act. V, sc. 1.) (G.)

ACTE III, SCÈNE IV.

ESTHER.

Notre ennemi cruel devant vous se déclare [1] :
C'est lui, c'est ce ministre infidèle et barbare
Qui, d'un zèle trompeur à vos yeux revêtu,
Contre notre innocence arma votre vertu.
Et quel autre, grand Dieu! qu'un Scythe impitoyable,
Auroit de tant d'horreurs dicté l'ordre effroyable!
Par-tout l'affreux signal en même temps donné
De meurtres remplira l'univers étonné :
On verra, sous le nom du plus juste des princes,
Un perfide étranger désoler vos provinces;
Et dans ce palais même, en proie à son courroux,
Le sang de vos sujets regorger jusqu'à vous.

Et que reproche aux Juifs sa haine envenimée?
Quelle guerre intestine avons-nous allumée?
Les a-t-on vus marcher parmi vos ennemis?
Fut-il jamais au joug esclaves plus soumis?
Adorant dans leurs fers le dieu qui les châtie,
Pendant que votre main sur eux appesantie
A leurs persécuteurs les livroit sans secours,
Ils conjuroient ce Dieu de veiller sur vos jours,
De rompre des méchants les trames criminelles,
De mettre votre trône à l'ombre de ses ailes [2].

---

[1] « Dixitque Esther : Hostis et inimicus noster pessimus iste est Aman. » — « Esther lui répondit : C'est cet Aman que vous voyez, qui est notre cruel adversaire et notre ennemi mortel. » (*Esth.*, cap. VII, vers. 6.)

[2] Corneille, dans *Polyeucte*, acte IV, sc. VI, dit :
Ils font des vœux pour nous qui les persécutons.
Voltaire remarque que Racine a exprimé la même chose dans les

N'en doutez point, seigneur, il fut votre soutien :
Lui seul mit à vos pieds le Parthe et l'Indien [1],
Dissipa devant vous les innombrables Scythes,
Et renferma les mers dans vos vastes limites;
Lui seul aux yeux d'un Juif découvrit le dessein
De deux traîtres tout prêts à vous percer le sein.
Hélas! ce Juif jadis m'adopta pour sa fille.

ASSUÉRUS.

Mardochée?

ESTHER.

Il restoit seul de notre famille.

cinq vers qui précèdent; puis il ajoute : Sévère, qui parle en homme d'état, ne dit qu'un mot, et ce mot est plein d'énergie; Esther, qui veut toucher Assuérus, étend davantage cette idée : Sévère ne fait qu'une réflexion, Esther fait une prière. Ainsi l'un doit être concis, et l'autre déployer une éloquence attendrissante. Ce sont des beautés différentes, et toutes deux à leur place. On peut souvent, dit Voltaire, faire de ces comparaisons; rien ne contribue davantage à épurer le goût.

[1] Ce discours d'Esther réunit l'adresse à l'énergie. Ces grandes idées sur le pouvoir de la divinité, mêlées à celles qui peuvent flatter l'orgueil d'Assuérus, devoient étonner et enchanter tout-à-la-fois le superbe monarque, dans la bouche d'une jeune femme adorée : la nation juive ne pouvoit avoir auprès du trône d'orateur plus habile et plus touchant. Quel tableau, quelle situation que celle de l'innocence plaidant elle-même sa cause en présence du calomniateur, au tribunal d'un souverain trompé par la calomnie! Qu'y a-t-il de plus intéressant, de plus théâtral? Et comment le triomphe de la vertu persécutée sur le crime trop long-temps heureux, triomphe si consolant pour l'humanité, si plein de charme et d'intérêt dans nos romans et dans nos compositions dramatiques, auroit-il perdu tout son effet, parcequ'il se trouve dans une tragédie sacrée? (G.)

ACTE III, SCÈNE IV.

Mon père étoit son frère. Il descend comme moi
Du sang infortuné de notre premier roi [1].
Plein d'une juste horreur pour un Amalécite,
Race que notre Dieu de sa bouche a maudite,
Il n'a devant Aman pu fléchir les genoux,
Ni lui rendre un honneur qu'il ne croit dû qu'à vous.
De là contre les Juifs et contre Mardochée
Cette haine, seigneur, sous d'autres noms cachée.
En vain de vos bienfaits Mardochée est paré :
A la porte d'Aman est déja préparé
D'un infame trépas l'instrument exécrable ;
Dans une heure au plus tard ce vieillard vénérable
Des portes du palais par son ordre arraché,
Couvert de votre pourpre, y doit être attaché.

ASSUÉRUS.

Quel jour mêlé d'horreur vient effrayer mon ame !
Tout mon sang de colère et de honte s'enflamme.
J'étois donc le jouet... Ciel, daigne m'éclairer !
Un moment sans témoins cherchons à respirer [2].
Appelez Mardochée : il faut aussi l'entendre [3].

(*Le roi s'éloigne.*)

---

[1] Cis, de la tribu de Benjamin, étoit père de Saül, et l'un des aïeux de Mardochée. (L. B.)

[2] « Rex autem iratus surrexit, et de loco convivii intravit in hor-
« tum arboribus consitum. » —« Le roi en même temps se leva tout
en colère ; et, étant sorti du lieu du festin, il entra dans un jardin
planté d'arbres. » (*Esth.*, cap. VII, vers. 7.)

[3] Cette sortie d'Assuérus, quoique conforme à l'histoire, a été
l'objet d'une juste critique. Il est évident qu'elle n'est pas assez mo-
tivée. La Harpe en conclut que la pièce n'a rien de commun avec
les règles du théâtre. Ce jugement est exagéré : il est clair seule-

UNE ISRAÉLITE.

Vérité, que j'implore, achève de descendre [1] !

SCENE V.

ESTHER, AMAN, ÉLISE, LE CHOEUR.

AMAN, *à Esther.*

D'un juste étonnement je demeure frappé [2].
Les ennemis des Juifs m'ont trahi, m'ont trompé :
J'en atteste du ciel la puissance suprême,
En les perdant j'ai cru vous assurer vous-même [3].
Princesse, en leur faveur, employez mon crédit :
Le roi, vous le voyez, flotte encore interdit.
Je sais par quels ressorts on le pousse, on l'arrête;

---

ment, d'après quelques négligences de ce genre, qu'il eût été si facile d'éviter, que Racine ne croyoit pas qu'*Esther* dût jamais être représentée hors de l'enceinte de Saint-Cyr : et, quant au mérite de l'ouvrage, il faut bien reconnoître avec Voltaire que, malgré le vice du sujet, trente vers d'*Esther* valent mieux que beaucoup de tragédies qui ont eu de plus grands succès.

[1] La suppression des chœurs oblige les comédiens à mettre ce vers dans la bouche d'Esther.

[2] « Quod ille audiens, illicò obstupuit, vultum regis ac reginæ « ferre non sustinens. » — « Aman, entendant ceci, demeura tout interdit, ne pouvant supporter les regards ni du roi ni de la reine. » (*Esth.*, cap. VII, vers. 6.)

[3] *Vous assurer*, c'est-à-dire, *assurer votre fortune et votre vie* : Nous avons déja fait observer qu'on disoit *assurer quelque chose*, et non pas *assurer quelqu'un*; mais du temps de Racine cette expression n'avoit pas une signification bien précise ; au moins la trouve-t-on employée dans des sens assez opposés par les écrivains les plus corrects.

ACTE III, SCÈNE V.

Et fais, comme il me plaît, le calme et la tempête[1].
Les intérêts des Juifs déja me sont sacrés.
Parlez : vos ennemis aussitôt massacrés,
Victimes de la foi que ma bouche vous jure,
De ma fatale erreur répareront l'injure.
Quel sang demandez-vous ?

ESTHER.

Va, traître, laisse-moi.
Les Juifs n'attendent rien d'un méchant tel que toi.
Misérable, le Dieu vengeur de l'innocence,
Tout prêt à te juger, tient déja sa balance !

---

[1] Aman, suivant Geoffroy, veut faire entendre à Esther que si par son moyen il peut échapper au danger, il emploiera en faveur des Juifs le crédit qu'il aura recouvré. Il nous semble que tel n'est pas le sens des vers de Racine. Rien n'est plus positif que les paroles d'Aman :

> Le roi, vous le voyez, flotte encore interdit,

c'est-à-dire *doute encore s'il prendra les intérêts des Juifs.* Les deux vers suivants se rapportent à cette idée : « Employez mon pouvoir ; « je sais par quels ressorts on pousse, on arrête Assuérus ; et comme « je vois que les Juifs vous sont chers, *leurs intérêts me seront sa-* « *crés.* » Sans doute Aman est tourmenté déja par ses craintes secrètes ; mais devant Esther il doit les dissimuler. C'est en lui faisant croire à son pouvoir qu'il peut espérer de se sauver ; qu'il se rende nécessaire un moment, et son triomphe est certain. C'est seulement lorsqu'il est sûr qu'Esther a lu dans son ame, que doivent éclater les sentiments que le commentateur lui prête en ce moment. Il s'écrie alors :

> C'en est fait : mon orgueil est forcé de plier.

Sa fierté disparoît avec son pouvoir. Il vient d'offrir *du sang*, et maintenant il demande la vie. Telle est la marche du cœur humain, et Racine ne pouvoit pas la méconnoître.

96 ESTHER.

Bientôt son juste arrêt te sera prononcé.
Tremble : son jour approche, et ton règne est passé[1].

AMAN.

Oui, ce Dieu, je l'avoue, est un Dieu redoutable.
Mais veut-il que l'on garde une haine implacable?
C'en est fait : mon orgueil est forcé de plier;
L'inexorable Aman est réduit à prier[2].

(*Il se jette à ses pieds.*)

Par le salut des Juifs, par ces pieds que j'embrasse,
Par ce sage vieillard, l'honneur de votre race,
Daignez d'un roi terrible apaiser le courroux;
Sauvez Aman qui tremble à vos sacrés genoux.

[1] Corneille n'a rien de plus mâle, de plus fier, de plus terrible. Jamais on n'a mis dans un plus grand jour la supériorité naturelle de la vertu sur le vice. *Et ton règne est passé* : ce ne sont point les paroles de Daniel à Balthasar, comme l'ont imprimé quelques commentateurs; il est probable que Racine a voulu seulement appliquer à son sujet, par une imitation adroite, le sens des paroles prononcées par une voix qui vient du ciel, au moment même où Nabuchodonosor se félicite de la grandeur de Babylone, de la magnificence de ses palais. (G.)

[2] « Aman quoque surrexit ut rogaret Esther reginam pro animâ « suâ, intellexit enim à rege sibi paratum malum. » — « Aman se leva aussi de table pour supplier la reine Esther de lui sauver la vie, parcequ'il avoit bien vu que le roi étoit résolu de le perdre. » (*Esth.*, cap. VII, vers. 7.)

SCÈNE VI.

ASSUÉRUS, ESTHER, AMAN, ÉLISE, LE CHOEUR, GARDES.

ASSUÉRUS.

Quoi! le traître sur vous porte ses mains hardies [1]!
Ah! dans ses yeux confus je lis ses perfidies;
Et son trouble, appuyant la foi de vos discours,
De tous ses attentats me rappelle le cours.
Qu'à ce monstre à l'instant l'ame soit arrachée;
Et que devant sa porte, au lieu de Mardochée [2],
Apaisant par sa mort et la terre et les cieux,
De mes peuples vengés il repaisse les yeux.

(*Aman est emmené par les gardes.*)

[1] « Qui cùm reversus esset de horto nemoribus consito, et in-
« trasset convivii locum, reperit Aman super lectulum corruisse in
« quo jacebat Esther; et ait: Etiam reginam vult opprimere, me
« præsente, in domo meâ. Necdum verbum de ore regis exierat, et
« statim operuerunt faciem ejus. »—« Assuérus étant revenu du jardin planté d'arbres, et étant rentré dans le lieu du festin, trouva
qu'Aman s'étoit jeté sur le lit où étoit Esther, et il dit: Comment!
il veut faire violence à la reine, même en ma présence, et dans ma
maison! A peine cette parole étoit sortie de la bouche du roi, qu'on
lui couvrit le visage. » (*Esth.*, cap. VII, vers. 9.)

[2] « Dixitque Harbona, unus de eunuchis, qui stabant in mini-
« sterio regis : En lignum quod paraverat Mardochæo, qui locu-
« tus est pro rege, stat in domo Aman, habens altitudinis quinqua-
« ginta cubitos. Cui dixit rex: Appendite eum in eo. » — « Alors
Harbona, l'un des eunuques qui suivoient d'ordinaire le roi, lui
dit: Il y a une potence de cinquante coudées de haut dans la mai-

SCENE VII.

ASSUÉRUS, ESTHER, MARDOCHÉE, ÉLISE,
LE CHOEUR.

ASSUÉRUS *continue en s'adressant à Mardochée.*
Mortel chéri du ciel, mon salut et ma joie,
Aux conseils des méchants ton roi n'est plus en proie;
Mes yeux sont dessillés, le crime est confondu :
Viens briller près de moi dans le rang qui t'est dû [1].
Je te donne d'Aman les biens et la puissance :
Possède justement son injuste opulence.
Je romps le joug funeste où les Juifs sont soumis [2];
Je leur livre le sang de tous leurs ennemis;
A l'égal des Persans je veux qu'on les honore,
Et que tout tremble au nom du Dieu qu'Esther adore.
Rebâtissez son temple, et peuplez vos cités;
Que vos heureux enfants dans leurs solennités
Consacrent de ce jour le triomphe et la gloire [3],
Et qu'à jamais mon nom vive dans leur mémoire.

---

son d'Aman, qu'il avoit fait préparer pour Mardochée, qui a donné un avis salutaire au roi. Le roi dit : Qu'Aman y soit pendu tout à cette heure. » (*Esth.*, chap. VII, vers. 9.)

[1] « Die illo dedit rex Assuerus Esther reginæ domum Aman adversarii Judæorum. »—« Le roi Assuérus donna ce jour-là à la reine Esther la maison d'Aman, ennemi des Juifs. » (*Esth.*, c. VIII, v. 1.).

[2] *Où* pour *auquel*; négligence grammaticale. (G.)

[3] Cette fête, appelée le *Phur* ou le *Sort*, est encore aujourd'hui célébrée par les Juifs le quatorzième jour d'Adar, dernier mois de l'année hébraïque, et qui répond aux mois de février et de mars.

SCENE VIII.

ASSUÉRUS, ESTHER, MARDOCHÉE, ASAPH, ÉLISE, LE CHOEUR.

ASSUÉRUS.

Que veut Asaph?

ASAPH.

Seigneur, le traître est expiré [1],
Par le peuple en fureur à moitié déchiré.
On traîne, on va donner en spectacle funeste [2]
De son corps tout sanglant le misérable reste.

MARDOCHÉE.

Roi, qu'à jamais le ciel prenne soin de vos jours!
Le péril des Juifs presse, et veut un prompt secours.

ASSUÉRUS.

Oui, je t'entends. Allons, par des ordres contraires,

On l'appeloit la fête du *Sort*, parceque le sort fut jeté dans l'urne, devant Aman, pour savoir en quel mois et quel jour on devoit exterminer tous les Juifs. (G.)

[1] Voilà une nouvelle preuve que l'auteur croyoit cette phrase permise en poésie pour les personnes comme pour les temps. D'Olivet répéteroit encore qu'il faut dire : Un jour, un terme *est expiré*; et qu'un héros *a expiré*. Il a raison dans la règle, et le poëte n'a pas tort dans son vers. (L.)

[2] On dit très bien *donner en spectacle*, mais lorsque le substantif est joint au verbe par la préposition *en*, il ne peut être accompagné d'un adjectif : ainsi on ne peut pas dire *donner en spectacle funeste*, parceque ces locutions, *donner en spectacle*, *regarder en pitié*, n'admettent point d'épithète, et ne forment, pour ainsi dire, qu'un seul verbe composé. (D'O.)

7.

Révoquer d'un méchant les ordres sanguinaires[1].

ESTHER.

O Dieu, par quelle route inconnue aux mortels
Ta sagesse conduit ses desseins éternels[2] !

SCENE IX.

LE CHOEUR.

TOUT LE CHOEUR.

Dieu fait triompher l'innocence :
Chantons, célébrons sa puissance.

UNE ISRAÉLITE.

Il a vu contre nous les méchants s'assembler,
Et notre sang prêt à couler.

---

[1] « Scribite ergo Judæis, sicut vobis placet, regis nomine, si-« gnantes litteras annulo meo. Hæc enim consuetudo erat, ut epis-« tolis quæ ex regis nomine mittebantur, et illius annulo signatæ « erant, nemo auderet contradicere. » — « Écrivez donc aux Juifs au nom du roi, comme vous le jugerez à propos ; et scellez les lettres de mon anneau. Car c'étoit la coutume, que nul n'osoit s'opposer aux lettres qui étoient envoyées au nom du roi, et cachetées de son anneau. » (*Esth.*, cap. VIII, vers. 8.)

[2] Ce dénouement laisse les esprits frappés d'étonnement et d'admiration : la chute épouvantable et soudaine d'un ministre injuste et barbare, le retour d'un grand monarque vers la justice et la vérité, une nation innocente dérobée aux massacres préparés par la haine et par la vengeance, la vertu et la piété arrachées aux embûches des méchants, et récompensées dans cette même cour où régnoient l'esprit de vertige et d'erreur : tous ces grands évènements ont quelque chose de plus tragique et de plus théâtral, de plus digne de la poésie et de la scène, que la peinture de folles passions. (G.)

Comme l'eau sur la terre ils alloient le répandre[1] :
    Du haut du ciel sa voix s'est fait entendre ;
        L'homme superbe est renversé,
        Ses propres flèches l'ont percé.

UNE AUTRE.

J'ai vu l'impie adoré sur la terre[2] ;
    Pareil au cèdre il cachoit dans les cieux
        Son front audacieux ;
Il sembloit à son gré gouverner le tonnerre,
    Fouloit aux pieds ses ennemis vaincus :
Je n'ai fait que passer, il n'étoit déja plus.

UNE AUTRE.

On peut des plus grands rois surprendre la justice :
        Incapables de tromper,
        Ils ont peine à s'échapper
        Des piéges de l'artifice.
Un cœur noble ne peut soupçonner en autrui
        La bassesse et la malice
        Qu'il ne sent point en lui.

---

[1] « Effuderunt sanguinem eorum tanquam aquam. » (Ps. LXXVIII, vers. 3.)

[2] Boileau disoit « que la sublimité des psaumes étoit l'écueil de « tous les traducteurs ; que leur majestueuse tranquillité ne pou- « voit être rendue que bien difficilement par la plume des plus « grands maîtres ; qu'elle avoit souvent désespéré M. Racine ; qu'il « étoit venu pourtant à bout de traduire admirablement cet en- « droit du psalmiste : « Vidi impium superexaltatum, et elevatum « sicut cedros Libani ; et transivi, et ecce non erat. » — « J'ai vu l'impie extrêmement élevé, et qui égaloit en hauteur les cèdres du Liban ; et j'ai passé, et il n'étoit plus. » (Psal. XXXVI, vers. 35 et 36.) (L. B.)

ESTHER.

UNE AUTRE.

Comment s'est calmé l'orage?

UNE AUTRE.

Quelle main salutaire a chassé le nuage?

TOUT LE CHOEUR.

L'aimable Esther a fait ce grand ouvrage.

UNE ISRAÉLITE *seule*.

De l'amour de son Dieu son cœur s'est embrasé ;
Au péril d'une mort funeste
Son zèle ardent s'est exposé :
Elle a parlé ; le ciel a fait le reste.

DEUX ISRAÉLITES.

Esther a triomphé des filles des Persans :
La nature et le ciel à l'envi l'ont ornée.

L'UNE DES DEUX.

Tout ressent de ses yeux les charmes innocents.
Jamais tant de beauté fut-elle couronnée?

L'AUTRE.

Les charmes de son cœur sont encor plus puissants.
Jamais tant de vertu fut-elle couronnée?

TOUTES DEUX *ensemble*.

Esther a triomphé des filles des Persans :
La nature et le ciel à l'envi l'ont ornée.

UNE SEULE.

Ton Dieu n'est plus irrité [1] :
Réjouis-toi, Sion, et sors de la poussière ;

---

[1] « Consurge, consurge; induere fortitudine tuâ, Sion, induere
« vestimentis gloriæ tuæ... Excutere de pulvere, consurge, sede, Je-
« rusalem, solve vincula colli tui, captiva filia Sion. » — « Levez-
vous, ô Sion, levez-vous ; revêtez-vous de votre force ; parez-vous

ACTE III, SCÈNE IX.

Quitte les vêtements de ta captivité,
   Et reprends ta splendeur première.
Les chemins de Sion à la fin sont ouverts :
      Rompez vos fers,
      Tribus captives ;
      Troupes fugitives,
   Repassez les monts et les mers ;
Rassemblez-vous des bouts de l'univers.

      TOUT LE CHOEUR.

      Rompez vos fers,
      Tribus captives ;
      Troupes fugitives,
   Repassez les monts et les mers ;
Rassemblez-vous des bouts de l'univers.

     UNE ISRAÉLITE *seule*.

Je reverrai ces campagnes si chères.

      UNE AUTRE.

J'irai pleurer au tombeau de mes pères.

      TOUT LE CHOEUR.

   Repassez les monts et les mers ;
Rassemblez-vous des bouts de l'univers.

     UNE ISRAÉLITE *seule*.

Relevez, relevez les superbes portiques
Du temple où notre Dieu se plaît d'être adoré ;
Que de l'or le plus pur son autel soit paré,
Et que du sein des monts le marbre soit tiré.
Liban, dépouille-toi de tes cèdres antiques ;

_{des vêtements de votre gloire... Sortez de la poussière ; levez-vous, asseyez-vous, ô Jérusalem ; rompez les chaînes de votre cou, fille de Sion, captive depuis si long-temps. » (ISAIE, cap. LII, v. 1 et 2.)}

Prêtres sacrés, préparez vos cantiques.

UNE AUTRE.

Dieu descend et revient habiter parmi nous :
Terre, frémis d'allégresse et de crainte.
Et vous, sous sa majesté sainte,
Cieux, abaissez-vous [1] !

UNE AUTRE.

Que le Seigneur est bon, que son joug est aimable !
Heureux qui dès l'enfance en connoît la douceur !
Jeune peuple, courez à ce maître adorable :
Les biens les plus charmants n'ont rien de comparable
Aux torrents de plaisirs qu'il répand dans un cœur.
Que le Seigneur est bon, que son joug est aimable !
Heureux qui dès l'enfance en connoît la douceur !

UNE AUTRE.

Il s'apaise, il pardonne ;
Du cœur ingrat qui l'abandonne
Il attend le retour ;
Il excuse notre foiblesse ;
A nous chercher même il s'empresse.
Pour l'enfant qu'elle a mis au jour
Une mère a moins de tendresse.

---

[1] Cette image sublime des cieux qui s'abaissent est empruntée du deuxième livre des *Rois*, ch. XXII, v. 10, et du psaume XVII, v. 10 : *Inclinavit cœlos*, etc. Après Racine, Voltaire et J.-B. Rousseau s'en sont emparés ; le premier a dit dans *la Henriade*, ch. V :

Viens ; des cieux enflammés abaisse la hauteur.

Et l'autre s'exprime ainsi, dans sa huitième ode sacrée :

Lève ton bras, lance ta flamme,
Abaisse la hauteur des cieux. (G.).

Ah! qui peut avec lui partager notre amour!
TROIS ISRAÉLITES.
Il nous fait remporter une illustre victoire.
L'UNE DES TROIS.
Il nous a révélé sa gloire.
TOUTES TROIS *ensemble*.
Ah! qui peut avec lui partager notre amour!
TOUT LE CHOEUR.
Que son nom soit béni; que son nom soit chanté;
    Que l'on célèbre ses ouvrages
    Au-delà des temps et des âges,
    Au-delà de l'éternité[1]!

---

[1] On ne passeroit pas une pareille idée, si elle n'étoit pas de l'Écriture, et inspirée par l'enthousiasme prophétique : « Regnabit « Dominus in æternum et ultrà. » (L.)

FIN D'ESTHER.

ATHALIE,

TRAGÉDIE

TIRÉE DE L'ÉCRITURE SAINTE.

1691.

PRÉFACE [1].

Tout le monde sait que le royaume de Juda étoit composé des deux tribus de Juda et de Benjamin, et que les dix autres tribus qui se révoltèrent contre Roboam composoient le royaume d'Israël. Comme les rois de Juda étoient de la maison de David, et qu'ils avoient dans leur partage la ville et le temple de Jérusalem, tout ce qu'il y avoit de prêtres et de lévites se retirèrent auprès d'eux, et leur demeurèrent toujours attachés : car, depuis que le temple de Salomon fut bâti, il n'étoit plus permis de sacrifier ailleurs [2]; et tous ces autres autels qu'on élevoit à Dieu sur des montagnes, appelés par cette raison

[1] Tous ceux qui veulent bien entrer dans l'esprit de la tragédie, doivent lire avec attention cette préface ; c'est un chef-d'œuvre de clarté, de simplicité, et d'ordre : on n'y a oublié aucun des points de l'histoire juive qui servent à fonder l'intérêt de la pièce. Une explication si juste, si nette, et si détaillée, me dispense de donner de nouveaux renseignements. Il nous suffira de rappeler, dans les notes, les principaux faits sur lesquels l'auteur appuie tout son édifice dramatique. (Voyez les chapitres IX, X, et XI, du livre IV *des Rois*.) (G.)

[2] «Depuis que le temple de Salomon *fut* bâti, il *n'étoit* plus «permis.» Les deux temps ne s'accordent pas : il falloit : «Depuis «que le temple de Salomon *fut* bâti, il ne *fut* plus... » ou «Depuis «que le temple de Salomon *étoit* bâti, il n'*étoit* plus... etc. » (*Académie.*)

dans l'Écriture les hauts lieux, ne lui étoient point agréables. Ainsi le culte légitime ne subsistoit plus que dans Juda. Les dix tribus, excepté un très petit nombre de personnes, étoient ou idolâtres ou schismatiques.

Au reste, ces prêtres et ces lévites faisoient eux-mêmes une tribu fort nombreuse. Ils furent partagés en diverses classes pour servir tour-à-tour dans le temple, d'un jour de sabbat à l'autre. Les prêtres étoient de la famille d'Aaron; et il n'y avoit que ceux de cette famille [1], lesquels pussent exercer la sacrificature. Les lévites leur étoient subordonnés, et avoient soin, entre autres choses, du chant, de la préparation des victimes, et de la garde du temple [2]. Ce nom de lévite ne laisse pas d'être donné quelquefois indifféremment à tous ceux de la tribu. Ceux qui étoient en semaine avoient, ainsi que le grand-prêtre, leur logement dans les portiques ou galeries dont le temple étoit environné, et qui faisoient partie du temple même. Tout l'édifice s'appeloit en général le lieu saint; mais on appeloit plus particulièrement de ce nom cette partie du temple intérieur où étoient le chandelier d'or, l'autel des parfums, et

[1] « Il n'y avoit que ceux de cette famille *lesquels* pussent. » Il falloit *qui pussent*. Peut-être Racine n'a-t-il mis *lesquels* que pour éviter de faire le vers : *Qui pussent exercer la sacrificature.* (*Acad.*)

[2] On ne doit pas dire *avoir soin du chant*, ni *de la garde du temple.* (*Acad.*)

les tables des pains de proposition ; et cette partie étoit encore distinguée du Saint des saints où étoit l'arche, et où le grand-prêtre seul avoit droit d'entrer une fois l'année. C'étoit une tradition assez constante, que la montagne sur laquelle le temple fut bâti étoit la même montagne où Abraham avoit autrefois offert en sacrifice son fils Isaac.

J'ai cru devoir expliquer ici ces particularités, afin que ceux à qui l'histoire de l'ancien Testament ne sera pas assez présente n'en soient point arrêtés en lisant cette tragédie. Elle a pour sujet Joas reconnu et mis sur le trône : et j'aurois dû, dans les règles, l'intituler Joas ; mais la plupart du monde n'en ayant entendu parler que sous le nom d'Athalie, je n'ai pas jugé à propos de la leur présenter sous un autre titre, puisque d'ailleurs Athalie y joue un personnage si considérable[1], et que c'est sa mort qui termine la pièce. Voici une partie des principaux événements qui devancèrent cette grande action :

Joram, roi de Juda, fils de Josaphat, et le septième roi de la race de David, épousa Athalie, fille d'Achab et de Jézabel, qui régnoient en Israël, fameux l'un et l'autre, mais principalement Jézabel, par leurs sanglantes persécutions contre les prophé-

---

[1] Athalie est un personnage de la tragédie ; elle n'y joue point un personnage : il falloit dire *joue un rôle*, ou *est un personnage*. (*Acad.*)

tes[1]. Athalie, non moins impie que sa mère, entraîna bientôt le roi son mari dans l'idolâtrie, et fit même construire dans Jérusalem un temple à Baal, qui étoit le dieu du pays de Tyr et de Sidon, où Jézabel avoit pris naissance. Joram, après avoir vu périr par les mains des Arabes et des Philistins tous les princes ses enfants, à la réserve d'Ochozias, mourut lui-même misérablement d'une longue maladie qui lui consuma les entrailles. Sa mort funeste n'empêcha pas Ochozias d'imiter son impiété et celle d'Athalie sa mère. Mais ce prince, après avoir régné seulement un an, étant allé rendre visite au roi d'Israël, frère d'Athalie, fut enveloppé dans la ruine de la maison d'Achab, et tué par l'ordre de Jéhu, que Dieu avoit fait sacrer par ses prophètes pour régner sur Israël, et pour être le ministre de ses vengeances. Jéhu extermina toute la postérité d'Achab, et fit jeter par les fenêtres Jézabel, qui, selon la prédiction d'Élie, fut mangée des chiens dans la vigne de ce même Naboth qu'elle avoit fait mourir autrefois pour s'emparer de son héritage. Athalie, ayant appris à Jérusalem tous ces massacres, entreprit de son côté d'éteindre entièrement la race royale de David, en faisant mourir tous les enfants

---

[1] Il n'est point indifférent d'observer ici que le père d'Athalie n'étoit point de la race de David : car il s'ensuit qu'Athalie, sa petite-fille, ne pouvoit être regardée par les Juifs que comme une personne fort étrangère à la succession de leurs rois. (L. B.)

PRÉFACE.

d'Ochozias, ses petits-fils. Mais heureusement Josabeth, sœur d'Ochozias, et fille de Joram, mais d'une autre mère qu'Athalie, étant arrivée lorsqu'on égorgeoit les princes ses neveux, elle trouva moyen de dérober du milieu des morts le petit Joas encore à la mamelle, et le confia avec sa nourrice au grand-prêtre son mari, qui les cacha tous deux dans le temple, où l'enfant fut élevé secrètement jusqu'au jour qu'il fut proclamé roi de Juda. L'Histoire des rois dit que ce fut la septième année d'après. Mais le texte grec des Paralipomènes, que Sévère Sulpice[1] a suivi, dit que ce fut la huitième. C'est ce qui m'a autorisé à donner à ce prince neuf à dix ans, pour le mettre déjà en état de répondre aux questions qu'on lui fait.

Je crois ne lui avoir rien fait dire qui soit au-dessus de la portée d'un enfant de cet âge qui a de l'esprit et de la mémoire. Mais quand j'aurois été un peu au-delà, il faut considérer que c'est ici un enfant tout extraordinaire, élevé dans le temple par un grand-

---

[1] J'ignore pourquoi Racine a transposé les noms de cet historien ecclésiastique : on le nomme ordinairement Sulpice Sévère. On lui doit un Abrégé de l'histoire sacrée et ecclésiastique, depuis la création du monde jusqu'au consulat de Stilicon, l'an 400 de Jésus-Christ. Cet ouvrage, très bien fait, lui a mérité le nom de Salluste chrétien. Il est de plus auteur d'une Vie de saint Martin de Tours, composée pendant la vie de ce saint évêque. Sulpice Sévère étoit né à Agen ; il mourut vers l'année 420. (G.)

prêtre, qui, le regardant comme l'unique espérance de sa nation, l'avoit instruit de bonne heure dans tous les devoirs de la religion et de la royauté. Il n'en étoit pas de même des enfants des Juifs, que de la plupart des nôtres : on leur apprenoit les saintes lettres, non seulement dès qu'ils avoient atteint l'usage de la raison[1], mais, pour me servir de l'expression de saint Paul, dès la mamelle. Chaque Juif étoit obligé d'écrire une fois en sa vie, de sa propre main, le volume de la loi tout entier. Les rois étoient même obligés de l'écrire deux fois[2], et il leur étoit enjoint de l'avoir continuellement devant les yeux. Je puis dire ici que la France voit en la personne d'un prince de huit ans et demi[3], qui fait aujourd'hui ses plus chères délices, un exemple illustre de ce que peut dans un enfant un heureux naturel aidé d'une excel-

[1] On ne dit pas *atteindre l'usage de la raison*, comme on dit *atteindre l'âge de la raison*. (*Acad.*)

[2] Ce que Racine avance ici n'est nullement exact. 1° Chaque Juif n'étoit point obligé d'écrire le volume de la loi. Cela n'eût été possible chez aucun peuple. Le commun des Juifs étoit si peu instruit, qu'il falloit, tous les sept ans, dans l'année sabbatique, lire la loi au peuple assemblé, de peur qu'il ne l'oubliât. 2° Les rois n'étoient obligés d'écrire, et, suivant plusieurs interprètes, de faire écrire qu'une copie de la loi. Le passage de l'Écriture qui prescrit cette obligation la restreint même au Deutéronome. (*Acad.*)

[3] Louis de France, duc de Bourgogne, fils de Monseigneur, élève de Fénélon, pour lequel il conserva le plus vif attachement. Sa mort prématurée, et celle de son épouse, plongèrent la France

lente éducation ; et que si j'avois donné au petit Joas la même vivacité et le même discernement qui brillent dans les reparties de ce jeune prince, on m'auroit accusé avec raison d'avoir péché contre les règles de la vraisemblance.

L'âge de Zacharie, fils du grand-prêtre, n'étant point marqué, on peut lui supposer, si l'on veut, deux ou trois ans de plus qu'à Joas.

J'ai suivi l'explication de plusieurs commentateurs fort habiles, qui prouvent, par le texte même de l'Écriture, que tous ces soldats à qui Joïada, ou Joad, comme il est appelé dans Josèphe, fit prendre les armes consacrées à Dieu par David, étoient autant de prêtres et de lévites, aussi-bien que les cinq centeniers qui les commandoient. En effet, disent ces interprètes, tout devoit être saint dans une si sainte action, et aucun profane n'y devoit être employé. Il s'y agissoit non seulement de conserver le sceptre dans la maison de David, mais encore de conserver à ce grand roi cette suite de descendants dont devoit naître le Messie : « Car ce Messie tant de fois promis « comme fils d'Abraham, devoit aussi être le fils de « David et de tous les rois de Juda. » De là vient que

---

dans le deuil. Le duc de Bourgogne fit éclater dès son enfance un esprit fort supérieur à son âge. Né en 1682, il n'avoit réellement que huit ans et demi dans les premiers mois de 1691, lorsque Racine fit cette préface. (G.)

8.

l'illustre et savant prélat[1] de qui j'ai emprunté ces paroles appelle Joas le précieux reste de la maison de David. Josèphe en parle dans les mêmes termes; et l'Écriture dit expressément que Dieu n'extermina pas toute la famille de Joram, voulant conserver à David la lampe qu'il lui avoit promise. Or cette lampe, qu'étoit-ce autre chose que la lumière qui devoit être un jour révélée aux nations?

L'histoire ne spécifie point le jour où Joas fut proclamé. Quelques interprètes veulent que ce fût un jour de fête. J'ai choisi celle[2] de la Pentecôte, qui étoit l'une des trois grandes fêtes des Juifs. On y célébroit la mémoire de la publication de la loi sur le mont de Sinaï[3], et on y offroit aussi à Dieu les premiers pains de la nouvelle moisson: ce qui faisoit qu'on la nommoit encore la fête des prémices. J'ai songé que ces circonstances me fourniroient quelque variété pour les chants du chœur.

Ce chœur est composé de jeunes filles de la tribu

---

[1] M. de Meaux. (*Note de Racine.*) Les paroles que Racine vient de citer sont tirées de l'*Histoire universelle* de Bossuet, seconde partie, sect. IV. (G.)

[2] *Un jour de fête. J'ai choisi celle.* Fête étant pris indéfiniment et sans article, l'emploi du pronom *celle* n'est pas grammaticalement exact: il eût été mieux de dire: *J'ai choisi la fête de*, etc. (Acad.)

[3] *Le mont de Sinaï.* Il falloit supprimer la préposition, et dire *le mont Sinaï.* (Acad.)

de Lévi, et je mets à leur tête une fille que je donne pour sœur à Zacharie. C'est elle qui introduit le chœur chez sa mère. Elle chante avec lui, porte la parole pour lui, et fait enfin les fonctions de ce personnage des anciens chœurs qu'on appeloit le coryphée. J'ai aussi essayé d'imiter des anciens cette continuité d'action qui fait que leur théâtre ne demeure jamais vide, les intervalles des actes n'étant marqués que par des hymnes et par des moralités du chœur, qui ont rapport à ce qui se passe.

On me trouvera peut-être un peu hardi d'avoir osé mettre sur la scène un prophète inspiré de Dieu, et qui prédit l'avenir. Mais j'ai eu la précaution de ne mettre dans sa bouche que des expressions tirées des prophètes mêmes. Quoique l'Écriture ne dise pas en termes exprès que Joïada ait eu l'esprit de prophétie, comme elle le dit de son fils, elle le représente comme un homme tout plein de l'esprit de Dieu. Et d'ailleurs ne paroît-il pas, par l'Évangile, qu'il a pu prophétiser en qualité de souverain pontife? Je suppose donc qu'il voit en esprit le funeste changement de Joas, qui, après trente années d'un règne fort pieux, s'abandonna aux mauvais conseils des flatteurs, et se souilla du meurtre de Zacharie, fils et successeur de ce grand-prêtre. Ce meurtre, commis dans le temple, fut une des principales causes de la colère de Dieu contre les Juifs, et de tous les malheurs qui leur arrivèrent dans la suite. On prétend même que depuis ce jour-là les réponses de Dieu cessèrent entièrement dans le sanctuaire. C'est ce qui m'a donné lieu de faire prédire de suite à Joad[1] et la destruction du temple et la ruine de Jérusalem. Mais comme les prophètes joignent d'ordinaire les consolations aux menaces, et que d'ailleurs il s'agit de mettre sur le trône un des ancêtres du Messie, j'ai pris occasion de faire entrevoir la venue de ce consolateur, après lequel tous les anciens justes soupiroient. Cette scène, qui est une espèce d'épisode, amène très naturellement la musique, par la coutume qu'avoient plusieurs prophètes d'entrer dans leurs saints transports au son des instruments : témoin cette troupe de prophètes qui vinrent au-devant de Saül avec des harpes et des lyres qu'on portoit devant eux; et témoin Élisée lui-même, qui, étant consulté sur l'avenir par le roi de Juda et par le roi d'Israël, dit, comme fait ici Joad : *Adducite mihi psaltem*[2]. Ajoutez à cela que cette prophétie sert beaucoup à augmenter le trouble dans la pièce, par la consternation et par les différents mouvements où elle jette le chœur et les principaux acteurs[3].

[1] *Faire prédire à Joad.* Il faut *par Joad.* (*Acad.*)

[2] « Faites-moi venir un joueur de harpe. » (Chap. III, vers. 15 du livre IV *des Rois.*)

[3] Le silence que l'auteur garde sur la conduite de sa pièce, dans la préface, est remarquable. Dans ses autres préfaces, il a cou-

tume de parler de l'économie de sa tragédie, du succès qu'elle a eu, ou des critiques qu'elle a essuyées; il se contente, dans celle-ci, d'instruire le lecteur du sujet, et ne dit rien de la manière dont il l'a traité, ni de ce qu'il pense de son ouvrage. Comme cette tragédie n'avoit point été représentée, il ignoroit l'impression qu'elle pouvoit faire sur les spectateurs; ainsi il n'ose en rien dire : il est incertain si elle plaira aux lecteurs; il attend le jugement du public. Il ne soupçonnoit pas alors que dans la suite il lui seroit si favorable. (L. R.)

NOMS DES PERSONNAGES [1].

JOAS, roi de Juda, fils d'Ochozias.
ATHALIE, veuve de Joram, aïeule de Joas.
JOAD, autrement Joïada, grand-prêtre.
JOSABETH, tante de Joas, femme du grand-prêtre.
ZACHARIE, fils de Joad et de Josabeth.
SALOMITH, sœur de Zacharie.
ABNER, l'un des principaux officiers des rois de Juda.
AZARIAS, ISMAEL, et les trois autres chefs des prêtres et des lévites.
MATHAN, prêtre apostat, sacrificateur de Baal.
NABAL, confident de Mathan.
AGAR, femme de la suite d'Athalie.
TROUPE DE PRÊTRES ET DE LÉVITES.
SUITE D'ATHALIE.
LA NOURRICE DE JOAS.
CHOEUR DE JEUNES FILLES DE LA TRIBU DE LÉVI.

La scène est dans le temple de Jérusalem, dans un vestibule de l'appartement du grand-prêtre.

---

[1] Voyez la note placée à la suite des noms des personnages d'*Esther*. Les mêmes observations sont applicables à *Athalie*.

JOAS.

Dieu laissa-t-il jamais ses enfants au besoin ?
Aux petits des oiseaux il donne leur pâture,
Et sa bonté s'étend sur toute la nature.

Acte II, Scène VII.

ATHALIE.

ACTE PREMIER.

SCENE I.

JOAD, ABNER.

ABNER.

Oui, je viens dans son temple adorer l'Éternel;
Je viens, selon l'usage antique et solennel,
Célébrer avec vous la fameuse journée
Où sur le mont Sina la loi nous fut donnée.
Que les temps sont changés! Sitôt que de ce jour
La trompette sacrée annonçoit le retour,
Du temple, orné par-tout de festons magnifiques,
Le peuple saint en foule inondoit les portiques [1];
Et tous, devant l'autel avec ordre introduits,
De leurs champs dans leurs mains portant les nouveaux fruits,
Au Dieu de l'univers consacroient ces prémices:

---

[1] Voilà une des inversions les plus hardies que puisse supporter la timidité de notre langue: *du temple*, qui commence le premier vers, se rapporte aux *portiques*, qui terminent le second: cela approche de l'audace des constructions grecques et latines. *Inondoit les portiques*: métaphore si juste, qu'elle est même admise dans le langage familier. (G.)

Les prêtres ne pouvoient suffire aux sacrifices.
L'audace d'une femme, arrêtant ce concours,
En des jours ténébreux a changé ces beaux jours.
D'adorateurs zélés à peine un petit nombre
Ose des premiers temps nous retracer quelque ombre:
Le reste pour son Dieu montre un oubli fatal;
Ou même, s'empressant aux autels de Baal [1],
Se fait initier à ses honteux mystères,
Et blasphème le nom qu'ont invoqué leurs pères [2].
Je tremble qu'Athalie, à ne vous rien cacher,
Vous-même de l'autel vous faisant arracher,
N'achève enfin sur vous ses vengeances funestes,
Et d'un respect forcé ne dépouille les restes [3].

[1] Baal, idole des Phéniciens, adoptée par les habitants du royaume d'Israël, qui mêloient au culte de cette fausse divinité des cérémonies infames. (G.)

[2] *Le reste* étant le nominatif de la phrase, il semble qu'il faudroit *ses pères;* mais *le reste* est un nom collectif qui s'accorde très bien avec le pluriel. Racine a préféré avec raison *leurs pères*, à cause de *ses mystères*, qui se trouve dans le vers précédent, et se rapporte à Baal. (G.)

[3] Dans ce peu de vers Racine a fait connoître le caractère d'Athalie, celui de Joad, le jour de l'action, et le lieu de la scène, qui est le vestibule du temple. L'attention que Racine a eue jusqu'ici de déterminer le lieu de la scène paroît être la suite des remarques particulières qu'il avoit faites sur Sophocle. On lit dans l'exemplaire de cet auteur qui lui appartenoit, et qui est actuellement à la bibliothèque du roi, la note suivante, écrite de sa main: «Sophocle a un soin merveilleux d'établir de bonne heure le lieu « de la scène; il se sert ici d'un artifice très agréable, en introdui- « sant un vieillard qui montre les environs d'Argos à Oreste, qui « en avoit été enlevé tout jeune. Le *Philoctète*, du même auteur, « commence à peu près de même: c'est Ulysse qui montre à Pyr-

JOAD.

D'où vous vient aujourd'hui ce noir pressentiment?

ABNER.

Pensez-vous être saint et juste impunément?
Dès long-temps elle hait cette fermeté rare
Qui rehausse en Joad l'éclat de la tiare;
Dès long-temps votre amour pour la religion
Est traité de révolte et de sédition.
Du mérite éclatant cette reine jalouse
Hait sur-tout Josabeth, votre fidèle épouse.
Si du grand-prêtre Aaron Joad est successeur,
De notre dernier roi Josabeth est la sœur [1].
Mathan, d'ailleurs, Mathan, ce prêtre sacrilége,
Plus méchant qu'Athalie, à toute heure l'assiége;
Mathan, de nos autels infame déserteur,
Et de toute vertu zélé persécuteur.
C'est peu que, le front ceint d'une mitre étrangère,
Ce lévite à Baal prête son ministère;

« rhus tout jeune l'île de Lemnos, où ils sont, et par où l'armée
« avoit passé. L'*OEdipe colonéen* s'ouvre par OEdipe aveugle, qui se
« fait décrire par Antigone le lieu où il est. Ces trois ouvertures,
« quoique un peu semblables, ne laissent pas d'avoir une très grande
« diversité et des couleurs merveilleuses. » (*Électre* de Sophocle,
act. I, sc. I. (L. B.)

[1] Joad, dit-on, savoit bien que sa femme étoit fille de Joram et
sœur d'Ochozias : ce n'est donc pas pour instruire Joad, mais pour
instruire le spectateur qu'Abner rappelle l'illustre naissance de Josabeth. Observation fausse. Abner n'insiste sur la noblesse de cette
origine que pour faire sentir qu'elle est pour Athalie un nouveau
motif de haïr, dans l'épouse de Joad, une princesse du sang royal,
que ce titre, joint à ses vertus, rend si recommandable aux yeux
du peuple. (G.)

Ce temple l'importune, et son impiété
Voudroit anéantir le Dieu qu'il a quitté.
Pour vous perdre il n'est point de ressorts qu'il n'invente
Quelquefois il vous plaint, souvent même il vous vante[1]
Il affecte pour vous une fausse douceur[2];
Et, par-là de son fiel colorant la noirceur,
Tantôt à cette reine il vous peint redoutable,
Tantôt, voyant pour l'or sa soif insatiable,
Il lui feint qu'en un lieu que vous seul connoissez[3],

[1] On lisoit, dans la première édition de 1691 :

> Pour vous perdre il n'est pas de ressorts qu'il ne joue;
> Quelquefois il vous plaint, souvent même il vous loue.

Les amis de Racine lui représentèrent qu'on ne dit point *jouer*, mais *faire jouer des ressorts*. L'auteur changea ces vers dans la seconde édition, faite peu de temps après la première. (L. R.)

[2] L'académie a condamné *fausse douceur* joint avec *affecter*. En effet, on dit bien *affecter une grande douceur;* mais une *douceur affectée* est toujours fausse; c'est l'hypocrisie qui a pris les traits de la vertu : ainsi on n'affecte jamais une fausse douceur, parcequ'on ne peut vouloir affecter l'hypocrisie. — Le portrait de Mathan est admirable pour sa vérité : il peint bien un fourbe consommé, un scélérat, un hypocrite, un mauvais prêtre, en un mot, capable de tout quand il se joue de Dieu. (L. B.) Tacite a dit que, de tous nos ennemis, ceux qui prennent le parti de nous louer sont toujours les plus dangereux. *Pessimum inimicorum genus laudantes.* (L. R.)

[3] Cette phrase est un pur latinisme doublement hardi. D'abord, dans le langage ordinaire, on ne diroit point : *Il feint* qu'en un tel endroit il y a un trésor; on diroit *il suppose*. *Feindre* ne s'entend que d'une action simulée. De plus, on ne diroit pas *feindre à quelqu'un* : ce sont les Latins qui disent *finxit illi*, *illi mentitus est*, avec un verbe qui suit. Cette locution est donc une de celles que Racine empruntoit des anciens, pour introduire dans notre langue, et sur-tout dans notre poésie, des constructions précises et rapides, et les substituer à nos circonlocutions languissantes. (L.)

ACTE I, SCÈNE I.

Vous cachez des trésors par David amassés.
Enfin, depuis deux jours, la superbe Athalie
Dans un sombre chagrin paroît ensevelie.
Je l'observois hier, et je voyois ses yeux
Lancer sur le lieu saint des regards furieux :
Comme si, dans le fond de ce vaste édifice,
Dieu cachoit un vengeur armé pour son supplice [1].
Croyez-moi, plus j'y pense, et moins je puis douter [2]
Que sur vous son courroux ne soit près d'éclater ;
Et que de Jézabel la fille sanguinaire
Ne vienne attaquer Dieu jusqu'en son sanctuaire.

JOAD.

Celui qui met un frein à la fureur des flots
Sait aussi des méchants arrêter les complots.
Soumis avec respect à sa volonté sainte,

---

[1] Ce soupçon d'Abner est une préparation très adroite du dénouement. *Son* est beaucoup trop éloigné d'Athalie ; mais telle est la clarté du sens, que le pronom ne peut se rapporter qu'à elle. (G.)

[2] Un peu de logique suffit pour concevoir que la conjonction *et* se trouve ici de trop, et même pourroit donner lieu à un contre-sens, puisqu'elle travestit des propositions corrélatives en propositions copulatives. J'en offrirai un exemple : *Plus on lit Racine, plus on l'admire.* Il y a dans cette phrase deux propositions simples : *on lit Racine,* et *on l'admire,* lesquelles, prises séparément, n'ont point encore de rapport ensemble. Pour les unir, et n'en faire qu'une phrase, je n'ai qu'à dire *on lit Racine, et on l'admire.* Mais, si je veux faire entendre que l'une est à l'autre ce qu'est la cause à l'effet, et l'antécédent au conséquent, alors il ne s'agit plus de les unir ; il faut marquer le rapport qu'elles ont ensemble. Or, c'est à quoi nous servent ces adverbes comparatifs, *plus, moins,* et *mieux,* dont l'un est toujours nécessaire à la tête de chaque proposition, sans pouvoir céder sa place, ni souffrir un autre mot avant lui. (D'O.)

Je crains Dieu, cher Abner, et n'ai point d'autre crainte
Cependant je rends grace au zéle officieux
Qui sur tous mes périls vous fait ouvrir les yeux.
Je vois que l'injustice en secret vous irrite,

' Tout ce qu'il peut y avoir de sublime paroît rassemblé dans ces quatre vers : la grandeur de la pensée, la noblesse du sentiment, la magnificence des paroles, et l'harmonie de l'expression, si heureusement terminée par le dernier vers. D'où je conclus que c'est avec très peu de fondement que les admirateurs outrés de Corneille veulent insinuer que Racine lui est beaucoup inférieur pour le sublime, puisque, sans apporter ici quantité d'autres preuves que je pourrois donner du contraire, il ne me paroît pas que toute cette grandeur de vertu romaine tant vantée, que ce premier a si bien exprimée dans plusieurs de ses pièces, et qui ont fait son excessive réputation, soit au-dessus de l'intrépidité plus qu'héroïque, et de la parfaite confiance en Dieu de ce véritablement pieux, grand, sage, et courageux Israélite. (BOILEAU, *Réflex. crit.*) On a imprimé, avec quelque fondement, que Racine avoit imité, dans cette pièce, plusieurs endroits de la tragédie de *la Ligue*, faite par le conseiller-d'état Mathieu, historiographe de France sous Henri IV, écrivain qui ne faisoit pas mal des vers pour son temps. Constance dit, dans la tragédie de Mathieu :

> Je redoute mon Dieu, c'est lui seul que je crains....
> On n'est point délaissé quand on a Dieu pour père;
> Il ouvre à tous la main, il nourrit les corbeaux,
> Il donne la pâture aux jeunes passereaux,
> Aux bêtes des forêts, des prés, et des montagnes :
> Tout vit de sa bonté.

Racine dit :

> Je crains Dieu, cher Abner, et n'ai point d'autre crainte...
> Dieu laissa-t-il jamais ses enfants au besoin ?
> Aux petits des oiseaux il donne leur pâture ;
> Et sa bonté s'étend sur toute la nature.

Le plagiat paroît sensible, et cependant ce n'en est point un. Rien n'est plus naturel que d'avoir les mêmes idées sur le même sujet.

ACTE I, SCÈNE I.

Que vous avez encor le cœur israélite.
Le ciel en soit béni! Mais ce secret courroux,
Cette oisive vertu, vous en contentez-vous?
La foi qui n'agit point, est-ce une foi sincère[1]?

D'ailleurs, Racine et Mathieu ne sont pas les premiers qui aient exprimé des pensées dont on trouve le fond dans plusieurs endroits de l'Écriture. (VOLT.) Ces dernières réflexions sont saines et judicieuses; mais Voltaire y mêle quelques erreurs, répétées depuis dans tous les dictionnaires de théâtre, dans tous les livres de littérature. On n'a jamais pu *imprimer avec quelque fondement* que le conseiller-d'état Mathieu a fait une tragédie de *la Ligue* : car c'est une assertion absolument fausse. Mathieu a fait cinq tragédies fort ridicules : *Esther, Vasthi, Aman, Clytemnestre*, et *la Guisiade*. Les vers cités par Voltaire comme ayant été imités par Racine, ne se trouvent dans aucune de ces tragédies; ils sont tirés d'une autre pièce intitulée *le Triomphe de la ligue*. L'auteur, R.-J. Nérée, est un écrivain fort supérieur à Pierre Mathieu. *Le Triomphe de la Ligue* est une tragédie pleine de verve; on y voit éclater, au sein de la barbarie, des traits dignes d'un meilleur siècle. C'est dans cet ouvrage, imprimé en 1607, que se rencontrent les vers que l'on accuse Racine d'avoir imités, et qu'il ne connoissoit peut-être pas; mais ils n'y sont point tels que Voltaire les cite; on a eu soin de les limer et de les polir, pour les faire paroître plus dignes de l'honneur que Racine, dit-on, a bien voulu leur faire. Je les rétablis ici d'après l'original :

> Je ne crains que mon Dieu, lui tout seul je redoute....
> Celui n'est délaissé qui a Dieu pour son père.
> Il ouvre à tous la main; il nourrit les corbeaux;
> Il donne la viande aux petits passereaux,
> Aux bêtes des forêts, des prés, et des montagnes :
> Tout vit de sa bonté.
> *Le Triomphe de la Ligue,* act. II, sc. 1. (G.)

[1] *Est-ce une foi sincère?* En prose l'on diroit *est-elle une foi sincère?* Le pronom démonstratif donne à la phrase une tournure bien plus vive. C'est le sentiment de la poésie qui inspire ces modifica-

Huit ans déja passés, une impie étrangère [1]
Du sceptre de David usurpe tous les droits [2],
Se baigne impunément dans le sang de nos rois,
Des enfants de son fils détestable homicide,

tions du langage, que la grammaire nomme des licences, et que le goût appelle des découvertes. (L.) Cependant, il est au moins douteux qu'on ne puisse pas employer en prose la même locution.

[1] Il ne faut pas consulter la grammaire, mais la poésie, sur le mérite de ce tour heureux et rapide. La grammaire voudroit *huit ans sont déja passés depuis que.* L'académie, qui a fait cette observation, ajoute que Malherbe a la gloire d'avoir créé cette façon de parler, dans sa prosopopée d'Ostende. (G.)

[2] Ainsi, dès la première scène, Athalie est présentée comme n'ayant aucun droit au trône de Juda. Voltaire, dans les dernières années de sa vie, a prétendu qu'Athalie est un ouvrage de très mauvais exemple, que Joad est un fanatique et un séditieux, qui fait égorger sa souveraine, à laquelle il a fait serment de fidélité. Mais ces points, sur lesquels il appuie sa censure, sont formellement démentis par l'histoire. Athalie n'est point la souveraine de Joad, puisqu'elle est *usurpatrice et étrangère.* Le légitime souverain de Juda, c'est Joas; Joad est donc le sujet de Joas seulement; en second lieu, Joad n'a fait aucun serment à Athalie, et jamais, dans la pièce, elle ne lui parle comme à son sujet, comme jamais il ne lui parle comme à sa souveraine. Enfin il est impossible, selon la remarque de La Harpe, que Joad, à ne considérer même que son caractère et sa place, ait fait serment de fidélité à une étrangère impie, à qui il ne parle jamais qu'avec horreur; lui qui est le dépositaire des destinées du jeune roi depuis sa naissance, lui qui est inspiré de Dieu comme Samuel, et l'organe des prophéties qui annoncent la perpétuité du sceptre dans la race de David. Un tel homme ne sauroit être un sacrilège; cela implique contradiction; et Voltaire a non seulement dit ce qui n'étoit pas, mais a supposé ce qui ne peut pas être. Au reste, on peut appeler du jugement de Voltaire vieux au jugement de Voltaire dans la force de l'âge, lorsqu'il écrivoit : « La France se glorifie d'*Athalie*: c'est le chef-d'œuvre

Et même contre Dieu lève son bras perfide ;
Et vous, l'un des soutiens de ce tremblant état [1],
Vous, nourri dans les camps du saint roi Josaphat,
Qui sous son fils Joram commandiez nos armées,
Qui rassurâtes seul nos villes alarmées,
Lorsque d'Ochozias le trépas imprévu
Dispersa tout son camp à l'aspect de Jéhu :
« Je crains Dieu, dites-vous, sa vérité me touche ! »
Voici comme ce Dieu vous répond par ma bouche :
« Du zèle de ma loi que sert de vous parer [2] ?

« de notre théâtre ; c'est celui de la poésie ; c'est de toutes les pièces
« qu'on joue la seule où l'amour ne soit pas introduit ; mais aussi
« elle est soutenue par la pompe de la religion, et par cette ma-
« jesté de l'éloquence des prophètes. »

[1] Racine donne ici la plus haute idée d'Abner, personnage qu'il a créé, et dont il n'est fait aucune mention dans Josèphe ni dans l'Écriture. Louis Racine pense que ce caractère produit peu d'effet au théâtre. Il en produit beaucoup aujourd'hui. C'est un homme, dit-il, vertueux à la vérité, mais incapable de grands desseins : il est du moins capable de mourir en combattant pour son roi ; il est capable de braver le courroux d'Athalie, de s'opposer en sa présence aux conseils pernicieux de son ministre, de faire entendre la voix de l'honneur et de la vérité dans une cour corrompue. Si ce ne sont pas là de grands desseins, ce sont de grandes actions, de grands traits de courage ; et il seroit fâcheux qu'un guerrier si noble, si généreux, si intrépide, ne fît point d'effet au théâtre, par-cequ'il n'est ni ambitieux, ni conspirateur. Abner, plus entreprenant, n'auroit pu entrer dans le plan d'une action conduite par la puissance divine, dont Joad n'est que l'instrument. (G.)

[2] Quelle vivacité, quel mouvement dans ce discours de Joad, qui joint la réponse à l'objection ; qui, dans la même phrase, fait parler Abner et fait parler Dieu ! (G.) « Quò mihi multitudinem « victimarum vestrarum, dicit Dominus ? Plenus sum. Holocausta « arietum, et adipem pinguium, et sanguinem vitulorum et agno-

« Par de stériles vœux pensez-vous m'honorer?
« Quel fruit me revient-il de tous vos sacrifices?
« Ai-je besoin du sang des boucs et des génisses?
« Le sang de vos rois crie, et n'est point écouté.
« Rompez, rompez tout pacte avec l'impiété ;
« Du milieu de mon peuple exterminez les crimes ;
« Et vous viendrez alors m'immoler vos victimes. »

« rum et hircorum nolui. Cùm veniretis ante conspectum meum, « quis quæsivit hæc de manibus vestris, ut ambularetis in atriis « meis? Non offeratis ultrà sacrificium frustrà..... Discite benefa- « cere, quærite judicium, subvenite oppresso, judicate pupillo, de- « fendite viduam, et venite. » — « Qu'ai-je à faire de cette multitude de victimes que vous m'offrez, dit le Seigneur? Tout cela m'est à dégoût. Je n'aime point les holocaustes de vos béliers, ni la graisse de vos troupeaux, ni le sang des veaux, des agneaux et des boucs. Lorsque vous veniez devant moi pour entrer dans mon temple, qui vous a demandé que vous eussiez ces dons dans les mains? Ne m'offrez plus de sacrifices inutilement. Apprenez à faire le bien : examinez tout avant que de juger ; assistez l'opprimé ; faites justice à l'orphelin, défendez la veuve, et après cela venez. » (ISA., cap. I, vers. 11, 12, 13, et 17.) — Jean-Baptiste Rousseau (liv. I, ode XI) a traduit aussi le verset 13 du psaume XLIX : « Nunquid « manducabo carnes taurorum, aut sanguinem hircorum potabo? » — « Mangerai-je la chair des taureaux, ou boirai-je le sang des boucs? »

> Que m'importent vos sacrifices,
> Vos offrandes, et vos troupeaux?
> Dieu boit-il le sang des génisses?
> Mange-t-il la chair des taureaux?

Mais il a évité le mot *bouc*, qui est un des plus ignobles de notre langue. Racine l'ennoblit par la manière dont il l'a placé, et par une sorte d'opposition avec *roi. Qu'ai-je besoin du sang des boucs? Le sang de vos rois crie.* La bassesse même du mot fait mieux ressortir le contraste. (G.)

ACTE I, SCÈNE I.

ABNER.

Hé! que puis-je au milieu de ce peuple abattu?
Benjamin est sans force, et Juda sans vertu:
Le jour qui de leurs rois vit éteindre la race
Éteignit tout le feu de leur antique audace [1].
Dieu même, disent-ils, s'est retiré de nous:
De l'honneur des Hébreux autrefois si jaloux,
Il voit sans intérêt leur grandeur terrassée;
Et sa miséricorde à la fin s'est lassée:
On ne voit plus pour nous ses redoutables mains [2]
De merveilles sans nombre effrayer les humains;
L'arche sainte est muette, et ne rend plus d'oracles [3].

JOAD.

Et quel temps fut jamais si fertile en miracles?
Quand Dieu par plus d'effets montra-t-il son pouvoir?
Auras-tu donc toujours des yeux pour ne point voir [4],
Peuple ingrat? Quoi! toujours les plus grandes merveilles,
Sans ébranler ton cœur frapperont tes oreilles?
Faut-il, Abner, faut-il vous rappeler le cours

---

[1] *Le jour qui vit éteindre éteignit* : il eût été plus exact de dire *vit éteindre aussi*. (G.) *Un jour qui éteignit* n'est pas une image juste. Le jour *voit éteindre*, et n'*éteint* pas.

[2] La répétition du mot *voit*, à un vers de distance, est une négligence légère. (G.)

[3] « Signa nostra non vidimus, jam non est propheta : et nos non « cognoscet ampliùs. » — « Nous ne voyons plus les signes éclatants de notre Dieu; il n'y a plus de prophète, et nul ne nous connoîtra plus. » (Ps. LXXIII, vers. 9.)

[4] « Qui vides multa, nonne custodies? Qui apertas habes aures, « nonne audies? » — « Vous qui voyez tant de choses, n'observez-vous pas ce que vous voyez? Vous qui avez les oreilles ouvertes, n'entendez-vous point? » (Isa., cap. XLII, vers. 20.)

Des prodiges fameux accomplis en nos jours,
Des tyrans d'Israël les célèbres disgraces [1],
Et Dieu trouvé fidèle en toutes ses menaces ;
L'impie Achab détruit, et de son sang trempé
Le champ que par le meurtre il avoit usurpé [2] ;
Près de ce champ fatal Jézabel immolée,
Sous les pieds des chevaux cette reine foulée [3],
Dans son sang inhumain les chiens désaltérés [4],
Et de son corps hideux les membres déchirés ;

[1] C'est à ce vers que commence la plus belle et la plus éloquente énumération qui jamais ait signalé la verve d'un poëte françois. C'est une suite de quatorze vers, dont chacun retrace, du style le plus précis et le plus énergique, un miracle fameux et un mémorable trait d'histoire. (Voyez les chap. IX, X, XIV, XX, et XXIII, du liv. III *des Rois*, et le chap. IX du liv. IV.) Quelle hardiesse dans ces expressions : *Dieu fidèle en ses menaces, Achab détruit*, etc. (G.)

[2] Inversion hardie, qui fait voir qu'entre les mains d'un véritable poëte notre langue est moins foible et moins timide qu'on ne le croit. Le champ dont il s'agit est la vigne de Naboth, que Jézabel, femme d'Achab, usurpa par le meurtre du propriétaire ; et ce fut dans ce champ qu'elle fut dévorée par les chiens. (G.)

[3] « At ille dixit eis : Præcipitate eam deorsùm : et præcipitaverunt eam, aspersusque est sanguine paries ; et equorum ungulæ conculcaverunt eam. » — « Jehu leur dit : Jetez-la du haut en bas. Aussitôt ils la jetèrent par la fenêtre, et la muraille fut teinte de son sang ; et elle fut foulée aux pieds des chevaux. » (*Reg.*, lib. IV, cap. IX, vers. 33.) — Plus il y a de familiarité dans cette façon de parler, *foulée sous les pieds des chevaux*, et plus elle devient énergique quand c'est à une reine que ce malheur arrive. Essayez de mettre *coursiers* à la place de *chevaux*, vous détruisez toute l'image. (G.)

[4] « In agro Jezrahel comedent canes carnes Jezabel. » — « Les chiens mangeront la chair de Jézabel dans le champ de Jezrahel. » (*Reg.*, lib. IV, cap. IX, vers. 36.)

Des prophètes menteurs la troupe confondue,
Et la flamme du ciel sur l'autel descendue[1] ;
Élie aux éléments parlant en souverain,
Les cieux par lui fermés et devenus d'airain[2],
Et la terre trois ans sans pluie et sans rosée[3],
Les morts se ranimant à la voix d'Élisée?
Reconnoissez, Abner, à ces traits éclatants,
Un Dieu tel aujourd'hui qu'il fut dans tous les temps :
Il sait, quand il lui plaît, faire éclater sa gloire ;
Et son peuple est toujours présent à sa mémoire.

ABNER.

Mais où sont ces honneurs à David tant promis[4],
Et prédits même encore à Salomon son fils?

---

[1] Les prophètes de Baal s'étoient flattés de faire descendre le feu du ciel sur la victime ; ils ne purent y réussir ; mais, à la voix des prophètes du Seigneur, la flamme descendit sur l'autel, dévora la victime et les faux prophètes. (G.)

[2] *Les cieux fermés*: expression empruntée de l'Écriture : *Dominus claudat cœlum.* (Deuter., cap. XI, vers. 17.) *Si clausum fuerit cœlum.* (Reg., lib. III, cap. VIII, vers. 35.) *Clauso cœlo.* (Paralip., lib. II, cap. VI, vers. 26, etc., etc.) *Les cieux d'airain* : métaphore créée par Racine. (G.)

[3] *La terre trois ans sans pluie* est de la prose. Cette addition, *et sans rosée*, donne à tout le vers une couleur poétique. Il faut surtout remarquer dans ce morceau l'art prodigieux avec lequel Racine fait entrer dans la poésie la plus noble des termes aussi communs que ceux de *chiens, chevaux*, et *pluie*. (G.) *Éclater, éclatants*, dans les trois vers suivants : négligence légère, et pourtant rare dans Racine. (L.)

[4] « *Ubi sunt misericordiæ tuæ antiquæ, Domine, sicut jurasti David in veritate tuâ?* » — « Où sont, Seigneur, vos anciennes miséricordes, que vous avez promises à David avec serment, et en prenant votre vérité à témoin? » (Ps. LXXXVIII, vers. 50.)

Hélas! nous espérions que de leur race heureuse
Devoit sortir de rois une suite nombreuse;
Que sur toute tribu, sur toute nation,
L'un d'eux établiroit sa domination,
Feroit cesser par-tout la discorde et la guerre,
Et verroit à ses pieds tous les rois de la terre [1].

JOAD.

Aux promesses du ciel pourquoi renoncez-vous?

ABNER.

Ce roi fils de David, où le chercherons-nous?
Le ciel même peut-il réparer les ruines
De cet arbre séché jusque dans ses racines?
Athalie étouffa l'enfant même au berceau.
Les morts, après huit ans, sortent-ils du tombeau?
Ah! si dans sa fureur elle s'étoit trompée;
Si du sang de nos rois quelque goutte échappée...

JOAD.

Hé bien! que feriez-vous?

ABNER.

      O jour heureux pour moi!
De quelle ardeur j'irois reconnoître mon roi!
Doutez-vous qu'à ses pieds nos tribus empressées...
Mais pourquoi me flatter de ces vaines pensées?
Déplorable héritier de ces rois triomphants,
Ochozias restoit seul avec ses enfants;
Par les traits de Jéhu je vis percer le père;

---

[1] « Et benedicentur in ipso omnes tribus terræ; omnes gentes
« magnificabunt eum. » — « Et tous les peuples de la terre seront
bénis en lui; toutes les nations rendront gloire à sa grandeur. »
(Ps. LXXI, vers. 17.)

Vous avez vu les fils massacrés par la mère.

JOAD.

Je ne m'explique point ; mais quand l'astre du jour [1]
Aura sur l'horizon fait le tiers de son tour,
Lorsque la troisième heure aux prières rappelle [2],
Retrouvez-vous au temple, avec ce même zèle.
Dieu pourra vous montrer, par d'importants bienfaits,
Que sa parole est stable et ne trompe jamais.
Allez : pour ce grand jour il faut que je m'apprête,
Et du temple déjà l'aube blanchit le faîte [3].

ABNER.

Quel sera ce bienfait que je ne comprends pas ?
L'illustre Josabeth porte vers vous ses pas :
Je sors, et vais me joindre à la troupe fidèle
Qu'attire de ce jour la pompe solennelle.

---

[1] *Je ne m'explique point.* Ces mots mystérieux éveillent la curiosité, promettent un grand événement, une preuve éclatante de la puissance de ce Dieu qui ne trompe jamais. En ne s'expliquant pas, Joad en dit assez. (G.)

[2] La troisième heure répond, suivant notre manière de distribuer le temps, à neuf heures du matin. (G.)

[3] Si j'avois à décider entre les trois expositions fameuses de *Bajazet*, d'*Iphigénie*, et d'*Athalie*, je donnerois la préférence à cette dernière. Au mérite de bien instruire le spectateur de tout ce qu'il doit savoir, elle joint l'avantage d'être une scène d'action, dans laquelle le souverain pontife, en homme qui médite un grand dessein, cherche à s'assurer des dispositions du général de l'armée d'Athalie. Il n'existe point d'autre exemple d'une aussi grande perfection. (G.)

SCENE II.

JOAD, JOSABETH.

JOAD.

Les temps sont accomplis, princesse : il faut parler,
Et votre heureux larcin ne se peut plus celer.
Des ennemis de Dieu la coupable insolence,
Abusant contre lui de ce profond silence,
Accuse trop long-temps ses promesses d'erreur [1].
Que dis-je? Le succès animant leur fureur,
Jusque sur notre autel votre injuste marâtre [2]
Veut offrir à Baal un encens idolâtre.
Montrons ce jeune roi que vos mains ont sauvé,
Sous l'aile du Seigneur dans le temple élevé.
De nos princes hébreux il aura le courage,
Et déja son esprit a devancé son âge [3].
Avant que son destin s'explique par ma voix,
Je vais l'offrir au Dieu par qui régnent les rois :
Aussitôt assemblant nos lévites, nos prêtres,

---

[1] *Erreur* pour *fausseté* ne paroît pas exact. Il ne peut y avoir d'erreur dans les promesses ; l'erreur ne peut être que dans celui qui promet au-delà de ses moyens. Cependant ce mot peut passer dans un vers à la faveur d'une ellipse : *accuser les promesses d'erreur*, c'est les accuser de nous induire en erreur, de nous tromper. (G.)

[2] Athalie étoit la belle-mère de Josabeth, fille de Joram. (G.)

[3] Ce vers prévient l'objection que les discours de Joas sont au-dessus de son âge, et dispose les spectateurs à regarder ce jeune prince comme un enfant merveilleux. (G.)

ACTE I, SCÈNE II.

Je leur déclarerai l'héritier de leurs maîtres [1].

JOSABETH.

Sait-il déja son nom et son noble destin?

JOAD.

Il ne répond encor qu'au nom d'Éliacin [2],
Et se croit quelque enfant rejeté par sa mère,
A qui j'ai par pitié daigné servir de père.

JOSABETH.

Hélas! de quel péril je l'avois su tirer!
Dans quel péril encore il est près de rentrer!

JOAD.

Quoi! déja votre foi s'affoiblit et s'étonne?

JOSABETH.

A vos sages conseils, seigneur, je m'abandonne.
Du jour que j'arrachai cet enfant à la mort,
Je remis en vos mains tout le soin de son sort;
Même, de mon amour craignant la violence,
Autant que je le puis j'évite sa présence,
De peur qu'en le voyant quelque trouble indiscret
Ne fasse avec mes pleurs échapper mon secret.
Sur-tout j'ai cru devoir aux larmes, aux prières,
Consacrer ces trois jours et ces trois nuits entières.
Cependant aujourd'hui puis-je vous demander
Quels amis vous avez prêts à vous seconder?

---

[1] Quelle rapidité dans la marche de l'action! Dès la seconde scène, au moment où l'on apprend pour la première fois que Joas, héritier du trône, existe dans le temple, on voit le grand-prêtre prêt à déclarer sa naissance. (G.)

[2] « Il n'a encore d'autre nom que celui d'Éliacin. » C'étoit une petite chose à bien dire. Le poëte a trouvé le moyen d'en faire un vers élégant: c'est en ne négligeant rien qu'on embellit tout. (L.)

Abner, le brave Abner viendra-t-il nous défendre?
A-t-il près de son roi fait serment de se rendre?

JOAD.

Abner, quoiqu'on se pût assurer sur sa foi,
Ne sait pas même encor si nous avons un roi.

JOSABETH.

Mais à qui de Joas confiez-vous la garde?
Est-ce Obed, est-ce Amnon que cet honneur regarde?
De mon père sur eux les bienfaits répandus...

JOAD.

A l'injuste Athalie ils se sont tous vendus.

JOSABETH.

Qui donc opposez-vous contre ses satellites [1]?

JOAD.

Ne vous l'ai-je pas dit? Nos prêtres, nos lévites.

JOSABETH.

Je sais que, près de vous en secret assemblé [2],
Par vos soins prévoyants leur nombre est redoublé;
Que, pleins d'amour pour vous, d'horreur pour Athalie,

---

[1] *Opposer* ne peut se construire avec *contre*, puisque, d'après son étymologie, il renferme implicitement la signification de ce mot: *opponere, ponere ob,* mettre devant, ou *contre*. On oppose une chose *à* une autre, et non *contre* une autre. Il falloit *opposer à*.

[2] On ne dit pas en prose *un nombre assemblé*; mais le sens est si clair, qu'on excuse cette licence poétique en faveur de la précision. On lit dans la première édition:

Je sais que, près de vous en secret rassemblé, etc. (G.)

On peut voir la manière habile dont Joad prépara cette grande révolution, dans le liv. IV des *Rois*, chap. VI; au chap. XXIII du liv. des *Paralipomènes*, et dans le chap. VII du liv. IX des *Antiquités judaïques*, de Josèphe. (L. B.)

Un serment solennel par avance les lie [1]
A ce fils de David qu'on leur doit révéler.
Mais, quelque noble ardeur dont ils puissent brûler [2],
Peuvent-ils de leur roi venger seuls la querelle?
Pour un si grand ouvrage est-ce assez de leur zèle?
Doutez-vous qu'Athalie, au premier bruit semé
Qu'un fils d'Ochozias est ici renfermé,
De ses fiers étrangers assemblant les cohortes,
N'environne le temple, et n'en brise les portes?
Suffira-t-il contre eux de vos ministres saints,
Qui, levant au Seigneur leurs innocentes mains,
Ne savent que gémir et prier pour nos crimes,
Et n'ont jamais versé que le sang des victimes?
Peut-être dans leurs bras Joas percé de coups...

JOAD.

Et comptez-vous pour rien Dieu qui combat pour nous;
Dieu, qui de l'orphelin protége l'innocence,
Et fait dans la foiblesse éclater sa puissance;
Dieu, qui hait les tyrans, et qui dans Jezraël
Jura d'exterminer Achab et Jézabel;

---

[1] Quoique l'esprit et le caractère essentiel de toute la pièce soit de présenter toujours Dieu dans tous les événements, cependant le grand-prêtre n'a négligé aucune des précautions qu'exige la prudence humaine. Cette sage prévoyance est un devoir : il faut commencer par faire tout ce que peut un mortel, et attendre ensuite le secours divin avec une confiance inaltérable. Tel est le personnage de Joad, le plus étonnant, le plus sublime qu'il y ait au théâtre. (G.)

[2] Geoffroy a observé que la régularité de la construction demanderoit : *de quelque noble ardeur qu'ils puissent brûler*. Il est cependant remarquable que Boileau a usé de la même licence dans sa satire XI, et dans sa première épître au roi.

Dieu, qui, frappant Joram le mari de leur fille,
A jusque sur son fils poursuivi leur famille;
Dieu, dont le bras vengeur, pour un temps suspendu[1],
Sur cette race impie est toujours étendu?

JOSABETH.

Et c'est sur tous ces rois sa justice sévère
Que je crains pour le fils de mon malheureux frère.
Qui sait si cet enfant, par leur crime entraîné,
Avec eux en naissant ne fut pas condamné?
Si Dieu, le séparant d'une odieuse race,
En faveur de David voudra lui faire grace?
Hélas! l'état horrible où le ciel me l'offrit
Revient à tout moment effrayer mon esprit.
De princes égorgés la chambre étoit remplie[2];
Un poignard à la main l'implacable Athalie
Au carnage animoit ses barbares soldats,
Et poursuivoit le cours de ses assassinats.
Joas, laissé pour mort, frappa soudain ma vue:
Je me figure encor sa nourrice éperdue,
Qui devant les bourreaux s'étoit jetée en vain[3],

---

[1] Le mot de *Dieu*, répété quatre fois à la tête de quatre distiques de suite, donne à cette phrase une singulière dignité. (L.)

[2] La simplicité de cette expression, *la chambre*, est couverte par la richesse des termes qui l'environnent. Les premiers vers offrent une petite négligence: c'est la consonnance des trois hémistiches de trois vers consécutifs: *enfant, naissant, séparant*. (G.)

[3] On a par-tout cité ce morceau comme un modèle de peinture touchante: tous les traits en sont finis. Je ne remarquerai que cet hémistiche, *s'étoit jetée en vain*, où le vers semble tomber à chaque mot. Il est impossible de mieux rendre l'effort impuissant de la foiblesse. (L.)

Et, foible, le tenoit renversé sur son sein[1].
Je le pris tout sanglant. En baignant son visage
Mes pleurs du sentiment lui rendirent l'usage;
Et, soit frayeur encore, ou pour me caresser,
De ses bras innocents je me sentis presser.
Grand Dieu! que mon amour ne lui soit point funeste!
Du fidéle David c'est le précieux reste:
Nourri dans ta maison, en l'amour de ta loi,
Il ne connoît encor d'autre père que toi.
Sur le point d'attaquer une reine homicide,
A l'aspect du péril si ma foi s'intimide,
Si la chair et le sang, se troublant aujourd'hui,
Ont trop de part aux pleurs que je répands pour lui,
Conserve l'héritier de tes saintes promesses,
Et ne punis que moi de toutes mes foiblesses!

JOAD.

Vos larmes, Josabeth, n'ont rien de criminel;
Mais Dieu veut qu'on espère en son soin paternel.
Il ne recherche point, aveugle en sa colère,
Sur le fils qui le craint l'impiété du père.[2]
Tout ce qui reste encor de fidéles Hébreux
Lui viendront aujourd'hui renouveler leurs vœux:

---

[1] Quelques grammairiens ont aperçu une équivoque dans ces mots *et foible*. Ils ne savent si *foible* se rapporte à Joas ou à la nourrice, quoiqu'il soit évident par la construction que c'est à la nourrice: *et foible*, c'est-à-dire *et qui étant foible*. (G.) Cette tournure est très familière aux Latins; mais le génie de notre langue, sans y résister tout-à-fait, ne permet pas toujours d'en faire l'emploi avec autant de clarté que l'a fait Racine.

[2] « Filius non portabit iniquitatem patris. » — « Le fils ne portera pas l'iniquité du père. » (ÉZÉCH., cap. XVIII, vers. 20.)

Autant que de David la race est respectée,
Autant de Jézabel la fille est détestée.
Joas les touchera par sa noble pudeur
Où semble de son sang reluire la splendeur;
Et Dieu, par sa voix même appuyant notre exemple,
De plus près à leur cœur parlera dans son temple.
Deux infidèles rois tour-à-tour l'ont bravé [1] :
Il faut que sur le trône un roi soit élevé,
Qui se souvienne un jour qu'au rang de ses ancêtres
Dieu l'a fait remonter par la main de ses prêtres,
L'a tiré par leurs mains de l'oubli du tombeau,
Et de David éteint rallumé le flambeau [2].

Grand Dieu! si tu prévois qu'indigne de sa race [3],
Il doive de David abandonner la trace,
Qu'il soit comme le fruit en naissant arraché,
Ou qu'un souffle ennemi dans sa fleur a séché!
Mais si ce même enfant, à tes ordres docile,
Doit être à tes desseins un instrument utile,
Fais qu'au juste héritier le sceptre soit remis;

---

[1] Période de six vers pleine de majesté et d'harmonie. *Tour-à-tour* pour *successivement, l'un après l'autre.* Ce seroit en prose une petite faute. (G.)

[2] L'exactitude demandoit *a rallumé*. L'*a* du vers précédent ne se construit pas avec *et de David éteint rallumé.* (*Acad.*) *Le flambeau de David* : expression très belle, et souvent employée dans le Livre des *Rois.* L'épithète *éteint*, qui accompagneroit mal tout autre nom, semble faite pour celui de David, la lumière d'Israël, d'où doit sortir la lumière des nations. (L. R.)

[3] Nous avons vu la prière de Josabeth, douce et touchante, pleine du sentiment le plus tendre, et terminée par un trait de dévouement héroïque; celle du grand-prêtre est mâle, ferme, cou-

Livre en mes foibles mains ses puissants ennemis ;
Confonds dans ses conseils une reine cruelle[1] :
Daigne, daigne, mon Dieu, sur Mathan et sur elle
Répandre cet esprit d'imprudence et d'erreur,
De la chute des rois funeste avant-coureur !

L'heure me presse : adieu. Des plus saintes familles
Votre fils et sa sœur vous amènent les filles.

SCÈNE III.

JOSABETH, ZACHARIE, SALOMITH,
LE CHOEUR.

JOSABETH.

Cher Zacharie, allez, ne vous arrêtez pas ;
De votre auguste père accompagnez les pas.
O filles de Lévi, troupe jeune et fidèle,
Que déja le Seigneur embrase de son zèle,
Qu venez si souvent partager mes soupirs,

---

rageuse, pleine de grandeur et d'énergie. Cette prière, de douze vers, semble ne former qu'une seule période, dont les divers membres, dépendants l'un de l'autre, s'attirent, s'enchaînent, se succèdent avec rapidité, et forment l'ensemble le plus harmonieux. Ces périodes, inconnues à ceux qui n'écrivent que d'après de froides combinaisons, et non d'après l'impulsion de l'ame, sont un des plus grands secrets du style, et nous donnent une juste idée de ce que Cicéron, et les autres législateurs de l'art oratoire, appellent *flumen orationis*, torrent d'éloquence. (G.)

[1] « Infatua, quæso, Domine, consilium Achitophel. » — « Seigneur, confondez, je vous prie, Achitophel dans ses conseils. » (*Reg.*, lib. II, cap. xv, vers. 31.)

Enfants, ma seule joie en mes longs déplaisirs,
Ces festons dans vos mains, et ces fleurs sur vos têtes,
Autrefois convenoient à nos pompeuses fêtes;
Mais, hélas! en ce temps d'opprobre et de douleurs,
Quelle offrande sied mieux que celle de nos pleurs!
J'entends déja, j'entends la trompette sacrée,
Et du temple bientôt on permettra l'entrée.
Tandis que je me vais préparer à marcher,
Chantez, louez le Dieu que vous venez chercher.

SCENE IV.

LE CHOEUR.

TOUT LE CHOEUR *chante*.

Tout l'univers est plein de sa magnificence :
Qu'on l'adore ce Dieu, qu'on l'invoque à jamais!
Son empire a des temps précédé la naissance;
    Chantons, publions ses bienfaits.

UNE VOIX, *seule*.

    En vain l'injuste violence
Au peuple qui le loue imposeroit silence :
    Son nom ne périra jamais.
Le jour annonce au jour sa gloire et sa puissance[1];
Tout l'univers est plein de sa magnificence :
    Chantons, publions ses bienfaits.

---

[1] « Dies diei eructat verbum. » (Ps. XVIII. vers. 2.) Rousseau, traduisant le même passage du psaume XVIII, a dit (liv. I, od. II):

    Le jour au jour la révèle,
    La nuit l'annonce à la nuit.

TOUT LE CHOEUR *répète.*

Tout l'univers est plein de sa magnificence :
    Chantons, publions ses bienfaits.

UNE VOIX, *seule.*

  Il donne aux fleurs leur aimable peinture ;
    Il fait naître et mûrir les fruits :
    Il leur dispense avec mesure
Et la chaleur des jours et la fraîcheur des nuits ;
Le champ qui les reçut les rend avec usure.

UNE AUTRE.

Il commande au soleil d'animer la nature,
  Et la lumière est un don de ses mains ;
    Mais sa loi sainte, sa loi pure
Est le plus riche don qu'il ait fait aux humains.

UNE AUTRE.

O mont de Sinaï, conserve la mémoire [1]
De ce jour à jamais auguste et renommé,
    Quand, sur ton sommet enflammé,
Dans un nuage épais le Seigneur enfermé
Fit luire aux yeux mortels un rayon de sa gloire.
  Dis-nous pourquoi ces feux et ces éclairs,
Ces torrents de fumée, et ce bruit dans les airs,
    Ces trompettes et ce tonnerre :
Venoit-il renverser l'ordre des éléments ?
    Sur ses antiques fondements
    Venoit-il ébranler la terre ?

---

[1] Il y a dans ce chœur, qui par-tout est beau, un couplet égal à tout pour le sublime : *O mont de Sinaï*, etc. ; mais j'avoue que les chœurs d'*Esther*, où il n'y a pas moins de sublime, mais où il y a plus de sentiment, me paroissent encore au-dessus. (L.)

UNE AUTRE.

Il venoit révéler aux enfants des Hébreux
De ses préceptes saints la lumière immortelle;
 Il venoit à ce peuple heureux
Ordonner de l'aimer d'une amour éternelle.

TOUT LE CHOEUR.

 O divine, ô charmante loi!
 O justice, ô bonté suprême!
Que de raisons, quelle douceur extrême
D'engager à ce Dieu son amour et sa foi!

UNE VOIX, *seule.*

D'un joug cruel il sauva nos aïeux,
Les nourrit au désert d'un pain délicieux;
Il nous donne ses lois, il se donne lui-même:
 Pour tant de biens, il commande qu'on l'aime.

LE CHOEUR.

O justice, ô bonté suprême!

LA MÊME VOIX.

Des mers pour eux il entr'ouvrit les eaux;
D'un aride rocher fit sortir des ruisseaux[1];
Il nous donne ses lois, il se donne lui-même[2]:
 Pour tant de biens, il commande qu'on l'aime.

LE CHOEUR.

 O divine, ô charmante loi!
Que de raisons, quelle douceur extrême
D'engager à ce Dieu son amour et sa foi!

---

[1] Il faut observer la grace et l'élégante briéveté de cette énumération des miracles opérés dans le désert en faveur des Israélites. (G.)

[2] *Il se donne lui-même* ne se peut dire que sous la loi nouvelle. Cette proposition est trop étrangère à l'ancienne loi. (*Acad.*)

ACTE I, SCÈNE IV.

UNE AUTRE VOIX, *seule*.

Vous qui ne connoissez qu'une crainte servile,
Ingrats, un Dieu si bon ne peut-il vous charmer?
Est-il donc à vos cœurs, est-il si difficile
    Et si pénible de l'aimer?
    L'esclave craint le tyran qui l'outrage;
    Mais des enfants l'amour est le partage.
Vous voulez que ce Dieu vous comble de bienfaits.
    Et ne l'aimer jamais[1]!

TOUT LE CHOEUR.

    O divine, ô charmante loi!
    O justice, ô bonté suprême!
Que de raisons, quelle douceur extrême
D'engager à ce Dieu son amour et sa foi!

---

[1] Ces deux vers ont été ajoutés par Racine dans les éditions postérieures à celles de 1691 et 1692.

FIN DU PREMIER ACTE.

ACTE SECOND.

SCENE I.

JOSABETH, SALOMITH, LE CHOEUR.

JOSABETH.

Mes filles, c'est assez; suspendez vos cantiques :
Il est temps de nous joindre aux prières publiques.
Voici notre heure : allons célébrer ce grand jour,
Et devant le Seigneur paraître à notre tour.

SCENE II.

JOSABETH, ZACHARIE, SALOMITH, LE CHOEUR.

JOSABETH.

Mais que vois-je! Mon fils, quel sujet vous ramène?
Où courez-vous ainsi tout pâle et hors d'haleine?

ZACHARIE.

O ma mère!

JOSABETH.

Hé bien? quoi?

ZACHARIE.

Le temple est profané[1]!

---

[1] Admirons comment, dès les premiers vers du second acte, la scène est déjà tout en mouvement par cette irruption soudaine et

JOSABETH.

Comment?

ZACHARIE.
Et du Seigneur l'autel abandonné.

JOSABETH.
Je tremble. Hâtez-vous d'éclaircir votre mère.

ZACHARIE.
Déja, selon la loi, le grand-prêtre mon père,
Après avoir au Dieu qui nourrit les humains
De la moisson nouvelle offert les premiers pains,
Lui présentoit encore entre ses mains sanglantes
Des victimes de paix les entrailles fumantes;
Debout à ses côtés le jeune Éliacin
Comme moi le servoit en long habit de lin;
Et cependant du sang de la chair immolée
Les prêtres arrosoient l'autel et l'assemblée [1] :
Un bruit confus s'élève, et du peuple surpris
Détourne tout-à-coup les yeux et les esprits.
Une femme... Peut-on la nommer sans blasphème!
Une femme... C'étoit Athalie elle-même.

imprévue d'Athalie dans le temple. On va bientôt savoir les raisons de cette démarche si étrange. Dans cette pièce, dont l'action est de la plus grande simplicité, rien ne languit; tout marche, sans remplissage et sans épisode. (G.)

[1] Racine s'est trompé ici sur les rites. On n'arrosoit point l'assemblée du sang de la victime. Le prêtre trempoit simplement un doigt dans le sang, et en faisoit sept aspersions devant le voile du sanctuaire; il en frottoit les cornes de l'autel, et répandoit le reste au pied du même autel. L'auteur a confondu avec le rite judaïque, ce qu'il avoit lu dans le ch. XXIV de l'Exode, où il est dit que Moïse fit l'aspersion du sang de la victime sur le peuple assemblé; mais il n'y avoit point encore de rite ni de cérémonies légales. (*Acad.*)

JOSABETH.

Ciel!

ZACHARIE.

Dans un des parvis, aux hommes réservé,
Cette femme superbe entre, le front levé,
Et se préparoit même à passer les limites
De l'enceinte sacrée ouverte aux seuls lévites.
Le peuple s'épouvante, et fuit de toutes parts.
Mon père... Ah! quel courroux animoit ses regards!
Moïse à Pharaon parut moins formidable :
« Reine, sors, a-t-il dit, de ce lieu redoutable,
« D'où te bannit ton sexe et ton impiété.
« Viens-tu du Dieu vivant braver la majesté? »
La reine alors, sur lui jetant un œil farouche,
Pour blasphémer sans doute ouvroit déja la bouche :
J'ignore si de Dieu l'ange se dévoilant
Est venu lui montrer un glaive étincelant;
Mais sa langue en sa bouche à l'instant s'est glacée,
Et toute son audace a paru terrassée[1];
Ses yeux, comme effrayés, n'osoient se détourner;
Sur-tout Éliacin paroissoit l'étonner.

JOSABETH.

Quoi donc! Éliacin a paru devant elle?

---

[1] C'est cet étonnement, cet effroi si naturel dont elle doit être frappée à la vue de Joas, qui explique parfaitement pourquoi elle ne songe pas même à se venger de l'injure qu'elle vient de recevoir. Cette ressemblance si forte entre Joas et l'enfant qu'elle a vu en songe est un des ressorts les mieux conçus qu'on ait jamais employés, et il paroît certain qu'elle a été suggérée par l'histoire de Jaddus, racontée dans Josèphe. Racine, dans cet ouvrage, a tiré tout des mêmes sources. (L.)

ZACHARIE.

Nous regardions tous deux cette reine cruelle,
Et d'une égale horreur nos cœurs étoient frappés.
Mais les prêtres bientôt nous ont enveloppés :
On nous a fait sortir. J'ignore tout le reste,
Et venois vous conter ce désordre funeste [1].

JOSABETH.

Ah ! de nos bras sans doute elle vient l'arracher ;
Et c'est lui qu'à l'autel sa fureur vient chercher.
Peut-être en ce moment l'objet de tant de larmes...
Souviens-toi de David, Dieu, qui vois mes alarmes !

SALOMITH.

Quel est-il, cet objet des pleurs que vous versez ?

ZACHARIE.

Les jours d'Éliacin seroient-ils menacés ?

SALOMITH.

Auroit-il de la reine attiré la colère ?

---

[1] L'académie dit que le mot *conter* est impropre et du style familier ; elle auroit dû remarquer au contraire combien cette expression étoit naturelle dans la bouche d'un enfant. Elle donne à son récit toute la naïveté de son âge, et le poëte a dû l'employer à dessein. Cela est si vrai, qu'on la trouve encore act. V, sc. VI ; mais, comme ce n'est plus un enfant qui parle, Racine la relève par la grace particulière et par la nouveauté du tour :

> Nos lévites, du haut de leurs sacrés parvis,
> Ont conté son enfance au glaive dérobée.

Ont conté son enfance : on ne pouvoit rendre d'une manière plus heureuse cette pensée · *ont conté par quels moyens son enfance fut dérobée au glaive.* Cette seule expression réveille en même temps l'idée du miracle, celle de l'innocence, et celle des vertus qu'on a droit d'espérer d'un prince objet des faveurs du ciel.

ZACHARIE.

Que craint-on d'un enfant sans support et sans père?

JOSABETH.

Ah! la voici. Sortons : il la faut éviter.

SCENE III.

ATHALIE, ABNER, AGAR, SUITE D'ATHALIE.

AGAR.

Madame, dans ces lieux pourquoi vous arrêter?
Ici tous les objets vous blessent, vous irritent.
Abandonnez ce temple aux prêtres qui l'habitent;
Fuyez tout ce tumulte, et dans votre palais
A vos sens agités venez rendre la paix.

ATHALIE.

Non, je ne puis : tu vois mon trouble et ma foiblesse.
Va, fais dire à Mathan qu'il vienne, qu'il se presse;
Heureuse si je puis trouver par son secours
Cette paix que je cherche, et qui me fuit toujours!

(*Elle s'assied.*)

SCENE IV.

ATHALIE, ABNER, SUITE D'ATHALIE.

ABNER.

Madame, pardonnez si j'ose le défendre :
Le zéle de Joad n'a point dû vous surprendre.
Du Dieu que nous servons tel est l'ordre éternel :
Lui-même il nous traça son temple et son autel,

ACTE II, SCÈNE IV.

Aux seuls enfants d'Aaron commit ses sacrifices,
Aux lévites marqua leur place et leurs offices,
Et sur-tout défendit à leur postérité
Avec tout autre dieu toute société.
Hé quoi! vous de nos rois et la fille et la mère,
Êtes-vous à ce point parmi nous étrangère?
Ignorez-vous nos lois? Et faut-il qu'aujourd'hui...
Voici votre Mathan : je vous laisse avec lui [1].

ATHALIE.

Votre présence, Abner, est ici nécessaire [2].
Laissons là de Joad l'audace téméraire,

---

[1] On a critiqué cette expression *votre*, comme peu respectueuse. Il est certain que le pronom *votre*, ainsi placé, n'est jamais insignifiant : il exprime toujours quelque sentiment particulier d'affection, de haine ou de mépris. Nous trouverons, dans *Athalie* même, des exemples de ces trois acceptions. Ici, *votre Mathan* marque du mépris, non pas pour la reine, mais pour cet indigne prêtre, et renferme même un secret reproche de la confiance qu'Athalie lui accorde : Abner, dans toute la sincérité de son zèle, ne croit pas devoir déguiser à la reine l'horreur que lui inspire cet apostat. (G.)

[2] Abner a suivi la reine pour prendre auprès d'elle la défense de Joad, elle le retient, parcequ'elle veut se servir de lui pour satisfaire l'impatience qu'elle a de voir sur-le-champ Éliacin. Personne n'est plus propre qu'Abner à obtenir de Joad cette *complaisance*, qu'il pourroit bien ne pas avoir, si le brave Abner ne la demandoit lui-même, et ne lui répondoit de l'enfant qu'*il prend sous sa garde*. Athalie n'a pas encore autour d'elle ses moyens de force, et c'est pour cela qu'elle ne parle pas encore en souveraine. On sait que le temple étoit une espèce de forteresse susceptible de défense. Tel est le motif très plausible de l'espèce de confiance qu'elle témoigne un moment à ce même Abner, que d'ailleurs elle estime trop pour l'aimer : les méchants ne peuvent aimer que leurs complices. Aussi Abner a-t-il la discrétion de vouloir se retirer dès qu'il voit paroître le digne confident d'Athalie, et les raisons qu'elle a de retenir Abner

Et tout ce vain amas de superstitions
Qui ferment votre temple aux autres nations :
Un sujet plus pressant excite mes alarmes.
Je sais que, dès l'enfance élevé dans les armes,
Abner a le cœur noble, et qu'il rend à-la-fois
Ce qu'il doit à son Dieu, ce qu'il doit à ses rois.
Demeurez.

SCENE V.

ATHALIE, ABNER, MATHAN, SUITE D'ATHALIE.

MATHAN.

Grande reine, est-ce ici votre place ?
Quel trouble vous agite, et quel effroi vous glace ?
Parmi vos ennemis que venez-vous chercher ?
De ce temple profane osez-vous approcher ?
Avez-vous dépouillé cette haine si vive...

ATHALIE.

Prêtez-moi l'un et l'autre une oreille attentive.
Je ne veux point ici rappeler le passé,
Ni vous rendre raison du sang que j'ai versé :
Ce que j'ai fait, Abner, j'ai cru le devoir faire.
Je ne prends point pour juge un peuple téméraire :
Quoi que son insolence ait osé publier,
Le ciel même a pris soin de me justifier.
Sur d'éclatants succès ma puissance établie
A fait jusqu'aux deux mers respecter Athalie;

étoient le seul moyen de le mettre en scène avec Mathan, qu'il doit mépriser et détester. On verra dans la scène suivante les beautés qui en résultent. (L.)

ACTE II, SCÈNE V.

Par moi Jérusalem goûte un calme profond ;
Le Jourdain ne voit plus l'Arabe vagabond,
Ni l'altier Philistin, par d'éternels ravages,
Comme au temps de vos rois, désoler ses rivages ;
Le Syrien me traite et de reine et de sœur [1] ;
Enfin de ma maison le perfide oppresseur,
Qui devoit jusqu'à moi pousser sa barbarie,
Jéhu, le fier Jéhu, tremble dans Samarie ;
De toutes parts pressé par un puissant voisin,
Que j'ai su soulever contre cet assassin,
Il me laisse en ces lieux souveraine maîtresse.
Je jouissois en paix du fruit de ma sagesse ;
Mais un trouble importun vient, depuis quelques jours,
De mes prospérités interrompre le cours.
Un songe (me devrois-je inquiéter d'un songe !) [2]
Entretient dans mon cœur un chagrin qui le ronge :

---

[1] *Le Syrien*, pour *le roi de Syrie*. Le père d'Athalie avoit été tué dans un combat contre ce prince. (G.)

[2] Ce songe est un morceau achevé : jamais on n'a su narrer et peindre une foule d'objets différents avec des traits plus vrais, plus variés, plus énergiques, et ces traits expriment non seulement les choses, mais le caractère du personnage. C'est peu de tant de perfection : ce songe a un mérite unique, que Voltaire le premier a relevé il y a long-temps. Tous les autres songes qui se rencontrent dans nos tragédies, ne sont que des hors-d'œuvres plus ou moins brillants : celui d'Athalie seul est le principal mobile de l'action. Il motive la venue d'Athalie dans le temple, le desir qu'elle a de voir Joas, et les frayeurs qui l'engagent ensuite à demander cet enfant. Il amène cette discussion où la bassesse féroce de Mathan est mise en opposition avec la bonté courageuse et compatissante d'Abner. Enfin, il donne lieu à cette scène aussi neuve que touchante, où Athalie interroge Joas. Elle a été si souvent louée, elle est toujours si universellement sentie, que tout détail seroit superflu. (L.)

Je l'évite par-tout, par-tout il me poursuit.

C'étoit pendant l'horreur d'une profonde nuit;
Ma mère Jézabel devant moi s'est montrée,
Comme au jour de sa mort, pompeusement parée;
Ses malheurs n'avoient point abattu sa fierté;
Même elle avoit encor cet éclat emprunté
Dont elle eut soin de peindre et d'orner son visage [1],
Pour réparer des ans l'irréparable outrage:
« Tremble, m'a-t-elle dit, fille digne de moi;
« Le cruel dieu des Juifs l'emporte aussi sur toi.
« Je te plains de tomber dans ses mains redoutables,
« Ma fille. » En achevant ces mots épouvantables,
Son ombre vers mon lit a paru se baisser;
Et moi, je lui tendois les mains pour l'embrasser;
Mais je n'ai plus trouvé qu'un horrible mélange
D'os et de chair meurtris, et traînés dans la fange [2],
Des lambeaux pleins de sang, et des membres affreux
Que des chiens dévorants se disputoient entre eux [3].

ABNER.

Grand Dieu!

[1] « Venitque Jehu in Jezrahel. Porrò Jezabel introitu ejus audito, « depinxit oculos suos stibio, et ornavit caput suum, etc. »—« Jehu vint ensuite à Jezrahel; et Jezabel, ayant appris son arrivée, se peignit les yeux avec du noir, mit ses ornements sur sa tête, etc. » (*Reg.*, lib. IV, cap. IX, vers. 30.)

[2] Si l'épithète *meurtris* se rapportoit à *chair*, elle ne seroit ni au masculin ni au pluriel; elle ne peut se rapporter seulement à *os*; on ne dit point des *os meurtris*; il la faut rapporter aux deux mots à-la-fois. (L. R.)

[3] « Cùm issent ut sepelirent eam, non invenerunt nisi calvariam « et pedes et summas manus... in agro Jezraël comedent canes car- « nes Jezabel... » — « Et étant allés pour l'ensevelir, ils n'en trou-

ATHALIE.

Dans ce désordre à mes yeux se présente
Un jeune enfant couvert d'une robe éclatante,
Tels qu'on voit des Hébreux les prêtres revêtus [1].
Sa vue a ranimé mes esprits abattus ;
Mais lorsque, revenant de mon trouble funeste,
J'admirois sa douceur, son air noble et modeste,
J'ai senti tout-à-coup un homicide acier
Que le traître en mon sein a plongé tout entier.
De tant d'objets divers le bizarre assemblage
Peut-être du hasard vous paroît un ouvrage :
Moi-même quelque temps, honteuse de ma peur,
Je l'ai pris pour l'effet d'une sombre vapeur.
Mais de ce souvenir mon ame possédée
A deux fois en dormant revu la même idée [2] ;
Deux fois mes tristes yeux se sont vu retracer
Ce même enfant toujours tout prêt à me percer.

---

vèrent que le crâne, les pieds, et l'extrémité des mains... Les chiens mangeront la chair de Jezabel dans le champ de Jezraël. » (*Reg.*, lib. IV, cap. IX, vers. 35 et 36. »

[1] Il faut *tel* au singulier, ou dire *tels on voit des*. (*Acad.*)

[2] Suivant l'académie, on ne peut pas dire *revoir une idée*, comme on dit *revoir une image*. Le mot *idée* signifie quelquefois la trace que laisse un objet : on dit très bien : *Je n'ai aucune idée de cela* ; on dit encore d'un homme qu'*il n'est heureux qu'en idée*. Mais, dans ces deux exemples, le mot *idée* est pris tantôt pour *souvenir*, tantôt pour *imagination*; on ne peut jamais le prendre pour l'image elle-même. L'auteur d'*Émile* a donné des mots *idée* et *image* une définition très exacte, qui trouve ici son application. « Il y a, dit-il, cette
« différence entre les unes et les autres, que les images ne sont que
« des peintures absolues des objets sensibles, et que les idées sont
« des notions des objets déterminés par des rapports. »

Lasse enfin des horreurs dont j'étois poursuivie,
J'allois prier Baal de veiller sur ma vie,
Et chercher du repos au pied de ses autels :
Que ne peut la frayeur sur l'esprit des mortels!
Dans le temple des Juifs un instinct m'a poussée,
Et d'apaiser leur Dieu j'ai conçu la pensée;
J'ai cru que des présents calmeroient son courroux,
Que ce Dieu, quel qu'il soit, en deviendroit plus doux.
Pontife de Baal, excusez ma foiblesse.
J'entre : le peuple fuit, le sacrifice cesse,
Le grand-prêtre vers moi s'avance avec fureur :
Pendant qu'il me parloit, ô surprise! ô terreur!
J'ai vu ce même enfant dont je suis menacée,
Tel qu'un songe effrayant l'a peint à ma pensée.
Je l'ai vu : son même air, son même habit de lin¹,
Sa démarche, ses yeux, et tous ses traits enfin;
C'est lui-même. Il marchoit à côté du grand-prêtre;
Mais bientôt à ma vue on l'a fait disparoître.
Voilà quel trouble ici m'oblige à m'arrêter,
Et sur quoi j'ai voulu tous deux vous consulter².

¹ Ceci ressemble un peu à ce que rapporte Josèphe de la surprise d'Alexandre, qui reconnut, sous l'habit du grand-prêtre des Juifs, le même homme qu'il avoit vu dans un songe. (L. R.)

² Nous ne connoissons rien dans notre langue de plus beau, de plus poétique, et de plus élégant, que ce songe. L'idée vive et rapide qu'Athalie donne de sa puissance, la peinture affreuse qu'elle fait de l'ombre de Jézabel, le portrait plein de douceur de Joas, et la manière dont elle décrit ensuite le trouble qui régnoit dans le temple des Juifs lorsqu'elle y est entrée, forment autant de tableaux qui font passer dans l'ame du spectateur le trouble et la terreur d'Athalie. (L. B.)

Que présage, Mathan, ce prodige incroyable?
MATHAN.
Ce songe et ce rapport, tout me semble effroyable...
ATHALIE.
Mais cet enfant fatal, Abner, vous l'avez vu:
Quel est-il? de quel sang, et de quelle tribu?
ABNER.
Deux enfants à l'autel prêtoient leur ministère:
L'un est fils de Joad, Josabeth est sa mère;
L'autre m'est inconnu [1].
MATHAN.
     Pourquoi délibérer?
De tous les deux, madame, il se faut assurer.
Vous savez pour Joad mes égards, mes mesures;
Que je ne cherche point à venger mes injures;
Que la seule équité règne en tous mes avis;
Mais lui-même, après tout, fût-ce son propre fils,
Voudroit-il un moment laisser vivre un coupable?
ABNER.
De quel crime un enfant peut-il être capable?
MATHAN.
Le ciel nous le fait voir un poignard à la main:
Le ciel est juste et sage, et ne fait rien en vain.
Que cherchez-vous de plus?

---

[1] Abner ignore la naissance d'Éliacin. Joad, dans la première scène, n'a pas laissé échapper son secret. Cette circonstance est remarquable; car, en supposant Abner instruit du sort d'Éliacin, il eût été forcé de recourir au mensonge pour le sauver, ce qui auroit nui à la noblesse de son caractère. C'est une de ces convenances délicates dont les ouvrages de Racine offrent une multitude d'exemples.

ABNER.

Mais, sur la foi d'un songe
Dans le sang d'un enfant voulez-vous qu'on se plonge?
Vous ne savez encor de quel père il est né,
Quel il est.

MATHAN.

On le craint : tout est examiné.
A d'illustres parents s'il doit son origine,
La splendeur de son sort doit hâter sa ruine;
Dans le vulgaire obscur si le sort l'a placé [1],
Qu'importe qu'au hasard un sang vil soit versé?
Est-ce aux rois à garder cette lente justice?
Leur sûreté souvent dépend d'un prompt supplice.
N'allons point les gêner d'un soin embarrassant :
Dès qu'on leur est suspect, on n'est plus innocent.

ABNER.

Hé quoi, Mathan! d'un prêtre est-ce là le langage?
Moi, nourri dans la guerre aux horreurs du carnage,
Des vengeances des rois ministre rigoureux,
C'est moi qui prête ici ma voix au malheureux!
Et vous, qui lui devez des entrailles de père,
Vous, ministre de paix dans les temps de colère,
Couvrant d'un zéle faux votre ressentiment,
Le sang à votre gré coule trop lentement!
Vous m'avez commandé de vous parler sans feinte,
Madame : quel est donc ce grand sujet de crainte?
Un songe, un foible enfant que votre œil prévenu

---

[1] Dans ces deux vers, d'ailleurs très beaux, *son sort* et *le sort* ont paru trop près l'un de l'autre, le premier étant pris pour l'état, et le second pour la destinée. (*Acad.*)

ACTE II, SCÈNE V.

Peut-être sans raison croit avoir reconnu.
ATHALIE.
Je le veux croire, Abner; je puis m'être trompée :
Peut-être un songe vain m'a trop préoccupée.
Hé bien! il faut revoir cet enfant de plus près;
Il en faut à loisir examiner les traits.
Qu'on les fasse tous deux paraître en ma présence[1].
ABNER.
Je crains...
ATHALIE.
Manqueroit-on pour moi de complaisance?
De ce refus bizarre où seroient les raisons?
Il pourroit me jeter en d'étranges soupçons.
Que Josabeth, vous dis-je, ou Joad les amène.
Je puis, quand je voudrai, parler en souveraine.
Vos prêtres, je veux bien, Abner, vous l'avouer,
Des bontés d'Athalie ont lieu de se louer.
Je sais sur ma conduite et contre ma puissance

---

[1] On ne peut s'empêcher d'admirer ici avec quel art Racine sait faire ressortir dans chaque scène les idées principales. Le régime du pronom par lequel Athalie se contente d'indiquer les enfants qu'elle ordonne d'amener devant elle, est placé quarante vers plus haut, et cependant un tel éloignement ne donne lieu à aucune équivoque. Il n'est personne, soit à la scène, soit à la lecture, qui ne se reporte aussitôt, par la pensée, à ce vers :

> Deux enfants à l'autel prétoient leur ministère.

Aucun écrivain n'offre un semblable exemple, et il seroit dangereux de vouloir l'imiter. Il n'appartenoit de braver aussi heureusement les règles de la grammaire qu'à celui qui a su trouver dans notre langue assez de noblesse, de pompe, et d'harmonie, pour la faire parler à la divinité d'une manière digne d'elle.

Jusqu'où de leurs discours ils portent la licence :
Ils vivent cependant, et leur temple est debout.
Mais je sens que bientôt ma douceur est à bout.
Que Joad mette un frein à son zèle sauvage,
Et ne m'irrite point par un second outrage.
Allez.

SCENE VI.

ATHALIE, MATHAN, SUITE D'ATHALIE.

MATHAN.

Enfin je puis parler en liberté ;
Je puis dans tout son jour mettre la vérité.
Quelque monstre naissant dans ce temple s'élève,
Reine : n'attendez pas que le nuage crève[1].
Abner chez le grand-prêtre a devancé le jour :
Pour le sang de ses rois vous savez son amour.
Et qui sait si Joad ne veut point en leur place
Substituer l'enfant dont le ciel vous menace,
Soit son fils, soit quelque autre...

ATHALIE.

Oui, vous m'ouvrez les yeux :
Je commence à voir clair dans cet avis des cieux.

---

[1] Le premier vers est très beau : l'image est-elle soutenue dans le second ? *Le nuage crève* se peut-il lier assez au *monstre naissant qui s'élève* ? Et cette expression, *le nuage crève*, est-elle assez noble pour lui sacrifier le rapport nécessaire entre les figures ? Je ne le crois pas. Cependant il y a dans cette phrase, *n'attendez pas que le nuage crève*, une vérité qui fait tout passer. Il est si difficile de dire mieux que Racine, même quand il y a quelque chose à reprendre ! (L.)

ACTE II, SCÈNE VI.

Mais je veux de mon doute être débarrassée :
Un enfant est peu propre à trahir sa pensée ;
Souvent d'un grand dessein un mot nous fait juger.
Laissez-moi, cher Mathan, le voir, l'interroger.
Vous cependant, allez ; et, sans jeter d'alarmes,
A tous mes Tyriens faites prendre les armes.

SCENE VII.

JOAS, ATHALIE, JOSABETH, ZACHARIE, SALOMITH, ABNER, DEUX LÉVITES, LE CHOEUR, SUITE D'ATHALIE.

JOSABETH, *aux deux lévites.*

O vous ! sur ces enfants si chers, si précieux,
Ministres du Seigneur, ayez toujours les yeux.

ABNER, *à Josabeth.*

Princesse, assurez-vous, je les prends sous ma garde[1].

ATHALIE.

O ciel ! plus j'examine, et plus je le regarde...
C'est lui ! D'horreur encor tous mes sens sont saisis.

(*montrant Joas.*)

Épouse de Joad, est-ce là votre fils ?

JOSABETH.

Qui ? lui, madame ?

ATHALIE.

Lui.

---

[1] *Assurer pour rassurer.* Nous avons déja remarqué cette licence dans *Esther*, acte II, sc. VII.

JOSABETH.

Je ne suis point sa mère.

(*montrant Zacharie.*)

Voilà mon fils.

ATHALIE, *à Joas.*

Et vous, quel est donc votre père ?
Jeune enfant, répondez[1].

JOSABETH.

Le ciel jusque aujourd'hui...

ATHALIE.

Pourquoi vous pressez-vous de répondre pour lui ?
C'est à lui de parler.

JOSABETH.

Dans un âge si tendre
Quel éclaircissement en pouvez-vous attendre ?

ATHALIE.

Cet âge est innocent : son ingénuité
N'altère point encor la simple vérité.
Laissez-le s'expliquer sur tout ce qui le touche.

JOSABETH, *tout bas.*

Daigne mettre, grand Dieu, ta sagesse en sa bouche[2] !

ATHALIE.

Comment vous nommez-vous ?

---

[1] Cette expression, *jeune enfant,* paroît convenir à cet âge où l'on n'est plus précisément un enfant, et où l'on n'est pas encore un jeune homme. Cet âge est celui de Joas, à qui le poëte donne neuf à dix ans. Le mot *adolescent* n'étoit pas du style tragique, et n'eût pas fait connoître l'âge véritable de Joas. (L.)

[2] Ce vers prépare et justifie tout ce qu'il y aura d'étonnant dans les réponses de Joas, suivant ce mot de l'Écriture : « Ex ore infantium et lactentium perfecisti laudem tuam. » (Ps. VIII, v. 3.) (L.)

ACTE II, SCÈNE VII.

JOAS.

J'ai nom Éliacin[1].

ATHALIE.

Votre père?

JOAS.

Je suis, dit-on, un orphelin
Entre les bras de Dieu jeté dès ma naissance,
Et qui de mes parents n'eus jamais connoissance.

ATHALIE.

Vous êtes sans parents?

JOAS.

Ils m'ont abandonné[2].

ATHALIE.

Comment? et depuis quand?

JOAS.

Depuis que je suis né.

ATHALIE.

Ne sait-on pas au moins quel pays est le vôtre?

JOAS.

Ce temple est mon pays; je n'en connois point d'autre.

ATHALIE.

Où dit-on que le sort vous a fait rencontrer?

JOAS.

Parmi des loups cruels prêts à me dévorer[3].

---

[1] Phrase latine: *Nomen habere Petrum.* Elle a passé ici, comme ayant quelque chose de naïf; mais elle n'est pas introduite dans le langage de ceux qui parlent bien: *Je me nomme, je m'appelle, mon nom est,* voilà les phrases françoises: *mon nom est Nérestan.* (L.)

[2] « Pater meus et mater mea dereliquerunt me. » — « Mon père et ma mère m'ont abandonné. » (Ps. XXVI, vers. 10.)

[3] Athalie épuise toutes les questions de la curiosité et de la dé-

ATHALIE.

Qui vous mit dans ce temple?

JOAS.

Une femme inconnue,
Qui ne dit point son nom, et qu'on n'a point revue.

ATHALIE.

Mais de vos premiers ans quelles mains ont pris soin?

JOAS.

Dieu laissa-t-il jamais ses enfants au besoin [1]?
Aux petits des oiseaux il donne leur pâture,
Et sa bonté s'étend sur toute la nature.
Tous les jours je l'invoque; et d'un soin paternel
Il me nourrit des dons offerts sur son autel.

ATHALIE.

Quel prodige nouveau me trouble et m'embarrasse!
La douceur de sa voix, son enfance, sa grace [2],

---

fiance, et ne peut parvenir à surprendre un mot qui l'éclaire sur ce qu'elle cherche. Plus les interrogations sont pressantes, plus on est charmé de la voir toujours confondue par la simplicité des réponses de l'enfant. Quel art dans ce vers:

Parmi des loups cruels prêts à me dévorer.

On présume naturellement que c'est là tout ce qu'ont dit à Joas ceux qui l'ont élevé, et cela se confirme dans la suite, lorsqu'il dit au grand-prêtre:

Un malheureux enfant aux ours abandonné, etc.

On ne l'a point trompé, et il ne trompe point. Mais à combien de choses il falloit penser pour que cela fût ainsi! (L.)

[1] Traduction du verset 9 du psaume CXLVI: « Qui dat escam « pullis corvorum invocantibus eum. »

[2] Rien n'est plus adroit ni mieux placé que ce mouvement de pitié que l'auteur donne à Athalie. Il est si naturel, si involontaire,

ACTE II, SCÈNE VII.

Font insensiblement à mon inimitié
Succéder... Je serois sensible à la pitié!

ABNER.

Madame, voilà donc cet ennemi terrible?
De vos songes menteurs l'imposture est visible,
A moins que la pitié qui semble vous troubler [1]
Ne soit ce coup fatal qui vous faisoit trembler.

ATHALIE, *à Joas et à Josabeth.*

Vous sortez [2]?

JOSABETH.

Vous avez entendu sa fortune [3] :

et si rapide, qu'Athalie peut l'éprouver sans sortir de son caractère; et d'ailleurs, le reproche qu'elle s'en fait la rend sur-le-champ à elle-même; mais ce qu'il y a de plus heureux, c'est que l'impression qu'elle manifeste confirme celle du spectateur en la justifiant. Bien des gens seroient peut-être tentés de se reprocher l'effet que produit sur eux la naïveté du langage d'un enfant; mais, lorsque Athalie elle-même n'y résiste pas, qui pourroit avoir honte d'y céder? (L.)

[1] Cette interprétation est forcée sans doute, et n'en marque que mieux l'empressement d'Abner pour écarter Athalie. Louis Racine, trop prompt à condamner son père, n'approuve pas qu'Abner emploie l'ironie en parlant à la reine. Mais il n'y a point d'ironie, il y a de la fermeté et une noble hardiesse dans le langage d'Abner; il parle de la manière la plus propre à dissiper les frayeurs de la reine, en lui présentant le songe qui l'inquiète comme une illusion méprisable, comme une bagatelle indigne d'occuper une grande ame. (G.)

[2] Avec quelle adresse Racine coupe ici une scène extrêmement longue, et par-là renouvelle l'intérêt! En voyant sortir Josabeth avec l'enfant, le spectateur respire et croit le danger passé, lorsque tout-à-coup Athalie faisant revenir l'enfant excite de nouvelles alarmes. (G.)

[3] Il est impossible de dire avec plus de précision, et en même

ATHALIE.

Sa présence à la fin pourroit être importune.

ATHALIE.

(à Joas.)

Non : revenez. Quel est tous les jours votre emploi?

JOAS.

J'adore le Seigneur; on m'explique sa loi;
Dans son livre divin on m'apprend à la lire;
Et déja de ma main je commence à l'écrire[1].

ATHALIE.

Que vous dit cette loi?

JOAS.

Que Dieu veut être aimé;
Qu'il venge tôt ou tard son saint nom blasphémé;
Qu'il est le défenseur de l'orphelin timide;
Qu'il résiste au superbe, et punit l'homicide[2].

---

temps plus poétiquement : *Vous avez entendu le récit de tout ce qui lui est arrivé.* (G.)

[1] Quelle sagesse dans toutes ces réponses! Et cependant il n'y en a pas une qui soit au-dessus de la portée d'un enfant, mais d'un enfant nourri de la lecture des livres saints. L'esprit est confondu quand il veut se rendre compte de toutes les beautés renfermées dans l'entretien si simple d'une femme et d'un enfant. Toute cette pièce, dit La Harpe, est une merveille de l'art et du talent; car il n'y en avoit aucun modèle, et rien n'y a ressemblé depuis. Il faut encore remarquer avec Geoffroy, que dans ce second interrogatoire, les réponses de l'enfant deviennent plus fortes, et prennent un plus grand caractère; elles sont pour Athalie autant de reproches sanglants qui l'offensent et qui l'irritent.

[2] La réponse en elle-même est parfaite; car il n'y a pas là un mot qui ne soit dans les livres saints. Mais ces quatre vers, comme presque tous ceux que l'auteur met dans la bouche de Joas, ont un mérite théâtral, celui d'offrir un rapport sensible, ou avec lui-même, ou avec Athalie. Ici le premier vers, *que Dieu veut être aimé,*

ATHALIE.

J'entends. Mais tout ce peuple enfermé dans ce lieu,
A quoi s'occupe-t-il?

JOAS.

Il loue, il bénit Dieu.

ATHALIE.

Dieu veut-il qu'à toute heure on prie, on le contemple?

JOAS.

Tout profane exercice est banni de son temple.

ATHALIE.

Quels sont donc vos plaisirs?

JOAS.

Quelquefois à l'autel
Je présente au grand-prêtre ou l'encens ou le sel;
J'entends chanter de Dieu les grandeurs infinies;
Je vois l'ordre pompeux de ses cérémonies.

ATHALIE.

Hé quoi! vous n'avez point de passe-temps plus doux [1]?
Je plains le triste sort d'un enfant tel que vous.
Venez dans mon palais, vous y verrez ma gloire.

JOAS.

Moi! des bienfaits de Dieu je perdrois la mémoire!

ATHALIE.

Non, je ne vous veux pas contraindre à l'oublier.

---

est pour tout le monde; le second et le quatrième sont pour Athalie, et l'application ne lui échappe pas, car elle répond par ce premier mot très remarquable, *j'entends*. Le troisième vers est pour Joas. (L.)

[1] Il pouvoit mettre d'*amusement*; mais, quoique *passe-temps* ne soit pas noble en vers, il convient en parlant à un enfant; et ce n'est pas sans raison que Racine l'a employé. (L. R.)

JOAS.

Vous ne le priez point.

ATHALIE.

Vous pourrez le prier.

JOAS.

Je verrois cependant en invoquer un autre.

ATHALIE.

J'ai mon Dieu que je sers; vous servirez le vôtre :
Ce sont deux puissants dieux.

JOAS.

Il faut craindre le mien:
Lui seul est Dieu, madame; et le vôtre n'est rien.

ATHALIE.

Les plaisirs près de moi vous chercheront en foule.

JOAS.

Le bonheur des méchants comme un torrent s'écoule.

ATHALIE.

Ces méchants, qui sont-ils [1]?

JOSABETH.

Hé, madame! excusez
Un enfant...

ATHALIE, à *Josabeth*.

J'aime à voir comme vous l'instruisez.
Enfin, Éliacin, vous avez su me plaire;
Vous n'êtes point sans doute un enfant ordinaire.

---

[1] Athalie, qui dans sa conscience se fait l'application de ce mot *méchants*, prend ici un ton plus sévère. Josabeth, qui voit sa colère sur le point d'éclater, se hâte d'excuser l'enfant; mais Athalie, à qui cette interruption a donné un moment pour réfléchir, revient à son système de perfidie et de séduction. (G.)

ACTE II, SCÈNE VII.

Vous voyez, je suis reine, et n'ai point d'héritier :
Laissez là cet habit, quittez ce vil métier [1] ;
Je veux vous faire part de toutes mes richesses ;
Essayez dès ce jour l'effet de mes promesses.
A ma table, par-tout, à mes côtés assis,
Je prétends vous traiter comme mon propre fils [2].

JOAS.

Comme votre fils !

ATHALIE.

Oui... Vous vous taisez ?

JOAS.

Quel père
Je quitterois ! Et pour...

---

[1] Le mot *métier* ne peut être admis qu'avec une expression qui le fortifie, comme *le métier des armes*. Il est heureusement employé ici par Racine dans le sens le plus bas. (VOLT.)

[2] Voltaire prétend que Joad et Josabeth « n'ont autre chose à « faire qu'à prendre Athalie au mot : qu'il est naturel qu'une vieille « femme aime son petit-fils quand elle n'a point d'autre héritier ; « qu'il est naturel qu'Athalie s'attache à Joas et lui laisse son petit « royaume, etc. » Mais qui jamais, à moins de vouloir qu'il n'y ait point de pièce, auroit imaginé qu'Éliacin et Joas sont la même chose pour Athalie ? qui jamais se persuadera que parcequ'un enfant inconnu et orphelin lui a plu un moment par les graces et la naïveté de son esprit, elle va de suite en faire son héritier ? Lui dira-t-on : « Cet enfant que vous voulez traiter comme votre fils est en effet votre petit-fils ; il est le frère de tous les princes que vous avez tués ; il est le dernier de cette race que vous avez cru exterminer tout entière ; il est le légitime maître de ce sceptre dont vous vous êtes emparée ? C'est lui dont le ciel vous menace, et qui vous poursuit en songe un poignard à la main. Que pouvez-vous faire de mieux que de le reconnoître pour ce qu'il est ? Que pouvons-nous faire de mieux que de le remettre entre vos mains ? » S'il se

ATHALIE.

Hé bien?

JOAS

Pour quelle mère!

ATHALIE, *à Josabeth.*

Sa mémoire est fidèle ; et, dans tout ce qu'il dit,
De vous et de Joad je reconnois l'esprit [1].
Voilà comme, infectant cette simple jeunesse,
Vous employez tous deux le calme où je vous laisse,
Vous cultivez déja leur haine et leur fureur [2] ;
Vous ne leur prononcez mon nom qu'avec horreur.

JOSABETH.

Peut-on de nos malheurs leur dérober l'histoire ?
Tout l'univers les sait ; vous-même en faites gloire.

pouvoit que Joad et Josabeth eussent tenu ce discours (et c'est exactement celui que Voltaire veut leur faire tenir), la réponse n'est pas douteuse : elle est dans la scène même que Voltaire veut changer d'une façon si étrange, et la voici (act. II, sc. VII) :

> Enfin de votre Dieu l'implacable vengeance
> Entre nos deux maisons rompit toute alliance.
> David m'est en horreur, et les fils de ce roi,
> Quoique nés de mon sang, sont étrangers pour moi.

Ces paroles et un coup de poignard, voilà infailliblement la réponse d'Athalie. (L.)

[1] C'est la première et la seule fois qu'on a imaginé de tirer du charme de l'enfance tout l'intérêt d'une scène tragique. Il n'y en a pas de plus touchant, et l'on sait qu'au théâtre cette scène affecte délicieusement toutes les ames, sans nuire cependant à l'effet de la tragédie, puisque l'on craint d'autant plus pour l'enfant, qu'on l'aime davantage. (L.)

[2] *Cultiver la haine :* que cette figure est hardie ! mais qu'elle est juste ! (L.)

ATHALIE.

Oui, ma juste fureur, et j'en fais vanité,
A vengé mes parents sur ma postérité [1].
J'aurois vu massacrer et mon père et mon frère,
Du haut de son palais précipiter ma mère,
Et dans un même jour égorger à-la-fois
(Quel spectacle d'horreur!) quatre-vingts fils de rois [2] :
Et pourquoi? pour venger je ne sais quels prophètes
Dont elle avoit puni les fureurs indiscrètes :
Et moi, reine sans cœur, fille sans amitié,
Esclave d'une lâche et frivole pitié,

---

[1] « Athalia verò, mater Ochoziæ, videns mortuum filium suum, « surrexit et interfecit omne semen regium. » — « Athalie, mère d'Ochozias, voyant son fils mort, s'éleva contre les princes de la race royale, et les fit tous tuer. » (*Reg.*, lib. IV, cap. XI, vers. 1.) Athalie avoit dit à Abner et à Mathan, act. II, sc. v :

> Je ne veux point ici rappeler le passé,
> Ni vous rendre raison du sang que j'ai versé;

mais, irritée des réponses de l'enfant et du dernier reproche que vient de lui adresser Josabeth, elle s'engage dans l'apologie du plus horrible attentat que le cœur d'une mère ait jamais osé concevoir; elle exhale, sans réserve et sans dissimulation, toute son impiété et toute sa rage, dans cette tirade d'une éloquence et d'une énergie extraordinaire : c'est l'expression la plus vive et la plus naturelle d'un emportement qui fait frémir. (G.)

[2] « Porrò filii regis, septuaginta viri, apud optimates civitatis « nutriebantur. Cùmque venissent litteræ ad eos, tulerunt filios re- « gis, et occiderunt septuaginta viros. » — « Or, le roi Achab avoit soixante et dix fils, qui étoient nourris chez les premières personnes de la ville (Samarie). Lorsque ces personnes eurent reçu les lettres de Jéhu, elles prirent les soixante et dix fils du roi, et les tuèrent. » (*Reg.*, lib. IV, cap. XVIII, vers. 4.)

Je n'aurois pas du moins à cette aveugle rage
Rendu meurtre pour meurtre, outrage pour outrage,
Et de votre David traité tous les neveux
Comme on traitoit d'Achab les restes malheureux!
Où serois-je aujourd'hui si, domptant ma foiblesse,
Je n'eusse d'une mère étouffé la tendresse;
Si de mon propre sang ma main versant des flots
N'eût par ce coup hardi réprimé vos complots?
Enfin de votre Dieu l'implacable vengeance
Entre nos deux maisons rompit toute alliance :
David m'est en horreur; et les fils de ce roi,
Quoique nés de mon sang, sont étrangers pour moi.

JOSABETH.

Tout vous a réussi. Que Dieu voie, et nous juge.

ATHALIE.

Ce Dieu, depuis long-temps votre unique refuge,
Que deviendra l'effet de ses prédictions [1] ?
Qu'il vous donne ce roi promis aux nations,
Cet enfant de David, votre espoir, votre attente...
Mais nous nous reverrons. Adieu. Je sors contente:
J'ai voulu voir; j'ai vu [2].

---

[1] La construction est renversée, et ce désordre est un effet de l'art; mais les grands poëtes sont seuls capables d'éviter l'abus toujours voisin de pareilles licences. (G.) *Que deviendra l'effet* n'est pas exact; il falloit simplement : *que deviendront ses prédictions*. Racine n'a pas voulu dire que les prédictions n'auroient point d'effet si elles étoient accomplies, mais qu'elles ne seroient point accomplies s'il ne restoit aucun enfant du sang royal.

[2] Pouvoit-on croire qu'un poëte tragique sauroit occuper un spectateur d'une longue scène qui ne contient que des interrogations courtes et précises à un enfant de huit ans, et les réponses

ABNER, *à Josabeth.*

Je vous l'avois promis :
Je vous rends le dépôt que vous m'avez commis.

SCENE VIII.

JOAS, JOAD, JOSABETH, ZACHARIE, SALOMITH, ABNER, LÉVITES, LE CHOEUR.

JOSABETH, *à Joad.*

Avez-vous entendu cette superbe reine,
Seigneur?

JOAD.

J'entendois tout, et plaignois votre peine.
Ces lévites et moi, prêts à vous secourir [1],

naïves de cet enfant? Nous n'avons rien dans les tragédies anciennes et modernes à comparer à cette scène qui, dans une étonnante simplicité, devient si intéressante. Quel trouble dans le spectateur quand il voit paroître cet enfant devant Athalie, qui, persuadée qu'elle l'a fait égorger, l'égorgeroit sur l'heure si elle le reconnoissoit, et qui le craint sans en savoir la raison ! On craint, quand il lui répond, qu'il ne lui échape quelque mot capable d'irriter ou d'éclairer celle qui l'interroge. Toutes les demandes qu'elle lui fait sont simples, et telles qu'on les doit faire à un enfant de cet âge. Toutes ses réponses sont également simples ; et cependant les demandes d'Athalie ont toujours pour motif une curiosité cruelle, et les réponses de Joas ont, sans qu'il puisse en avoir le dessein, une application toujours directe à Athalie. (L. R.)

[1] Joad ne paroît avec ses lévites qu'après la retraite d'Athalie. Cette adresse du poëte est remarquable. Si l'on avoit été prévenu plus tôt que le grand-prêtre se tenoit prêt à secourir Joas, le spectateur auroit pu être moins alarmé des dangers auxquels ce jeune prince étoit exposé. (L. B.)

Nous étions avec vous résolus de périr.

(*à Joas, en l'embrassant.*)

Que Dieu veille sur vous, enfant dont le courage
Vient de rendre à son nom ce noble témoignage.
Je reconnois, Abner, ce service important :
Souvenez-vous de l'heure où Joad vous attend.
Et nous, dont cette femme impie et meurtrière
A souillé les regards et troublé la prière,
Rentrons; et qu'un sang pur, par mes mains épanché,
Lave jusques au marbre où ses pas ont touché[1].

SCENE IX.

LE CHOEUR.

UNE DES FILLES DU CHOEUR.

Quel astre à nos yeux vient de luire?
Quel sera quelque jour cet enfant merveilleux?

---

[1] Peut-on exprimer avec plus d'harmonie, d'élégance et de pompe, une action aussi commune que celle de laver le pavé du temple? Quel éclat et quelle grandeur le sentiment religieux répand sur les idées les plus ordinaires! Ces beaux vers ont encore le mérite de peindre exactement les mœurs des Juifs qui contractoient des souillures par l'attouchement, l'approche ou même la seule vue d'objets immondes, et qui se purifioient par des ablutions. On retrouve encore aujourd'hui cette croyance et ces usages chez tous les peuples de l'Orient. Il n'y a point de tragédie dont le second acte soit si plein, et offre un aussi grand nombre de belles scènes. L'entrée d'Athalie dans le temple, le songe de cette reine, son entretien avec Abner et Mathan, et sur-tout la scène où elle interroge, sont des beautés du premier ordre; et l'acte, en finissant, laisse le trouble et la consternation dans les esprits. Quel parti va prendre Athalie? Quel sera le sort de Joas? (G.).

Il brave le faste orgueilleux,
Et ne se laisse point séduire
A tous ses attraits périlleux.

UNE AUTRE.

Pendant que du dieu d'Athalie
Chacun court encenser l'autel,
Un enfant courageux publie
Que Dieu lui seul est éternel,
Et parle comme un autre Élie
Devant cette autre Jézabel.

UNE AUTRE.

Qui nous révélera ta naissance secréte,
Cher enfant? Es-tu fils de quelque saint prophéte?

UNE AUTRE.

Ainsi l'on vit l'aimable Samuel
Croître à l'ombre du tabernacle :
Il devint des Hébreux l'espérance et l'oracle.
Puisses-tu, comme lui, consoler Israël !

UNE AUTRE.

O bienheureux mille fois
L'enfant que le Seigneur aime,
Qui de bonne heure entend sa voix,
Et que ce Dieu daigne instruire lui-même !
Loin du monde élevé, de tous les dons des cieux
Il est orné dès son enfance;
Et du méchant l'abord contagieux
N'altère point son innocence.

TOUT LE CHOEUR.

Heureuse, heureuse l'enfance
Que le Seigneur instruit et prend sous sa défense !

ATHALIE.

LA MÊME VOIX, *seule*.

Tel en un secret vallon,
Sur le bord d'une onde pure,
Croît à l'abri de l'aquilon,
Un jeune lis, l'amour de la nature[1].
Loin du monde élevé, de tous les dons des cieux
Il est orné dès sa naissance;
Et du méchant l'abord contagieux
N'altère point son innocence.

TOUT LE CHOEUR.

Heureux, heureux mille fois
L'enfant que le Seigneur rend docile à ses lois!

UNE VOIX, *seule*.

Mon Dieu, qu'une vertu naissante
Parmi tant de périls marche à pas incertains!
Qu'une ame qui te cherche et veut être innocente
Trouve d'obstacle à ses desseins!
Que d'ennemis lui font la guerre!
Où se peuvent cacher tes saints?
Les pécheurs couvrent la terre.

UNE AUTRE.

O palais de David, et sa chère cité,
Mont fameux, que Dieu même a long-temps habité,
Comment as-tu du ciel attiré la colère?
Sion, chère Sion, que dis-tu quand tu vois

---

[1] Après ce vers, dans les premières éditions d'*Athalie*, on passe immédiatement à la strophe qui commence par ces mots: *O palais de David*, etc. La répétition des quatre vers, *loin du monde élevé*, etc., et les neuf vers suivants, ont été ajoutés depuis par Racine, dans l'édition de ses œuvres faite en 1697. (G.)

Une impie étrangère
Assise, hélas! au trône de tes rois?

TOUT LE CHOEUR.

Sion, chère Sion, que dis-tu quand tu vois
Une impie étrangère
Assise, hélas! au trône de tes rois?

LA MÊME VOIX *continue*.

Au lieu des cantiques charmants
Où David t'exprimoit ses saints ravissements,
Et bénissoit son Dieu, son seigneur, et son père;
Sion, chère Sion, que dis-tu quand tu vois
Louer le dieu de l'impie étrangère,
Et blasphémer le nom qu'ont adoré tes rois?

UNE VOIX, *seule*.

Combien de temps, Seigneur, combien de temps encore
Verrons-nous contre toi les méchants s'élever?
Jusque dans ton saint temple ils viennent te braver:
Ils traitent d'insensé le peuple qui t'adore.
Combien de temps, Seigneur, combien de temps encore
Verrons-nous contre toi les méchants s'élever [1]?

UNE AUTRE.

Que vous sert, disent-ils, cette vertu sauvage?
De tant de plaisirs si doux
Pourquoi fuyez-vous l'usage?
Votre Dieu ne fait rien pour vous.

---

[1] « Usquequò peccatores, Domine, usquequò peccatores gloriabuntur et loquentur iniquitatem? » — « Jusqu'à quand les pécheurs, Seigneur, jusqu'à quand les pécheurs triompheront-ils? jusqu'à quand profèreront-ils des paroles impies? » (Ps. XCIII, vers. 3.)

UNE AUTRE.

Rions chantons, dit cette troupe impie;
De fleurs en fleurs, de plaisirs en plaisirs,
Promenons nos desirs.
Sur l'avenir insensé qui se fie.
De nos ans passagers le nombre est incertain :
Hâtons-nous aujourd'hui de jouir de la vie;
Qui sait si nous serons demain?

TOUT LE CHOEUR.

Qu'ils pleurent, ô mon Dieu! qu'ils frémissent de crainte,
Ces malheureux, qui de ta cité sainte
Ne verront point l'éternelle splendeur.
C'est à nous de chanter, nous à qui tu révèles
Tes clartés immortelles;
C'est à nous de chanter tes dons et ta grandeur.

UNE VOIX, *seule*.

De tous ces vains plaisirs où leur ame se plonge[1],
Que leur restera-t-il? Ce qui reste d'un songe
Dont on a reconnu l'erreur.
A leur réveil (ô réveil plein d'horreur!)
Pendant que le pauvre à ta table
Goûtera de ta paix la douceur ineffable,
Ils boiront dans la coupe affreuse, inépuisable[2],

---

[1] « Dormierunt somnum suum, et nihil invenerunt omnes viri « divitiarum in manibus suis. » — « Ils se sont endormis du sommeil de la mort; et tous ces hommes, qui se glorifioient de leurs richesses, n'ont rien trouvé dans leurs mains lorsqu'ils se sont éveillés. » (Ps. LXXV, vers. 6.)

[2] « Calix in manu Domini vini meri plenus mixto... Fæx ejus non « est exinanita : Bibent omnes peccatores terræ. » — « Le Seigneur tient en sa main une coupe de vin pur, pleine d'amertume... La

Que tu présenteras au jour de ta fureur
    A toute la race coupable.

TOUT LE CHOEUR.

O réveil plein d'horreur!
O songe peu durable!
O dangereuse erreur!

lie n'en est pourtant pas encore épuisée ; tous les pécheurs de la terre en boiront. » (Ps. LXXIV, vers. 9.)

FIN DU SECOND ACTE.

ACTE TROISIÈME.

SCENE I.

MATHAN, NABAL, LE CHOEUR.

MATHAN.
Jeunes filles, allez : qu'on dise à Josabeth
Que Mathan veut ici lui parler en secret.
UNE DES FILLES DU CHOEUR.
Mathan ! O Dieu du ciel, puisses-tu le confondre !
NABAL.
Hé quoi ! tout se disperse, et fuit sans vous répondre !
MATHAN.
Approchons.

SCENE II.

ZACHARIE, MATHAN, NABAL.

ZACHARIE.
Téméraire, où voulez-vous passer ?
Au-delà de ce lieu gardez-vous d'avancer :
C'est des ministres saints la demeure sacrée ;
Les lois à tout profane en défendent l'entrée.
Qui cherchez-vous ? Mon père, en ce jour solennel,
De l'idolâtre impur fuit l'aspect criminel ;

Et devant le Seigneur maintenant prosternée
Ma mère en ce devoir craint d'être détournée.
MATHAN.
Mon fils, nous attendrons; cessez de vous troubler[1].
C'est votre illustre mère à qui je veux parler :
Je viens ici chargé d'un ordre de la reine.

SCENE III.
MATHAN, NABAL.

NABAL.
Leurs enfants ont déja leur audace hautaine.
Mais que veut Athalie en cette occasion ?
D'où naît dans ses conseils cette confusion ?
Par l'insolent Joad ce matin offensée,
Et d'un enfant fatal en songe menacée,
Elle alloit immoler Joad à son courroux,
Et dans ce temple enfin placer Baal et vous.
Vous m'en aviez déja confié votre joie ;
Et j'espérois ma part d'une si riche proie.
Qui fait changer ainsi ses vœux irrésolus ?
MATHAN.
Ami, depuis deux jours je ne la connois plus.
Ce n'est plus cette reine éclairée, intrépide,
Élevée au-dessus de son sexe timide,
Qui d'abord accabloit ses ennemis surpris,

---

[1] *Mon fils!... votre illustre mère!* Et il brûle de les égorger! L'hypocrisie devoit être un des caractères d'un scélérat de la trempe de Mathan, et Racine ne pouvoit mieux la marquer. (L.)

Et d'un instant perdu connoissoit tout le prix :
La peur d'un vain remords trouble cette grande ame;
Elle flotte, elle hésite; en un mot, elle est femme[1].
J'avois tantôt rempli d'amertume et de fiel
Son cœur déja saisi des menaces du ciel;
Elle-même, à mes soins confiant sa vengeance,
M'avoit dit d'assembler sa garde en diligence;
Mais, soit que cet enfant devant elle amené,
De ses parents, dit-on, rebut infortuné,
Eût d'un songe effrayant diminué l'alarme,
Soit qu'elle eût même en lui vu je ne sais quel charme,
J'ai trouvé son courroux chancelant, incertain,
Et déja remettant sa vengeance à demain.
Tous ses projets sembloient l'un l'autre se détruire.
« Du sort de cet enfant je me suis fait instruire,
« Ai-je dit : on commence à vanter ses aïeux;
« Joad de temps en temps le montre aux factieux,
« Le fait attendre aux Juifs comme un autre Moïse,
« Et d'oracles menteurs s'appuie et s'autorise. »
Ces mots ont fait monter la rougeur sur son front.
Jamais mensonge heureux n'eut un effet si prompt.
« Est-ce à moi de languir dans cette incertitude?
« Sortons, a-t-elle dit, sortons d'inquiétude.
« Vous-même à Josabeth prononcez cet arrêt :
« Les feux vont s'allumer, et le fer est tout prêt;
« Rien ne peut de leur temple empêcher le ravage,

---

[1] Ce mot, qui pourroit ailleurs paroître trop familier, ne choque point ici, parceque cette expression de mépris dans la bouche de Mathan signifie seulement qu'Athalie n'est pas assez méchante à son gré depuis qu'elle *hésite* dans le crime. (L.)

« Si je n'ai de leur foi cet enfant pour otage. »
NABAL.
Hé bien! pour un enfant qu'ils ne connoissent pas,
Que le hasard peut-être a jeté dans leurs bras,
Voudront-ils que leur temple enseveli sous l'herbe...
MATHAN.
Ah! de tous les mortels connois le plus superbe.
Plutôt que dans mes mains par Joad soit livré
Un enfant qu'à son Dieu Joad a consacré,
Tu lui verras subir la mort la plus terrible.
D'ailleurs pour cet enfant leur attache est visible [1].
Si j'ai bien de la reine entendu le récit,
Joad sur sa naissance en sait plus qu'il ne dit.
Quel qu'il soit, je prévois qu'il leur sera funeste;
Ils le refuseront : je prends sur moi le reste;
Et j'espère qu'enfin de ce temple odieux
Et la flamme et le fer vont délivrer mes yeux.
NABAL.
Qui peut vous inspirer une haine si forte?
Est-ce que de Baal le zèle vous transporte?
Pour moi, vous le savez, descendu d'Ismaël,
Je ne sers ni Baal, ni le dieu d'Israël.
MATHAN.
Ami, peux-tu penser que d'un zèle frivole
Je me laisse aveugler pour une vaine idole,

---

[1] Il y a dans ces vers une inversion pleine de hardiesse, qui mérite d'être remarquée. L'emploi du mot *attache* pour *attachement* est une hardiesse d'un autre genre, qu'il seroit bon d'imiter. L'exemple d'un aussi grand écrivain que Racine, dit La Harpe, n'est-il pas une autorité quand aucun principe ne la contredit?

Pour un fragile bois, que malgré mon secours
Les vers sur son autel consument tous les jours.
Né ministre du Dieu qu'en ce temple on adore,
Peut-être que Mathan le serviroit encore,
Si l'amour des grandeurs, la soif de commander,
Avec son joug étroit pouvoient s'accommoder [1].

Qu'est-il besoin, Nabal, qu'à tes yeux je rappelle
De Joad et de moi la fameuse querelle,
Quand j'osai contre lui disputer l'encensoir,
Mes brigues, mes combats, mes pleurs, mon désespoir?
Vaincu par lui, j'entrai dans une autre carrière,
Et mon ame à la cour s'attacha toute entière.
J'approchai par degrés de l'oreille des rois,
Et bientôt en oracle on érigea ma voix.
J'étudiai leur cœur, je flattai leurs caprices;
Je leur semai de fleurs le bord des précipices;
Près de leurs passions rien ne me fut sacré;
De mesure et de poids je changeois à leur gré.
Autant que de Joad l'inflexible rudesse
De leur superbe oreille offensoit la mollesse,
Autant je les charmois par ma dextérité :

---

[1] Quel éloge de la loi du vrai Dieu dans la bouche d'un prêtre des idoles! et cet aveu n'a rien que de vraisemblable. Il est très naturel qu'un homme aveuglé par ses passions ne veuille pas d'un Dieu qui les condamne : ce sont les passions qui ont toujours fait les impies. Quant à l'hypocrisie de Mathan qui sert Baal sans y croire, elle est aussi fondée en raison que la foi de Joad en son Dieu. Il est conséquent et dans la nature, que celui qui s'expose à tout pour faire son devoir croie de tout son cœur au Dieu auteur et récompense de tout bien, et que celui qui sacrifie tout à son intérêt méprise l'idole qui ne lui sert qu'à tromper les hommes. (L.)

Dérobant à leurs yeux la triste vérité,
Prêtant à leurs fureurs des couleurs favorables,
Et prodigue sur-tout du sang des misérables.
   Enfin, au dieu nouveau qu'elle avoit introduit,
Par les mains d'Athalie un temple fut construit [1].
Jérusalem pleura de se voir profanée;
Des enfants de Lévi la troupe consternée
En poussa vers le ciel des hurlements affreux [2].
Moi seul, donnant l'exemple aux timides Hébreux,
Déserteur de leur loi, j'approuvai l'entreprise,
Et par là de Baal méritai la prêtrise;
Par là je me rendis terrible à mon rival,
Je ceignis la tiare, et marchai son égal.
Toutefois, je l'avoue, en ce comble de gloire [3],
Du Dieu que j'ai quitté l'importune mémoire

---

[1] L'inversion de ces deux vers n'est pas approuvée par l'académie; mais ce n'est pas dans l'inversion que se trouve la faute. Il y a incorrection parceque le pronom *elle*, sujet de la proposition incidente, se rapporte à un nom qui n'est pas le sujet de la proposition principale. Il falloit dire: *Enfin, au dieu nouveau qu'elle avoit introduit Athalie éleva de ses mains un temple.*

[2] Ce mot *hurlement* est du style de l'Écriture Sainte. Les prophètes, pour dire *gémissez*, disent souvent *ululate*; et les historiens profanes expriment par le même mot le deuil des Orientaux: *Lugubris clamor, barbaro ululatu.* (Quinte-Curce, liv. III.) (L. R.)

[3] Ce vers, qui indique si clairement dans quel sens Mathan a parlé, est la meilleure réponse à ceux qui lui ont reproché de *s'avilir* devant Nabal. Ils n'ont pas vu que, bien loin de croire *s'avilir*, il croit se relever en se représentant comme un grand politique, dont les vues sont bien supérieures aux scrupules superstitieux de Joad. Son apostasie, loin de lui paroître une infamie, est à ses yeux *le comble de la gloire,* parcequ'*il a ceint la tiare, et qu'il marche l'égal* de son *rival.* (L.)

Jette encore en mon ame un reste de terreur :
Et c'est ce qui redouble et nourrit ma fureur.
Heureux si, sur son temple achevant ma vengeance,
Je puis convaincre enfin sa haine d'impuissance,
Et parmi le débris, le ravage et les morts,
A force d'attentats perdre tous mes remords[1] !
Mais voici Josabeth.

SCENE IV.

JOSABETH, MATHAN, NABAL.

MATHAN.

Envoyé par la reine,
Pour rétablir le calme et dissiper la haine,
Princesse, en qui le ciel mit un esprit si doux[2],
Ne vous étonnez pas si je m'adresse à vous.
Un bruit, que j'ai pourtant soupçonné de mensonge,

---

[1] On a blâmé cette scène de Mathan avec Nabal, comme peu nécessaire. Il est certain cependant que cet entretien est nécessaire pour bien développer le caractère et le système de Mathan, qui est l'ame d'Athalie, et qui influe tant sur l'action. Bien loin de retarder la marche de la pièce, ce développement motive, prépare les événements : il nous apprend que Joad s'obstinera dans ses refus ; que la reine emploiera toutes ses forces pour vaincre cette résistance. Ainsi, loin de nuire à la marche de la pièce, il la favorise, et même l'accélère, en augmentant le trouble, en remplissant d'avance les esprits d'inquiétude et de terreur. A tous ces avantages joignez celui de l'éloquence et de la poésie du style, toujours si précieux, et qui même supplée quelquefois à tous les autres. (G.)

[2] On reconnoît encore dans ce vers le ton doucereux et perfide de l'hypocrite Mathan. (G.)

ACTE III, SCÈNE IV.

Appuyant les avis qu'elle a reçus en songe,
Sur Joad, accusé de dangereux complots,
Alloit de sa colère attirer tous les flots.
Je ne veux point ici vous vanter mes services :
De Joad contre moi je sais les injustices ;
Mais il faut à l'offense opposer les bienfaits.
Enfin, je viens chargé de paroles de paix.
Vivez, solennisez vos fêtes sans ombrage [1].
De votre obéissance elle ne veut qu'un gage :
C'est, pour l'en détourner j'ai fait ce que j'ai pu,
Cet enfant sans parents, qu'elle dit qu'elle a vu.

JOSABETH.

Éliacin ?

MATHAN.

J'en ai pour elle quelque honte.
D'un vain songe peut-être elle fait trop de compte [2].
Mais vous vous déclarez ses mortels ennemis,
Si cet enfant sur l'heure en mes mains n'est remis.
La reine impatiente attend votre réponse.

JOSABETH.

Et voilà de sa part la paix qu'on nous annonce !

---

[1] *Ombrage* signifie figurément *défiance, soupçon;* ici il est pris pour *crainte,* ce qui est une acception nouvelle. Du reste, *solenniser des fêtes sans ombrage,* pour dire *soyez sans ombrage pendant la solennité de vos fêtes,* est une légère négligence, la préposition ayant l'air de se rapporter à *fête,* et devant se rapporter au verbe *solenniser.* On trouve plus bas cet hémistiche peu harmonieux : *qu'elle dit qu'elle a vu.* Selon la remarque de L. Racine, il étoit aisé de faire disparoître cette dissonance, en mettant *qu'elle dit avoir vu.*

[2] Quelques commentateurs ont repris l'expression de *faire compte,* pour *tenir compte;* mais elle est autorisée par l'académie.

MATHAN.

Pourriez-vous un moment douter de l'accepter[1]?
D'un peu de complaisance est-ce trop l'acheter?

JOSABETH.

J'admirois si Mathan, dépouillant l'artifice,
Avoit pu de son cœur surmonter l'injustice,
Et si de tant de maux le funeste inventeur
De quelque ombre de bien pouvoit être l'auteur.

MATHAN.

De quoi vous plaignez-vous? Vient-on avec furie
Arracher de vos bras votre fils Zacharie?
Quel est cet autre enfant si cher à votre amour?
Ce grand attachement me surprend à mon tour.
Est-ce un trésor pour vous si précieux, si rare?
Est-ce un libérateur que le ciel vous prépare?
Songez-y : vos refus pourroient me confirmer
Un bruit sourd que déja l'on commence à semer.

JOSABETH.

Quel bruit?

MATHAN.

Que cet enfant vient d'illustre origine;
Qu'à quelque grand projet votre époux le destine.

JOSABETH.

Et Mathan, par ce bruit qui flatte sa fureur...

MATHAN.

Princesse, c'est à vous à me tirer d'erreur.
Je sais que, du mensonge implacable ennemie,

---

[1] *Douter de l'accepter;* cette expression est incorrecte; quand *douter* est suivi d'un verbe, il faut *si* ou *que : je doute si j'irai; je doute que j'aille. Hésiter* étoit le mot propre. (G.)

ACTE III, SCÈNE IV.

Josabeth livreroit même sa propre vie,
S'il falloit que sa vie à sa sincérité
Coûtât le moindre mot contre la vérité.
Du sort de cet enfant on n'a donc nulle trace?
Une profonde nuit enveloppe sa race?
Et vous-même ignorez de quels parents issu,
De quelles mains Joad en ses bras l'a reçu?
Parlez; je vous écoute, et suis prêt à vous croire:
Au Dieu que vous servez, princesse, rendez gloire.

JOSABETH.

Méchant, c'est bien à vous d'oser ainsi nommer
Un Dieu que votre bouche enseigne à blasphémer!
Sa vérité par vous peut-elle être attestée,
Vous, malheureux, assis dans la chaire empestée[1]
Où le mensonge règne et répand son poison;
Vous, nourri dans la fourbe et dans la trahison?

SCENE V.

JOAD, JOSABETH, MATHAN, NABAL.

JOAD.

Où suis-je? De Baal ne vois-je pas le prêtre?
Quoi! fille de David, vous parlez à ce traître!
Vous souffrez qu'il vous parle! Et vous ne craignez pas
Que du fond de l'abyme entr'ouvert sous ses pas
Il ne sorte à l'instant des feux qui vous embrasent,

---

[1] *Assis dans la chaire empestée*: expression tirée du psaume 1:
« Et in cathedrâ pestilentiæ non sedit. »

Ou qu'en tombant sur lui ces murs ne vous écrasent?
Que veut-il? De quel front cet ennemi de Dieu
Vient-il infecter l'air qu'on respire en ce lieu?

MATHAN.

On reconnoît Joad à cette violence.
Toutefois il devroit montrer plus de prudence,
Respecter une reine, et ne pas outrager
Celui que de son ordre elle a daigné charger.

JOAD.

Hé bien! que nous fait-elle annoncer de sinistre?
Quel sera l'ordre affreux qu'apporte un tel ministre?

MATHAN.

J'ai fait à Josabeth savoir sa volonté.

JOAD.

Sors donc de devant moi, monstre d'impiété[1].
De toutes tes horreurs, va, comble la mesure.
Dieu s'apprête à te joindre à la race parjure,
Abiron et Dathan, Doëg, Achitophel[2] :
Les chiens, à qui son bras a livré Jézabel,

---

[1] L'énergie du pontife produit ici l'effet le plus théâtral. Voltaire, dans ses dernières années, a eu le malheur de ne voir que du fanatisme dans cet enthousiasme de la vertu, dans cette horreur si naturelle d'un saint prophète contre un lâche apostat, contre le ministre d'une usurpatrice sanguinaire et sacrilége. Voltaire, admirateur d'*Athalie* tant qu'il conserva du goût, sembloit n'avoir plus, dans sa vieillesse, d'autre littérature que sa haine pour la religion. (G.)

[2] Abiron et Dathan se soulevèrent contre Moïse et Aaron : la terre s'entr'ouvrit sous leurs pas, et les dévora. (*Nomb.*, ch. XVI.) Doëg accusa, auprès de Saül, Abimelech d'avoir secouru David; chargé de la vengeance de Saül, il massacra Abimelech, et quatre-vingt-cinq prêtres de la ville de Nobé, tous revêtus de leurs orne-

ACTE III, SCÈNE V.

Attendant que sur toi sa fureur se déploie,
Déja sont à ta porte, et demandent leur proie.
MATHAN. (*Il se trouble.*)
Avant la fin du jour... on verra qui de nous...
Doit... Mais sortons, Nabal.
NABAL.
     Où vous égarez-vous?
De vos sens étonnés quel désordre s'empare?
Voilà votre chemin.

SCENE VI.

JOAD, JOSABETH.

JOSABETH.
   L'orage se déclare:
Athalie en fureur demande Éliacin.
Déja de sa naissance et de votre dessein
On commence, seigneur, à percer le mystère:
Peu s'en faut que Mathan ne m'ait nommé son père.
JOAD.
Au perfide Mathan qui l'auroit révélé?
Votre trouble à Mathan n'a-t-il point trop parlé?
JOSABETH.
J'ai fait ce que j'ai pu pour m'en rendre maîtresse.
Cependant, croyez-moi, seigneur, le péril presse.
Réservons cet enfant pour un temps plus heureux.

---

ments pontificaux. (*Rois*, liv, I, chap. XXII.) Achitophel prit le parti
d'Absalon contre son père, et se pendit de désespoir de ce que ce
jeune prince ne suivoit pas ses conseils. (*Rois*, liv. II, c. XVII.) (G.)

Tandis que les méchants délibèrent entre eux,
Avant qu'on l'environne, avant qu'on nous l'arrache,
Une seconde fois souffrez que je le cache :
Les portes, les chemins lui sont encore ouverts.
Faut-il le transporter aux plus affreux déserts?
Je suis prête : je sais une secrète issue
Par où, sans qu'on le voie, et sans être aperçue,
De Cédron avec lui traversant le torrent,
J'irai dans le désert où jadis en pleurant,
Et cherchant comme nous son salut dans la fuite,
David d'un fils rebelle évita la poursuite.
Je craindrai moins pour lui les lions et les ours...
Mais pourquoi de Jéhu refuser le secours?
Je vous ouvre peut-être un avis salutaire.
Faisons de ce trésor Jéhu dépositaire :
On peut dans ses états le conduire aujourd'hui,
Et le chemin est court qui méne jusqu'à lui.
Jéhu n'a point un cœur farouche, inexorable;
De David à ses yeux le nom est favorable.
Hélas! est-il un roi si dur et si cruel,
A moins qu'il n'eût pour mère une autre Jézabel,
Qui d'un tel suppliant ne plaignît l'infortune?
Sa cause à tous les rois n'est-elle pas commune?

JOAD.

Quels timides conseils m'osez-vous suggérer?
En l'appui de Jéhu pourriez-vous espérer?

JOSABETH.

Dieu défend-il tout soin et toute prévoyance?
Ne l'offense-t-on point par trop de confiance?
A ses desseins sacrés employant les humains,

N'a-t-il pas de Jéhu lui-même armé les mains?

JOAD.

Jéhu, qu'avoit choisi sa sagesse profonde,
Jéhu, sur qui je vois que votre espoir se fonde,
D'un oubli trop ingrat a payé ses bienfaits :
Jéhu laisse d'Achab l'affreuse fille en paix,
Suit des rois d'Israël les profanes exemples,
Du vil dieu de l'Égypte a conservé les temples;
Jéhu, sur les hauts lieux enfin osant offrir
Un téméraire encens que Dieu ne peut souffrir [1],
N'a pour servir sa cause et venger ses injures
Ni le cœur assez droit, ni les mains assez pures.
Non, non : c'est à Dieu seul qu'il nous faut attacher.
Montrons Éliacin; et, loin de le cacher,
Que du bandeau royal sa tête soit ornée :
Je veux même avancer l'heure déterminée,
Avant que de Mathan le complot soit formé.

[1] Depuis la construction du temple, il étoit expressément défendu par Dieu même de sacrifier sur les hauts lieux, et même de célébrer aucune des cérémonies de la religion ailleurs que dans cette enceinte sacrée. (G.)

SCENE VII.

JOAD, JOSABETH, AZARIAS, *suivi du chœur et de plusieurs lévites.*

JOAD.

Hé bien, Azarias, le temple est-il fermé?

AZARIAS.

J'en ai fait devant moi fermer toutes les portes.

JOAD.

N'y reste-t-il que vous et vos saintes cohortes?

AZARIAS.

De ses parvis sacrés j'ai deux fois fait le tour.
Tout a fui, tous se sont séparés sans retour,
Misérable troupeau qu'a dispersé la crainte;
Et Dieu n'est plus servi que dans la tribu sainte.
Depuis qu'à Pharaon ce peuple est échappé,
Une égale terreur ne l'avoit point frappé [1].

JOAD.

Peuple lâche, en effet, et né pour l'esclavage,
Hardi contre Dieu seul! Poursuivons notre ouvrage.
Mais qui retient encor ces enfants parmi nous?

UNE DES FILLES DU CHOEUR.

Hé! pourrions-nous, seigneur, nous séparer de vous?
Dans le temple de Dieu sommes-nous étrangères?

---

[1] Plus cette *terreur* est générale, plus celle de la tragédie s'accroît ici. *Tout a fui*: il ne reste pour Joas que Dieu et ses prêtres. C'est ce qu'il faut, c'est l'essence du sujet: autrement il n'y en avoit pas. (L.)

Vous avez près de vous nos pères et nos frères.

UNE AUTRE.

Hélas! si, pour venger l'opprobre d'Israël,
Nos mains ne peuvent pas, comme autrefois Jahel [1],
Des ennemis de Dieu percer la tête impie,
Nous lui pouvons du moins immoler notre vie.
Quand vos bras combattront pour son temple attaqué,
Par nos larmes du moins il peut être invoqué.

JOAD.

Voilà donc quels vengeurs s'arment pour ta querelle,
Des prêtres, des enfants, ô Sagesse éternelle!
Mais, si tu les soutiens, qui peut les ébranler [2]?
Du tombeau, quand tu veux, tu sais nous rappeler;
Tu frappes et guéris, tu perds et ressuscites [3].
Ils ne s'assurent point en leurs propres mérites,
Mais en ton nom sur eux invoqué tant de fois,
En tes serments jurés au plus saint de leurs rois [4],

---

[1] « Sisara, général des Chananéens, ayant été défait par Barac, chef des Juifs, se retira dans la tente de Jahel, femme d'Haber; celle-ci, pendant son sommeil, le fit périr, en lui enfonçant un clou dans la tête. » (*Juges*, ch. IV.)

[2] Voilà tout le fond de la pièce: le foible, armé de la confiance en Dieu, et luttant contre le fort. Ce genre de sublime s'élève au-dessus de celui des plus grands écrivains profanes: c'est le plus simple et le plus vrai de tous, et il semble que Dieu seul pouvoit l'inspirer aux hommes. (G.)

[3] L'opposition entre *perdre* et *ressusciter* n'est pas assez marquée. Dans le passage de l'Écriture imité par Racine, ce contraste est plus frappant: « Tu flagellas et salvas, deducis ad inferos et « reducis. » — « Tu frappes et guéris, tu conduis aux enfers, et tu en ramènes. » (Tob., chap. XIII, vers. 2.) (G.)

[4] *Jurer un serment, un serment juré*, sont absolument contraires

En ce temple où tu fais ta demeure sacrée,
Et qui doit du soleil égaler la durée.
Mais d'où vient que mon cœur frémit d'un saint effroi?
Est-ce l'esprit divin qui s'empare de moi?
C'est lui-même; il m'échauffe, il parle: mes yeux s'ouvrent,
Et les siècles obscurs devant moi se découvrent.
Lévites, de vos sons prêtez-moi les accords,
Et de ses mouvements secondez les transports.

  LE CHOEUR *chante au son de toute la symphonie*
     des instruments.

Que du Seigneur la voix se fasse entendre,
Et qu'à nos cœurs son oracle divin
 Soit ce qu'à l'herbe tendre
Est, au printemps, la fraîcheur du matin[1].

     JOAD.

Cieux, écoutez ma voix; terre, prête l'oreille[2].
Ne dis plus, ô Jacob, que ton Seigneur sommeille!
Pécheurs, disparoissez: le Seigneur se réveille[3].

 (Ici recommence la symphonie, et Joad aussitôt reprend
    la parole.)

à l'usage de la prose; mais en poésie ce sont des expressions hardies, énergiques. Ces sortes de redoublements de mots ne sont étrangers à aucune langue. Les Grecs et les Latins en offrent de nombreux exemples. (L.)

[1] « Fluat ut ros eloquium meum, quasi imber super herbam. » — « Que mes paroles se répandent comme la rosée et comme les gouttes de l'eau du ciel qui tombe sur l'herbe. » (*Deuter.*, c. XXXII, vers. 2.)

[2] « Audite, cœli, quæ loquor; audiat terra verba oris mei. » (*Deut.*, cap. XXXII, vers. 1.)

[3] Racine a cru pouvoir s'affranchir ici de la règle, en mettant à la suite les unes des autres trois rimes féminines. Huit vers plus

Comment en un plomb vil l'or pur s'est-il changé[1]?
Quel est dans le lieu saint ce pontife égorgé[2]?
Pleure, Jérusalem, pleure, cité perfide,
Des prophètes divins malheureuse homicide :
De son amour pour toi ton Dieu s'est dépouillé;
Ton encens à ses yeux est un encens souillé[3].

Où menez-vous ces enfants et ces femmes[4]?
Le Seigneur a détruit la reine des cités[5] :
Ses prêtres sont captifs, ses rois sont rejetés;

---

bas, on trouve encore trois rimes masculines. Peut-être a-t-il cru ce rhythme plus propre à peindre le désordre des idées dans un moment d'inspiration.

[1] Ce vers se rapporte à Joas, dont le règne ne répondit point à l'heureuse éducation qu'il avoit reçue de Joad. Le commencement de cette inspiration est pris de ce verset de Jérémie : « Quo- « modò obscuratum est aurum, mutatus est color optimus. » — « Comment l'or s'est-il obscurci? Comment a-t-il changé sa couleur, « qui étoit si belle? » (*Lament. Jerem.*, cap. IV, vers. 1.)

[2] Zacharie. (*Note de Racine.*) — La plupart ont dit que l'auteur détruit ici l'intérêt pour Joas, en prévenant sans nécessité les auditeurs que Joas doit un jour faire égorger le fils de son bienfaiteur. Plusieurs ont voulu excuser cet endroit comme langage prophétique, qui ne fait pas naître une idée distincte. Les critiques ont répondu que si le discours du grand-prêtre ne porte aucune idée, il est inutile; s'il présente quelque chose de réel, comme on n'en peut douter par les notes de l'auteur, il détruit l'intérêt. Les autres ont répliqué que l'intérêt principal de la pièce ne porte point sur Joas, mais sur l'accomplissement des promesses de Dieu en faveur de la race de David. (*Acad.*)

[3] Dieu lui-même dit dans Isaïe, ch. I, vers. 13: « Incensum abo- « minatio est. » — « L'encens m'est en abomination. »

[4] Captivité de Babylone. » (*Note de Racine.*)

[5] « Facta est quasi vidua domina gentium; princeps provincia- « rum facta est sub tributo. » — « La maîtresse des nations est de-

Dieu ne veut plus qu'on vienne à ses solennités [1] :
Temple, renverse-toi, cèdres, jetez des flammes.
 Jérusalem, objet de ma douleur,
Quelle main en un jour t'a ravi tous tes charmes?
Qui changera mes yeux en deux sources de larmes [2]
 Pour pleurer ton malheur?

AZARIAS.

O saint temple!

JOSABETH.

 O David!

LE CHOEUR.

 Dieu de Sion rappelle,
Rappelle en sa faveur tes antiques bontés.

(La symphonie recommence encore; et Joad, un moment
 après, l'interrompt.)

JOAD.

 Quelle Jérusalem nouvelle [3]

venue comme veuve; la reine des provinces a été assujettie au tribut. » (*Lament. Jerem.*, cap. I, vers. I.)

[1] « Calendas vestras et solemnitates vestras odivit anima mea:
« facta sunt mihi molesta, laboravi sustinens. » — « Je hais vos solennités des premiers jours des mois, et toutes les autres; elles me sont devenues à charge: je suis las de les souffrir. » (Is., c. II, v. 14.)

[2] « Quis dabit capiti meo aquam, et oculis meis fontem lacrymarum? » — « Qui donnera de l'eau à ma tête, et à mes yeux une fontaine de larmes? » (JER., cap. IX, vers. I.)

[3] L'Église. (*Note de Racine.*) « Quæ est ista quæ ascendit per de-
« sertum sicut virgulta fumi ex aromatibus mirrhæ et thuris, et uni-
« versi pulveris pigmentarii? » — « Qui est celle-ci qui s'élève du désert comme une fumée qui monte des parfums de myrrhe, d'encens, et de toutes sortes de poudres de senteur? » (*Cant. des cant.*, cap. III, vers. 6.)

Sort du fond du désert, brillante de clartés,
Et porte sur le front une marque immortelle?
  Peuples de la terre, chantez :
Jérusalem renaît plus charmante et plus belle.
  D'où lui viennent de tous côtés.
Ces enfants qu'en son sein elle n'a point portés [1]?
Lève, Jérusalem, lève ta tête altière;
Regarde tous ces rois de ta gloire étonnés;
Les rois des nations, devant toi prosternés,
  De tes pieds baisent la poussière;
Les peuples à l'envi marchent à ta lumière.
Heureux qui pour Sion d'une sainte ferveur
  Sentira son ame embrasée!
  Cieux, répandez votre rosée,
  Et que la terre enfante son Sauveur [2]!

JOSABETH.

Hélas! d'où nous viendra cette insigne faveur,
Si les rois de qui doit descendre ce Sauveur...

JOAD.

Préparez, Josabeth, le riche diadème.

---

[1] Les Gentils. (*Note de Racine.*)
[2] « Rorate, cœli, desuper, et nubes pluant justum ; aperiatur
« terra, et germinet Salvatorem. » — « Cieux, envoyez d'en haut
votre rosée, et que les nuées fassent descendre le juste comme une
pluie; que la terre s'ouvre, et qu'elle germe le Sauveur. » (ISAIE,
cap. XLV, vers. 8.)—Toute cette prophétie, composée de passages
de l'Écriture très bien liés ensemble, est peut-être le plus beau
morceau de poésie lyrique qu'il y ait en notre langue. Il a de plus
l'avantage d'être dramatique et très utile à l'action : il sert à remplir les lévites d'un enthousiasme divin ; il en fait des soldats invincibles, prêts à braver tous les dangers pour la défense de Joas et
du temple. (G.)

Que sur son front sacré David porta lui-même.
 (*aux lévites.*)
Et vous, pour vous armer, suivez-moi dans ces lieux
Où se garde caché, loin des profanes yeux,
Ce formidable amas de lances et d'épées [1]
Qui du sang philistin jadis furent trempées [2],
Et que David vainqueur, d'ans et d'honneurs chargé,
Fit consacrer au Dieu qui l'avoit protégé.
Peut-on les employer pour un plus noble usage?
Venez, je veux moi-même en faire le partage.

[1] « Deditque Joïada sacerdos centurionibus lanceas, clypeosque « et peltas regis David, quas consecraverat in domo Domini. » — « Le grand-prêtre Joïada donna aux centeniers les lances, les boucliers et les écussons du roi David, qu'il avoit consacrés dans la maison du Seigneur. (*Paralip.*, lib. II, xxiii, vers. 9.)

[2] Cette dernière circonstance d'un dépôt d'armes consacrées par David dans le temple, répand sur la fin de cet acte une ardeur guerrière qui l'anime et l'échauffe. Joad ne quitte la scène que pour armer ses prêtres. La Harpe pense qu'il y a peu d'action dans ce troisième acte. Cependant le second acte s'est terminé à l'interrogatoire d'Athalie; et à la fin du troisième, on s'arme pour défendre l'enfant qu'a réclamé Athalie par l'organe de Mathan. Le spectateur s'attend à voir fondre sur le temple les cohortes tyriennes. L'arrivée de Mathan, le développement de son caractère et de ses projets, l'exposition de son message, la manière dont il est reçu, l'expulsion ignominieuse de cet apostat, le conseil que tient Joad avec Josabeth sur l'ordre de la reine, sa résolution héroïque, ses inspirations prophétiques, ses mesures pour le couronnement de Joas, ses préparatifs de défense : il semble que, dans tout cela, il y a de quoi remplir suffisamment un acte d'une pièce dont l'action ne demande pas plus de trois ou quatre heures ; et Racine lui-même, le plus régulier des poètes, n'a point de tragédie dont la marche soit plus rapide. (G.)

SCENE VIII.

SALOMITH, LE CHOEUR.

SALOMITH.

Que de crainte, mes sœurs, que de troubles mortels !
  Dieu tout-puissant, sont-ce là les prémices,
    Les parfums et les sacrifices
Qu'on devoit en ce jour offrir sur tes autels ?

UNE DES FILLES DU CHOEUR.

  Quel spectacle à nos yeux timides !
  Qui l'eût cru qu'on dût voir jamais
Les glaives meurtriers, les lances homicides
    Briller dans la maison de paix ?

UNE AUTRE.

D'où vient que, pour son Dieu, pleine d'indifférence[1],
Jérusalem se tait en ce pressant danger ?
D'où vient, mes sœurs, que, pour nous protéger,

---

[1] Cette strophe et la suivante ne se trouvent point dans les premières éditions d'*Athalie*. « On craignit, dit La Harpe, que la « malignité n'en fît l'application à Louis XIV, et que les ennemis « de l'auteur, qui étoient très actifs à profiter de tout, ne se ser- « vissent de ces vers pour lui nuire. » Cette opinion n'est pas même plausible : ces vers ne furent point retranchés, puisqu'ils n'existoient pas ; ils furent au contraire ajoutés par Racine six ans après, dans un temps où les applications étoient plus faciles et plus dangereuses. Il eût été absurde de soupçonner des intentions malignes contre Louis XIV, dans une tragédie faite d'après ses ordres, par un poëte comblé des faveurs du monarque et de madame de Maintenon. (G.)

Le brave Abner au moins ne rompt pas le silence?

SALOMITH.

Hélas! dans une cour où l'on n'a d'autres lois
Que la force et la violence,
Où les honneurs et les emplois
Sont le prix d'une aveugle et basse obéissance,
Ma sœur, pour la triste innocence
Qui voudroit élever sa voix?

UNE AUTRE.

Dans ce péril, dans ce désordre extrême,
Pour qui prépare-t-on le sacré diadème?

SALOMITH.

Le Seigneur a daigné parler;
Mais ce qu'à son prophète il vient de révéler,
Qui pourra nous le faire entendre?
S'arme-t-il pour nous défendre?
S'arme-t-il pour nous accabler?

TOUT LE CHOEUR *chante.*

O promesse! ô menace! ô ténébreux mystère!
Que de maux, que de biens sont prédits tour-à-tour!
Comment peut-on avec tant de colère
Accorder tant d'amour?

UNE VOIX, *seule.*

Sion ne sera plus: une flamme cruelle
Détruira tous ses ornements.

UNE AUTRE VOIX.

Dieu protége Sion: elle a pour fondements
Sa parole éternelle.

LA PREMIÈRE.

Je vois tout son éclat disparoître à mes yeux.

LA SECONDE.

Je vois de toutes parts sa clarté répandue.

LA PREMIÈRE.

Dans un gouffre profond Sion est descendue.

LA SECONDE.

Sion a son front dans les cieux.

LA PREMIÈRE.

Quel triste abaissement!

LA SECONDE.

Quelle immortelle gloire!

LA PREMIÈRE.

Que de cris de douleur!

LA SECONDE.

Que de chants de victoire[1]!

UNE TROISIÈME.

Cessons de nous troubler : notre Dieu, quelque jour,
Dévoilera ce grand mystère.

TOUTES TROIS.

Révérons sa colère ;
Espérons en son amour.

UNE AUTRE.

D'un cœur qui t'aime,
Mon Dieu, qui peut troubler la paix?
Il cherche en tout ta volonté suprême,
Et ne se cherche jamais.

---

[1] N'est-il pas admirable que Racine ait trouvé le secret de reproduire, dans un simple chœur, les plus grandes beautés du dialogue de Polyeucte et de Pauline? (G.)

Sur la terre, dans le ciel même,
Est-il d'autre bonheur que la tranquille paix
D'un cœur qui t'aime ?

FIN DU TROISIÈME ACTE.

ACTE QUATRIÈME.

SCENE I.

JOAS, JOSABETH, ZACHARIE, SALOMITH,
UN LÉVITE, LE CHOEUR.

SALOMITH.

D'un pas majestueux, à côté de ma mère,
Le jeune Éliacin s'avance avec mon frère.
Dans ces voiles, mes sœurs, que portent-ils tous deux?
Quel est ce glaive enfin qui marche devant eux [1]?

JOSABETH, *à Zacharie.*

Mon fils, avec respect posez sur cette table
De notre sainte loi le livre redoutable.
Et vous aussi, posez, aimable Éliacin,
Cet auguste bandeau près du livre divin.
Lévite, il faut placer, Joad ainsi l'ordonne,
Le glaive de David auprès de sa couronne.

JOAS.

Princesse, quel est donc ce spectacle nouveau?

---

[1] Comme le glaive étoit porté en cérémonie, l'expression *qui marche* est aussi juste que poétique. (L. R.) Toute la pompe sacrée qui enrichit cet acte n'est point une vaine décoration, elle fait partie de l'action même, et parle au cœur comme aux yeux. Qui est-ce qui n'est pas ému quand Josabeth essaie en pleurant le bandeau de David sur le front d'un orphelin qui est sous le glaive? (L.)

Pourquoi ce livre saint, ce glaive, ce bandeau?
Depuis que le Seigneur m'a reçu dans son temple,
D'un semblable appareil je n'ai point vu d'exemple.

JOSABETH.

Tous vos doutes, mon fils, bientôt s'éclairciront.

JOAS.

Vous voulez essayer ce bandeau sur mon front?
Ah! princesse, gardez d'en profaner la gloire:
Du roi qui l'a porté respectez la mémoire.
Un malheureux enfant aux ours abandonné...

JOSABETH, *lui essayant le diadème.*

Laissez, mon fils : je fais ce qui m'est ordonné.

JOAS.

Mais j'entends les sanglots sortir de votre bouche!
Princesse, vous pleurez! Quelle pitié vous touche?
Est-ce qu'en holocauste aujourd'hui présenté,
Je dois, comme autrefois la fille de Jephté,
Du Seigneur par ma mort apaiser la colère?
Hélas! un fils n'a rien qui ne soit à son père.

JOSABETH.

Voici qui vous dira les volontés des cieux[1].
Ne craignez rien. Et nous, sortons tous de ces lieux[2].

---

[1] *Voici qui vous dira,* pour *voici celui qui vous dira;* licence poétique qui donne au vers plus de vivacité, mais dont on ne doit user qu'avec beaucoup de réserve. (G.)

[2] Ici le chœur, témoin des préparatifs du couronnement, sort avec Josabeth pour laisser Joad seul avec Joas, parcequ'il est contre la vraisemblance que ce chœur reste sur la scène dès qu'on y peut dire quelque chose qu'il ne doit point entendre. Cet artifice de Racine ressemble à celui de Sophocle, qui, dans *Ajax,* écarte le chœur du lieu de la scène, afin qu'Ajax puisse se tuer en

SCENE II.

JOAS, JOAD.

JOAS, *courant dans les bras du grand-prêtre.*
Mon père!

JOAD.
Hé bien, mon fils?

JOAS.
Qu'est-ce donc qu'on prépare?

JOAD.
Il est juste, mon fils, que je vous le déclare.
Il faut que vous soyez instruit, même avant tous,
Des grands desseins de Dieu sur son peuple et sur vous.
Armez-vous d'un courage et d'une foi nouvelle :
Il est temps de montrer cette ardeur et ce zéle
Qu'au fond de votre cœur mes soins ont cultivés,
Et de payer à Dieu ce que vous lui devez.
Sentez-vous cette noble et généreuse envie?

JOAS.
Je me sens prêt, s'il veut, de lui donner ma vie.

JOAD.
On vous a lu souvent l'histoire de nos rois :

---

présence du spectateur sans que personne s'y oppose. C'est un coup de maître, selon Racine, et le seul endroit des tragédies grecques où le chœur sorte de la scène depuis qu'il y est entré. « C'est un « bel artifice du poëte, ajoute-t-il, parceque les dernières paroles « d'Ajax étoient trop considérables pour être cachées aux yeux du « spectateur. » (*Sophocle* de Racine, appartenant à la bibliothèque du roi, page 34. (L. B.)

Vous souvient-il, mon fils, quelles étroites lois
Doit s'imposer un roi digne du diadème?

JOAS.

Un roi sage, ainsi Dieu l'a prononcé lui-même,
Sur la richesse et l'or ne met point son appui [1],
Craint le Seigneur son Dieu, sans cesse a devant lui
Ses préceptes, ses lois, ses jugements sévères,
Et d'injustes fardeaux n'accable point ses frères [2].

JOAD.

Mais sur l'un de ces rois s'il falloit vous régler,
A qui choisiriez-vous, mon fils, de ressembler?

JOAS.

David, pour le Seigneur plein d'un amour fidèle,
Me paroît des grands rois le plus parfait modèle.

---

[1] L'académie prétend qu'on ne dit pas *mettre son appui sur*, mais *en* ou *dans*. Cependant il y a ici analogie avec cette expression, *fonder son appui sur une chose*, expression dont Racine a déjà fait usage dans *Esther*.

[2] DEUTER., chap. XVII. (*Note de Racine*.) « Cùmque fuerit constitutus, non multiplicabit sibi equos... Non habebit... argenti et auri immensa pondera... Describet sibi Deuteronomium legis hujus in volumine... Habebit secum, legetque illud omnibus diebus vitæ suæ ut discat timere Dominum Deum suùm, et custodire verba et cæremonias ejus, quæ in lege præcepta sunt : nec elevetur cor ejus in superbiam super fratres suos. » — « Et lorsqu'il sera établi roi, il n'amassera point un grand nombre de chevaux; il n'aura point une quantité immense d'or et d'argent. Après qu'il sera assis sur son trône, il fera transcrire pour soi, dans un livre, ce Deutéronome et cette loi du Seigneur; il l'aura avec soi, et il la lira tous les jours de sa vie, afin qu'il apprenne à craindre le Seigneur son Dieu, et à garder ses paroles et ses cérémonies, qui sont prescrites dans la loi : que son cœur ne s'élève point d'orgueil au-dessus de ses frères. »

ACTE IV, SCÈNE II.

JOAD.

Ainsi dans leurs excès vous n'imiteriez pas
L'infidèle Joram, l'impie Ochosias[1]?

JOAS.

O mon père!

JOAD.

Achevez, dites : que vous en semble?

JOAS.

Puisse périr comme eux quiconque leur ressemble!
(*Joad se prosterne à ses pieds.*)
Mon père, en quel état vous vois-je devant moi!

JOAD.

Je vous rends le respect que je dois à mon roi.
De votre aïeul David, Joas, rendez-vous digne.

JOAS.

Joas! Moi?

JOAD, *se relevant.*

Vous saurez par quelle grace insigne,
D'une mère en fureur Dieu trompant le dessein,
Quand déjà son poignard étoit dans votre sein,
Vous choisit, vous sauva du milieu du carnage.
Vous n'êtes pas encore échappé de sa rage[2] :
Avec la même ardeur qu'elle voulut jadis

---

[1] Quelle grandeur! quel pathétique dans cet examen que le grand-prêtre fait subir à Joas! On est saisi d'admiration en songeant aux créations extraordinaires de Racine, dont le génie a tiré d'un fond si simple des beautés si neuves, si extraordinaires, des beautés à part, qui ne ressemblent à rien de ce que nous avions dans le genre tragique, et qui sont au-dessus de tout. (G.)

[2] La grammaire exigeoit *échappé à sa rage. Échapper à,* c'est sortir d'un danger, c'est éviter l'action d'une cause qui tend à

ATHALIE.

Perdre en vous le dernier des enfants de son fils,
A vous faire périr sa cruauté s'attache,
Et vous poursuit encor sous le nom qui vous cache.
Mais sous vos étendards j'ai déja su ranger
Un peuple obéissant et prompt à vous venger.

Entrez, généreux chefs des familles sacrées,
Du ministère saint tour-à-tour honorées.

SCENE III.

JOAS, JOAD, AZARIAS, ISMAEL, ET LES TROIS AUTRES CHEFS DES LÉVITES.

JOAD *continue*.

Roi, voilà vos vengeurs contre vos ennemis [1].
Prêtres, voilà le roi que je vous ai promis [2]..

AZARIAS.

Quoi! c'est Éliacin?

---

nuire : *échapper de*, c'est sortir d'un lieu ou d'une circonstance où l'on étoit retenu malgré soi.

[1] « Anno autem septimo misit Joïada et assumere centuriones « et milites; introduxit ad se in templum Domini, pepigitque cum « eis fœdus; et adjurans eos in domo Domini ostendit eis filium re- « gis. » — « La septième année Joïada envoya querir les centeniers et les soldats; il les fit entrer dans le temple du Seigneur, et fit un traité avec eux, et leur fit prêter le serment dans la maison du Seigneur, en leur montrant le fils du roi. » (*Reg.*, lib. IV, cap. XI, vers. 4.)

[2] « Ecce filius regis regnabit, sicut locutus est Dominus super « filios David. » — « Voilà le fils du roi : c'est lui qui doit régner, selon ce que le Seigneur a prononcé en faveur de tous les descendants de David. » (*Paral.*, lib. II, cap. XXIII, vers. 3.)

ACTE IV, SCÈNE III.

ISMAEL.
Quoi! cet enfant aimable...
JOAD.
Est des rois de Juda l'héritier véritable,
Dernier né des enfants du triste Ochosias,
Nourri, vous le savez, sous le nom de Joas.
De cette fleur si tendre et sitôt moissonnée,
Tout Juda, comme vous, plaignant la destinée,
Avec ses frères morts le crut enveloppé.
Du perfide couteau comme eux il fut frappé;
Mais Dieu du coup mortel sut détourner l'atteinte,
Conserva dans son cœur la chaleur presque éteinte,
Permit que, des bourreaux trompant l'œil vigilant,
Josabeth dans son sein l'emportât tout sanglant,
Et, n'ayant de son vol que moi seul pour complice,
Dans le temple cachât l'enfant et la nourrice.
JOAS.
Hélas! de tant d'amour et de tant de bienfaits,
Mon père, quel moyen de m'acquitter jamais?
JOAD.
Gardez pour d'autres temps cette reconnoissance.
Voilà donc votre roi, votre unique espérance.
J'ai pris soin jusqu'ici de vous le conserver :
Ministres du Seigneur, c'est à vous d'achever.
Bientôt de Jézabel la fille meurtrière,
Instruite que Joas voit encor la lumière,
Dans l'horreur du tombeau viendra le replonger :
Déja, sans le connaître, elle veut l'égorger.
Prêtres saints, c'est à vous de prévenir sa rage :
Il faut finir des Juifs le honteux esclavage,

Venger vos princes morts, relever votre loi,
Et faire aux deux tribus reconnoître leur roi.
L'entreprise, sans doute, est grande et périlleuse :
J'attaque sur son trône une reine orgueilleuse,
Qui voit sous ses drapeaux marcher un camp nombreux
De hardis étrangers, d'infidèles Hébreux ;
Mais ma force est au Dieu dont l'intérêt me guide[1].
Songez qu'en cet enfant tout Israël réside.
Déja ce Dieu vengeur commence à la troubler ;
Déja, trompant ses soins, j'ai su vous rassembler.
Elle nous croit ici sans armes, sans défense.
Couronnons, proclamons Joas en diligence :
De là, du nouveau prince intrépides soldats,
Marchons, en invoquant l'arbitre des combats ;
Et réveillant la foi dans les cœurs endormie,
Jusque dans son palais cherchons notre ennemie.

 Et quels cœurs si plongés dans un lâche sommeil,
Nous voyant avancer dans ce saint appareil,

---

[1] Sans la foi de Joad et la puissance divine, son entreprise ne seroit pas *grande et périlleuse* : elle seroit téméraire, insensée ; et l'extrême disproportion des moyens avec la fin dépouilleroit l'action de tout intérêt. D'un autre côté, si l'on étoit sûr d'un miracle, il n'y auroit ni terreur ni pitié ; mais l'espérance et la crainte se balancent. On admire l'intrépidité du grand-prêtre, parceque sa confiance en Dieu est fondée, sans qu'il ait cependant aucune certitude du succès, puisque les desseins de Dieu sont impénétrables, et qu'il permet souvent le triomphe de l'impie par des raisons inconnues aux mortels. Toute l'action est donc au plus haut degré intéressante et théâtrale. Le poëte, dit Louis Racine, pouvoit mettre *ma force est dans le Dieu* ; il a cru pouvoir dire *ma force est au Dieu*. Non seulement Racine a eu raison de le croire, mais il a bien fait de préférer ce dernier tour plus vif, plus poétique, et plus dans le génie de l'Écriture. (G.)

Ne s'empresseront pas à suivre notre exemple?
Un roi, que Dieu lui-même a nourri dans son temple,
Le successeur d'Aaron de ses prêtres suivi,
Conduisant au combat les enfants de Lévi,
Et, dans ces mêmes mains des peuples révérées,
Les armes au Seigneur par David consacrées !
Dieu sur ses ennemis répandra sa terreur.
Dans l'infidèle sang baignez-vous sans horreur;
Frappez et Tyriens, et même Israélites [1].
Ne descendez-vous pas de ces fameux lévites [2]
Qui, lorsqu'au dieu du Nil le volage Israël
Rendit dans le désert un culte criminel,

---

[1] Ce vers, mal interprété, a fourni des armes aux ennemis de la religion : ils ont dit que Joad parloit en fanatique sanguinaire, qui excite ses prêtres au massacre des Israélites : ils n'ont pas vu que Joad parle ici en héros prêt à verser son sang pour son Dieu et pour son roi, et que les Israélites qu'il veut que l'on frappe ne sont plus des Israélites, mais des infidèles, des traîtres et des rebelles, des ennemis de leur roi et de leur Dieu. Nulle part le pontife ne déploie un enthousiasme aussi belliqueux; car il ne veut pas attendre son ennemi dans le temple : il veut l'aller chercher dans son palais. Les historiens latins sont remplis de belles harangues de généraux à leur armée; aucune n'est plus vive, plus éloquente que ce discours de Joad. (G.)

[2] « Congregatique sunt ad eum omnes filii Levi, quibus ait : Dicit Dominus, Deus Israël : ponat vir gladium super femur suum... et occidat unusquisque fratrem, et amicum, et proximum suum. Feceruntque filii Levi juxta sermonem Moysi. » — « Et les enfants de Lévi s'étant tous assemblés autour de lui, il leur dit : Voici ce que dit le Seigneur, Dieu d'Israël : que chaque homme mette son épée à son côté... et que chacun tue son frère, son ami, et celui qui lui est plus proche. Les enfants de Lévi firent ce que Moïse avoit ordonné. » (*Exod.*, c. XXXII, v. 26, 27 et 28.)

De leurs plus chers parents saintement homicides,
Consacrèrent leurs mains dans le sang des perfides,
Et par ce noble exploit vous acquirent l'honneur
D'être seuls employés aux autels du Seigneur?
 Mais je vois que déjà vous brûlez de me suivre.
Jurez donc, avant tout, sur cet auguste livre[1],
A ce roi que le ciel vous redonne aujourd'hui,
De vivre, de combattre, et de mourir pour lui.

AZARIAS.

Oui, nous jurons ici pour nous, pour tous nos frères,
De rétablir Joas au trône de ses pères,
De ne poser le fer entre nos mains remis,
Qu'après l'avoir vengé de tous ses ennemis.
Si quelque transgresseur enfreint cette promesse,
Qu'il éprouve, grand Dieu, ta fureur vengeresse;
Qu'avec lui ses enfants, de ton partage exclus,
Soient au rang de ces morts que tu ne connois plus[2]!

JOAD.

Et vous, à cette loi, votre règle éternelle,
Roi, ne jurez-vous pas d'être toujours fidèle?

---

[1] « Et eduxerunt filium regis, et imposuerunt ei diadema, et « testimonium, dederuntque in manu ejus tenendam legem, et con- « stituerunt eum regem : unxit quoque illum Joïada pontifex. — « Ensuite ils amenèrent le fils du roi, et lui mirent la couronne sur la tête; ils le revêtirent des ornements de sa dignité, lui mirent dans la main le livre de la loi, et le déclarèrent roi. Le grand-prêtre Joïada l'oignit et le sacra. » (*Paral.*, lib. II, cap. XXIII, vers. 11.)

[2] « Sicut vulnerati dormientes in sepulchris quorum non es me- « mor ampliùs. » — « Comme ceux qui ayant été blessés à mort, dorment dans les sépulcres, dont vous ne vous souvenez plus. » (Ps. LXXXVII, vers. 6.)

JOAS.

Pourrois-je à cette loi ne me pas conformer?

JOAD.

O mon fils, de ce nom j'ose encor vous nommer,
Souffrez cette tendresse, et pardonnez aux larmes
Que m'arrachent pour vous de trop justes alarmes.
Loin du trône nourri, de ce fatal honneur,
Hélas! vous ignorez le charme empoisonneur;
De l'absolu pouvoir vous ignorez l'ivresse,
Et des lâches flatteurs la voix enchanteresse.
Bientôt ils vous diront que les plus saintes lois,
Maîtresses du vil peuple, obéissent aux rois;
Qu'un roi n'a d'autre frein que sa volonté même;
Qu'il doit immoler tout à sa grandeur suprême;
Qu'aux larmes, au travail, le peuple est condamné,
Et d'un sceptre de fer veut être gouverné;
Que s'il n'est opprimé, tôt ou tard il opprime:
Ainsi de piége en piége, et d'abyme en abyme [1],
Corrompant de vos mœurs l'aimable pureté,
Ils vous feront enfin haïr la vérité,
Vous peindront la vertu sous une affreuse image.
Hélas! ils ont des rois égaré le plus sage [2].

Promettez sur ce livre, et devant ces témoins,
Que Dieu fera toujours le premier de vos soins;
Que, sévère aux méchants, et des bons le refuge,
Entre le pauvre et vous, vous prendrez Dieu pour juge;
Vous souvenant, mon fils, que, caché sous ce lin [3],

---

[1] Cette rime est vicieuse; on ne doit point faire rimer une longue avec une brève. (*Acad.*) — [2] Salomon.

[3] Fénélon semble s'être rappelé ces deux vers, lorsque, dans le

Comme eux vous fûtes pauvre, et comme eux orphelin[1].
JOAS.
Je promets d'observer ce que la loi m'ordonne.
Mon Dieu, punissez-moi si je vous abandonne!
JOAD.
Venez : de l'huile sainte il faut vous consacrer.
Paroissez, Josabeth : vous pouvez vous montrer!

SCENE IV.

JOAS, JOAD, JOSABETH, ZACHARIE, SALOMITH, AZARIAS, ISMAEL, LES TROIS AUTRES CHEFS DES LÉVITES, LE CHOEUR.

JOSABETH, *embrassant Joas.*
O roi, fils de David!
JOAS.
O mon unique mère!
Venez, cher Zacharie, embrasser votre frère.
JOSABETH, *à Zacharie.*
Aux pieds de votre roi prosternez-vous, mon fils.
(*Zacharie se jette aux pieds de Joas.*)
JOAD, *pendant qu'ils s'embrassent.*
Enfants, ainsi toujours puissiez-vous être unis[2]!

---

livre II de *Télémaque*, il dit : « Quand tu seras le maître des autres « hommes, souviens-toi que tu as été foible, pauvre et souffrant « comme eux. »

[1] Le charme du style et l'intérêt de la scène ne sauroient aller plus loin. C'est par-tout un genre d'émotion qui étoit inconnu au théâtre, et qu'on n'y a pas retrouvé depuis. (L.)

[2] Joas, dans la suite ingrat et rebelle envers Dieu, fit périr Za-

ACTE IV, SCÈNE IV.

JOSABETH, *à Joas.*

Vous savez donc quel sang vous a donné la vie?

JOAS.

Et je sais quelle main sans vous me l'eût ravie.

JOSABETH.

De votre nom, Joas, je puis donc vous nommer.

JOAS.

Joas ne cessera jamais de vous aimer.

LE CHOEUR.

Quoi! c'est là...

JOSABETH.

C'est Joas.

JOAD.

Écoutons ce lévite.

SCENE V.

JOAS, JOAD, JOSABETH, ZACHARIE, SALOMITH, AZARIAS, ISMAEL, LES TROIS AUTRES CHEFS DES LÉVITES, UN LÉVITE, LE CHOEUR.

UN LÉVITE.

J'ignore contre Dieu quel projet on médite [1];
Mais l'airain menaçant frémit de toutes parts;

---

charie, fils et successeur de celui qui lui avoit servi de père. Si le vers de Joad étoit une prophétie, elle refroidiroit l'intérêt que Joas inspire; mais ce n'est qu'un souhait : les acteurs ignorent, et les spectateurs sont supposés ignorer en ce moment ce qui se passa trente ans après. (G.)

[1] A peine Joas est-il couronné, à peine le spectateur a-t-il eu le temps de se livrer à des impressions si douces, que le poëte vient

On voit luire des feux parmi des étendards,
Et sans doute Athalie assemble son armée :
Déja même au secours toute voie est fermée ;
Déja le sacré mont, où le temple est bâti,
D'insolents Tyriens est par-tout investi ;
L'un d'eux, en blasphémant, vient de nous faire entendre
Qu'Abner est dans les fers, et ne peut nous défendre.

JOSABETH, *à Joas.*

Cher enfant, que le ciel en vain m'avoit rendu,
Hélas ! pour vous sauver, j'ai fait ce que j'ai pu :
Dieu ne se souvient plus de David votre père !

JOAD, *à Josabeth.*

Quoi ! vous ne craignez pas d'attirer sa colère
Sur vous et sur ce roi si cher à votre amour?
Et quand Dieu, de vos bras l'arrachant sans retour,
Voudroit que de David la maison fût éteinte,
N'êtes-vous pas ici sur la montagne sainte
Où le père des Juifs sur son fils innocent [1]
Leva sans murmurer un bras obéissant,
Et mit sur un bûcher ce fruit de sa vieillesse,
Laissant à Dieu le soin d'accomplir sa promesse,
Et lui sacrifiant, avec ce fils aîné,
Tout l'espoir de sa race, en lui seul renfermé?
　Amis, partageons-nous : qu'Ismaël en sa garde [2]
Prenne tout le côté que l'orient regarde ;

---

jeter la terreur tout au travers de cette pompe et de cette alégresse. Cette marche est parfaite. (L.)

[1] Abraham. (*Note de Racine.*)

[2] « Tertia pars vestrum qui veniunt ad sabbatum, sacerdotum, « et levitarum, et janitorum, erit in portis ; tertia verò pars ad do-

ACTE IV, SCÈNE V.

Vous, le côté de l'ourse; et vous, de l'occident;
Vous, le midi. Qu'aucun, par un zéle imprudent,
Découvrant mes desseins, soit prêtre, soit lévite,
Ne sorte avant le temps, et ne se précipite;
Et que chacun enfin, d'un même esprit poussé [1],
Garde en mourant le poste où je l'aurai placé.
L'ennemi nous regarde, en son aveugle rage,
Comme de vils troupeaux réservés au carnage,
Et croit ne rencontrer que désordre et qu'effroi.
Qu'Azarias par-tout accompagne le roi.

(*à Joas.*)

Venez, cher rejeton d'une vaillante race,
Remplir vos défenseurs d'une nouvelle audace;
Venez du diadême à leurs yeux vous couvrir,
Et périssez du moins en roi, s'il faut périr.

(*à un lévite.*)

Suivez-le, Josabeth. Vous, donnez-moi ces armes.

(*au chœur.*)

Enfants, offrez à Dieu vos innocentes larmes.

« mum regis, et tertia ad portam quæ appellatur Fundamenti; omne
« verò reliquum vulgus sit in atriis domus Domini. » — « La troisième
partie de vous tous, prêtres, lévites et portiers, qui venez pour
faire votre semaine dans le temple, gardera les portes; l'autre troisième partie se placera vers le palais du roi, et la troisième à la
porte que l'on nomme du Fondement : le reste du peuple se tiendra
dans le parvis de la maison du Seigneur. » (*Paral.*, l. II, c. XXIII,
vers. 5.)

[1] *Poussé* n'est pas noble, ni digne de la situation. (*Acad.*)

SCENE VI.

SALOMITH, LE CHOEUR.

TOUT LE CHOEUR *chante*.

Partez, enfants d'Aaron, partez :
Jamais plus illustre querelle
De vos aïeux n'arma le zéle.
Partez, enfants d'Aaron, partez :
C'est votre roi, c'est Dieu pour qui vous combattez.

UNE VOIX, *seule*.

Où sont les traits que tu lances,
Grand Dieu, dans ton juste courroux ?
N'es-tu plus le Dieu jaloux ?
N'es-tu plus le Dieu des vengeances ?

UNE AUTRE.

Où sont, Dieu de Jacob, tes antiques bontés ?
Dans l'horreur qui nous environne,
N'entends-tu que la voix de nos iniquités ?
N'es-tu plus le Dieu qui pardonne ?

TOUT LE CHOEUR.

Où sont, Dieu de Jacob, tes antiques bontés ?

UNE VOIX, *seule*.

C'est à toi que dans cette guerre
Les flèches des méchants prétendent s'adresser.
« Faisons, disent-ils, cesser
« Les fêtes de Dieu sur la terre [1] ;

---

[1] « Quiescere faciamus omnes dies festos Dei à terrâ. » (Ps. LXXIII, vers. 8.)

ACTE IV, SCÈNE VI.

« De son joug importun délivrons les mortels ;
« Massacrons tous ses saints ; renversons ses autels ;
   « Que de son nom, que de sa gloire
   « Il ne reste plus de mémoire ;
« Que ni lui ni son Christ ne régnent plus sur nous. »

TOUT LE CHOEUR.

   Où sont les traits que tu lances,
   Grand Dieu, dans ton juste courroux ?
   N'es-tu plus le Dieu jaloux ?
   N'es-tu plus le Dieu des vengeances ?

UNE VOIX, *seule*.

   Triste reste de nos rois,
Chère et dernière fleur d'une tige si belle,
Hélas ! sous le couteau d'une mère cruelle
Te verrons-nous tomber une seconde fois ?
Prince aimable, dis-nous si quelque ange, au berceau,
Contre tes assassins prit soin de te défendre ;
   Ou si dans la nuit du tombeau
La voix du Dieu vivant a ranimé ta cendre ?

UNE AUTRE.

D'un père et d'un aïeul contre toi révoltés,
Grand Dieu, les attentats lui sont-ils imputés ?
Est-ce que sans retour ta pitié l'abandonne ?

LE CHOEUR.

Où sont, Dieu de Jacob, tes antiques bontés ?
   N'es-tu plus le Dieu qui pardonne ?

UNE DES FILLES DU CHOEUR, *sans chanter*.

   Chères sœurs, n'entendez-vous pas
Des cruels Tyriens la trompette qui sonne ?

SALOMITH.

J'entends même les cris des barbares soldats,
  Et d'horreur j'en frissonne.
 Courons, fuyons; retirons-nous
   A l'ombre salutaire
  Du redoutable sanctuaire.

FIN DU QUATRIÈME ACTE.

ACTE CINQUIÈME.

SCENE I.

ZACHARIE, SALOMITH, LE CHOEUR.

SALOMITH.

Cher Zacharie, hé bien? que nous apprenez-vous [1]?

ZACHARIE.

Redoublez au Seigneur votre ardente prière :
Peut-être nous touchons à notre heure dernière;
Pour l'horrible combat, ma sœur, l'ordre est donné.

SALOMITH.

Que fait Joas?

ZACHARIE.

Joas vient d'être couronné :
Le grand-prêtre a sur lui répandu l'huile sainte.
Oh ciel! dans tous les yeux quelle joie étoit peinte
A l'aspect de ce roi racheté du tombeau!
Ma sœur, on voit encor la marque du couteau;
On voit paraître aussi sa fidéle nourrice,

---

[1] Ce vers, qui ne trouve sa rime que dans le chœur qui termine l'acte précédent, indique qu'il n'y a jamais d'entr'acte dans cette pièce (quand on la joue avec les chœurs), que la scène n'y est jamais vide, et que Salomith doit aller au-devant de Zacharie à l'instant même où les filles du chœur se retirent dans l'enceinte intérieure. (L.)

Qui, cachée en un coin de ce vaste édifice,
Gardoit ce cher dépôt, et n'avoit de ses soins
Que les yeux de ma mère et que Dieu pour témoins.
Nos lévites pleuroient de joie et de tendresse,
Et mêloient leurs sanglots à leurs cris d'alégresse.
Lui, parmi ces transports, affable et sans orgueil [1],
A l'un tendoit la main, flattoit l'autre de l'œil,
Juroit de se régler par leurs avis sincères,
Et les appeloit tous ses pères ou ses frères.

SALOMITH.

Ce secret au-dehors est-il aussi semé?

ZACHARIE.

Ce secret dans le temple est encor renfermé.
Des enfants de Lévi la troupe partagée
Dans un profond silence aux portes s'est rangée.
Tous doivent à-la-fois précipiter leurs pas,
Et crier pour signal : Vive le roi Joas !
Mais mon père défend que le roi se hasarde,
Et veut qu'Azarias demeure pour sa garde.
Cependant Athalie, un poignard à la main,
Rit des foibles remparts de nos portes d'airain.
Pour les rompre, elle attend les fatales machines,
Et ne respire enfin que sang et que ruines.
Quelques prêtres, ma sœur, ont d'abord proposé
Qu'en un lieu souterrain, par nos pères creusé,
On renfermât du moins notre arche précieuse.
« O crainte, a dit mon père, indigne, injurieuse!
« L'arche qui fit tomber tant de superbes tours,

---

[1] Le mot *affable* étoit alors nouveau. Il fut condamné par Patru, mais Racine le consacra par l'heureux emploi qu'il en fit.

ACTE V, SCÈNE I.

« Et força le Jourdain de rebrousser son cours,
« Des dieux des nations tant de fois triomphante,
« Fuiroit donc à l'aspect d'une femme insolente ! »
Ma mère, auprès du roi, dans un trouble mortel,
L'œil tantôt sur ce prince et tantôt vers l'autel[1],
Muette, et succombant sous le poids des alarmes,
Aux yeux les plus cruels arracheroit des larmes.
Le roi de temps en temps la presse entre ses bras,
La flatte... Chères sœurs, suivez toutes mes pas;
Et, s'il faut aujourd'hui que notre roi périsse,
Allons, qu'un même sort avec lui nous unisse.

SALOMITH.

Quelle insolente main frappe à coups redoublés?
Qui fait courir ainsi ces lévites troublés?
Quelle précaution leur fait cacher leurs armes?
Le temple est-il forcé?

ZACHARIE.

Dissipez vos alarmes:
Dieu nous envoie Abner.

SCÈNE II.

JOAD, JOSABETH, ZACHARIE, SALOMITH, ABNER, ISMAEL, DEUX LÉVITES, LE CHOEUR.

JOAD.

En croirai-je mes yeux,
Cher Abner? Quel chemin a pu jusqu'en ces lieux

---

[1] Il est à remarquer que, dans ce sujet si simple, tout est tableau. Quand le tableau n'est pas sur la scène, il est dans les vers du

Vous conduire au travers d'un camp qui nous assiége?
On disoit que d'Achab la fille sacrilége
Avoit, pour assurer ses projets inhumains,
Chargé d'indignes fers vos généreuses mains.

ABNER.

Oui, seigneur, elle a craint mon zéle et mon courage;
Mais c'est le moindre prix que me gardoit sa rage.
Dans l'horreur d'un cachot, par son ordre enfermé,
J'attendois que, le temple en cendres consumé,
De tant de flots de sang non encore assouvie,
Elle vînt m'affranchir d'une importune vie,
Et retrancher des jours qu'auroit dû mille fois
Terminer la douleur de survivre à mes rois.

JOAD.

Par quel miracle a-t-on obtenu votre grace?

ABNER.

Dieu dans ce cœur cruel sait seul ce qui se passe.
Elle m'a fait venir; et d'un air égaré:
« Tu vois de mes soldats tout ce temple entouré,
« Dit-elle; un feu vengeur va le réduire en cendre,
« Et ton Dieu contre moi ne le sauroit défendre.
« Ses prêtres toutefois, mais il faut se hâter,
« A deux conditions peuvent se racheter:
« Qu'avec Éliacin on mette en ma puissance
« Un trésor dont je sais qu'ils ont la connoissance,
« Par votre roi David autrefois amassé,
« Sous le sceau du secret au grand-prêtre laissé.

poëte. Joad, Josabeth, Joas, ne sont pas là, et on les voit comme s'ils y étoient, chacun d'eux avec les traits qui leur conviennent. (L.)

« Va, dis-leur qu'à ce prix je leur permets de vivre [1]. »

JOAD.

Quel conseil, cher Abner, croyez-vous qu'on doit suivre?

ABNER.

Et tout l'or de David, s'il est vrai qu'en effet [2]
Vous gardiez de David quelque trésor secret;
Et tout ce que des mains de cette reine avare
Vous avez pu sauver et de riche et de rare,
Donnez-le. Voulez-vous que d'impurs assassins
Viennent briser l'autel, brûler les chérubins [3],

[1] On a blâmé le choix qu'Athalie fait d'Abner pour porter au grand-prêtre ses dernières propositions; elle ne pouvoit pas en faire un meilleur; car elle a craint de perdre le trésor dans le pillage du temple, comme elle l'avoue ici; et si quelqu'un pouvoit engager l'inflexible Joad à des mesures de conciliation, c'étoit certainement Abner. Tel est l'avantage d'un plan bien conçu, que chaque objection y fait découvrir un mérite, et que l'injustice des critiques montre la sagesse de l'auteur. (L.)

[2] Cette invention d'*un trésor caché*, qui est de l'auteur, est très ingénieuse. Il s'ensuit qu'Athalie, trompée par son *avarice*, a l'air de se précipiter elle-même dans le piège au lieu d'y être attirée par Joad. Il n'y songeoit nullement; il vouloit même aller *la chercher jusque dans son palais*, mais elle vient se livrer entre ses mains. Il voit que c'est Dieu qui la conduit à sa perte, et il laisse faire Dieu et *son ennemie*. C'est ce que Louis Racine a très bien senti et expliqué. (L.)

[3] *D'impurs assassins*, les Tyriens qui composoient l'armée d'Athalie : tous les incirconcis étoient impurs. *Brûler les Chérubins*. « Et fecit in Oraculo duos Cherubim de lignis olivarum, decem cu- « bitorum altitudinis. » — « Il (Salomon) fit dans l'Oracle (le sanctuaire) deux Chérubins de bois d'olivier, qui avoient dix coudées de haut. » (*Reg.*, lib. III, cap. VI, vers. 23.) Ces deux chérubins couvroient l'arche de leurs ailes, et enfermoient l'arche et les deux autres chérubins d'or que Moïse avoit placés au-dessus. (G.)

Et, portant sur notre arche une main téméraire,
De votre propre sang souiller le sanctuaire?

JOAD.

Mais siéroit-il, Abner, à des cœurs généreux
De livrer au supplice un enfant malheureux,
Un enfant que Dieu même à ma garde confie,
Et de nous racheter aux dépens de sa vie?

ABNER.

Hélas! Dieu voit mon cœur. Plût à ce Dieu puissant
Qu'Athalie oubliât un enfant innocent,
Et que du sang d'Abner sa cruauté contente
Crût calmer par ma mort le ciel qui la tourmente!
Mais que peuvent pour lui vos inutiles soins?
Quand vous périrez tous, en périra-t-il moins?
Dieu vous ordonne-t-il de tenter l'impossible?
Pour obéir aux lois d'un tyran inflexible,
Moïse, par sa mère au Nil abandonné,
Se vit, presque en naissant, à périr condamné;
Mais Dieu, le conservant contre toute espérance,
Fit par le tyran même élever son enfance.
Qui sait ce qu'il réserve à votre Éliacin;
Et si, lui préparant un semblable destin,
Il n'a point de pitié déja rendu capable
De nos malheureux rois l'homicide implacable?
Du moins, et Josabeth comme moi l'a pu voir,
Tantôt à son aspect je l'ai vu s'émouvoir[1];

---

[1] Suivant la remarque de l'académie, la grammaire exigeoit; je
l'ai vue s'émouvoir, j'ai vu *elle* qui s'émouvoit. Voltaire a fait la
même faute dans la scène II de l'acte IV de *Tancrède*; mais on sait
que Voltaire prétendoit que si dans ce cas on ne laissoit pas aux

J'ai vu de son courroux tomber la violence.
Princesse, en ce péril vous gardez le silence !
Hé quoi ! pour un enfant qui vous est étranger
Souffrez-vous que sans fruit Joad laisse égorger
Vous, son fils, tout ce peuple, et que le feu dévore
Le seul lieu sur la terre où Dieu veut qu'on l'adore ?
Que feriez-vous de plus, si des rois vos aïeux
Ce jeune enfant étoit un reste précieux ?

JOSABETH, *tout bas à Joad.*

Pour le sang de ses rois vous voyez sa tendresse :
Que ne lui parlez-vous ?

JOAD.

Il n'est pas temps, princesse [1].

ABNER.

Le temps est cher, seigneur, plus que vous ne pensez.
Tandis qu'à me répondre ici vous balancez,
Mathan, près d'Athalie, étincelant de rage,
Demande le signal, et presse le carnage.
Faut-il que je me jette à vos sacrés genoux ?
Au nom du lieu si saint qui n'est ouvert qu'à vous,
Lieu terrible où de Dieu la majesté repose,
Quelque duré que soit la loi qu'on vous impose,
De ce coup imprévu songeons à nous parer.
Donnez-moi seulement le temps de respirer :

poëtes la liberté de faire le participe déclinable ou indéclinable à volonté, ils devoient renoncer à faire des vers. Malgré cette décision la règle subsiste, même pour les poëtes.

[1] Quelle fidélité dans la peinture des mœurs ! Josabeth, vive et sensible, veut que le grand-prêtre mette Abner dans sa confidence ; le grand-prêtre, impassible, oppose à l'impatience le calme d'une prudence consommée. (G.)

Demain, dès cette nuit, je prendrai des mesures
Pour assurer le temple et venger ses injures.
Mais je vois que mes pleurs et que mes vains discours
Pour vous persuader sont un foible secours;
Votre austère vertu n'en peut être frappée :
Hé bien! trouvez-moi donc quelque arme, quelque épée;
Et qu'aux portes du temple, où l'ennemi m'attend,
Abner puisse du moins mourir en combattant.

JOAD.

Je me rends. Vous m'ouvrez un avis que j'embrasse :
De tant de maux, Abner, détournons la menace.
Il est vrai, de David un trésor est resté [1],

---

[1] Nul doute que la conduite du grand-prêtre, en cette occasion, ne soit dramatique et conforme à la prudence humaine. Mais le poëte avoit à se justifier d'avoir prêté à un pontife inspiré un moyen qui paroît contraire à l'esprit de Dieu. Racine, qui prévoyoit l'objection, avoit préparé d'avance la réponse. Parmi ses manuscrits conservés à la bibliothèque royale, on trouve le recueil des matériaux qu'il avoit amassés pour construire le plan et motiver les incidents de cette tragédie. Voici la note relative *au trésor de David* : « Pour justifier l'équivoque du grand-prêtre si on l'attaque : 1° « Solvite templum hoc, et in tribus diebus excitabo « illud. » (S. JOAN., cap. II, vers. 19.) * 2° Martyre de saint Laurent, à qui le juge demanda les trésors de l'Église : « A quo cum « quærerentur thesauri ecclesiæ, promisit demonstraturum se. Se- « quenti die pauperes duxit. Interrogatus ubi essent thesauri quos « promiserat, ostendit pauperes dicens : Hi sunt thesauri eccle- « siæ... Laurentius pro singulari suæ interpretationis vivacitate sa- « cram martyrii accepit coronam. « (S. AMBR., *de Offic*.) Dans Prudence, saint Laurent demande du temps pour calculer la somme.

* Jésus-Christ parloit de sa mort et de sa résurrection d'une manière figurée; les Juifs prirent ses paroles au sens propre, et l'accusèrent devant Pilate d'avoir dit qu'il pouvoit détruire le temple de Dieu.

La garde en fut commise à ma fidélité;
C'étoit des tristes Juifs l'espérance dernière,
Que mes soins vigilants cachoient à la lumière.
Mais puisqu'à votre reine il faut le découvrir,
Je vais la contenter, nos portes vont s'ouvrir.
De ses plus braves chefs qu'elle entre accompagnée;
Mais de nos saints autels qu'elle tienne éloignée
D'un ramas d'étrangers l'indiscrète fureur :
Du pillage du temple épargnez-moi l'horreur.
Des prêtres, des enfants lui feroient-ils quelque ombre [1]?
De sa suite avec vous qu'elle règle le nombre [2].

Saint Augustin même, si ennemi du mensonge, loue ce mot de saint Laurent : « Hæ sunt divitiæ ecclesiæ. » (*Serm.* 303.) Dieu a trompé exprès Pharaon. (*Sinops.*) Dieu dit à Moïse, dites à Pharaon : « Dimitte populum meum ut sacrificet mihi in deserto; » et chap. VIII, Pharaon répond : « Ego dimittam vos ut sacrificetis Do-« mino Deo vestro in deserto; verumtamen longius ne abeatis. » Une autre fois, Pharaon dit : Sacrifiez ici; Moïse répond : Nos victimes sont vos dieux. « Abominationes Ægyptiorum immolabimus « Domino. » Donc Dieu vouloit faire sortir le peuple tout-à-fait; et Pharaon ne l'entendoit pas ainsi. » (G.)

[1] Selon le dictionnaire de l'académie, on dit figurément d'un homme qui se défie de tout, que *tout lui fait ombre*. Racine a donc pu se servir de ce mot dans le sens de *faire ombrage*, et les académiciens à qui l'on doit les remarques sur *Athalie* n'avoient pas consulté leur dictionnaire lorsqu'ils ont condamné cette expression.

[2] Athalie entrant accompagnée de ses plus braves chefs, soutenue d'une escorte de ses plus fidèles guerriers, n'a point l'air d'une femme surprise sans défense et massacrée par trahison. Il semble qu'elle pouvoit, avec sa suite, se défendre contre des prêtres et des enfants; mais, à l'aspect de leur véritable roi, ses partisans l'abandonnent, et la seule nouvelle du couronnement de Joas disperse cette armée composée d'étrangers et d'infidèles Hébreux. (G.)

Et quant à cet enfant si craint, si redouté,
De votre cœur, Abner, je connois l'équité,
Je vous veux devant elle expliquer sa naissance :
Vous verrez s'il le faut remettre en sa puissance;
Et je vous ferai juge entre Athalie et lui.

ABNER.

Ah! je le prends déja, seigneur, sous mon appui[1].
Ne craignez rien. Je cours vers celle qui m'envoie.

SCENE III.

JOAD, JOSABETH, ZACHARIE, SALOMITH, ISMAEL, DEUX LÉVITES, LE CHOEUR.

JOAD.

Grand Dieu! voici ton heure, on t'amène ta proie[2]!
Ismaël, écoutez.

(*Il lui parle à l'oreille.*)

JOSABETH.

Puissant maître des cieux,
Remets-lui le bandeau dont tu couvris ses yeux

---

[1] On ne dit point *prendre sous son appui*, quoique *appui* signifie *protection*. Ces deux termes doivent s'employer avec des verbes différents. (*Acad.*)

[2] Quelle énergie dans cette expression *ta proie!* Elle paroîtroit même trop hardie, si les livres saints n'étoient pas remplis de figures non moins extraordinaires pour exprimer les terribles vengeances du Seigneur. Quel moment que celui où le spectateur attend Athalie dans le temple! Quelle terreur et quelle émotion ne font pas éprouver les préparatifs que l'on fait pour recevoir l'implacable ennemie de David et de son héritier! Avec quel intérêt on

Lorsque, lui dérobant tout le fruit de son crime,
Tu cachas dans mon sein cette tendre victime.

JOAD.

Allez, sage Ismaël, ne perdez point de temps;
Suivez de point en point ces ordres importants;
Sur-tout qu'à son entrée, et que sur son passage
Tout d'un calme profond lui présente l'image.
Vous, enfants, préparez un trône pour Joas;
Qu'il s'avance suivi de nos sacrés soldats.
Faites venir aussi sa fidéle nourrice,
Princesse, et de vos pleurs que la source tarisse.
(à un lévite.)
Vous, dès que cette reine, ivre d'un fol orgueil,
De la porte du temple aura passé le seuil,
Qu'elle ne pourra plus retourner en arrière,
Prenez soin qu'à l'instant la trompette guerrière
Dans le camp ennemi jette un subit effroi:
Appelez tout le peuple au secours de son roi;
Et faites retentir jusques à son oreille
De Joas conservé l'étonnante merveille.
Il vient.

écoute les ordres que le grand-prêtre donne aux lévites! Enfin, quel spectacle que celui du jeune roi, qui monte sur le trône à l'instant même où Athalie arrive pour lui ôter la vie! Dans une pièce aussi excellente, le commentaire ne peut être souvent qu'une suite de formules d'admiration; le critique qui essaie d'entrer dans l'explication de ces beautés toujours nouvelles, se transforme insensiblement en panégyriste. (G.)

SCENE IV.

JOAS, JOAD, JOSABETH, ZACHARIE, SALOMITH, AZARIAS, TROUPE DE PRÊTRES ET DE LÉVITES, LE CHOEUR.

JOAD *continue.*

Lévites saints, prêtres de notre Dieu [1],
Par-tout sans vous montrer environnez ce lieu;
Et, laissant à mes soins gouverner votre zèle,
Pour paraître attendez que ma voix vous appelle.
(*Ils se cachent tous.*)
Roi, je crois qu'à vos vœux cet espoir est permis,
Venez voir à vos pieds tomber vos ennemis.
Celle dont la fureur poursuivit votre enfance
Vers ces lieux à grands pas pour vous perdre s'avance;
Mais ne la craignez point : songez qu'autour de vous
L'ange exterminateur est debout avec nous.
Montez sur votre trône, et... Mais la porte s'ouvre :
Permettez un moment que ce voile vous couvre.
(*Il tire un rideau.*)

---

[1] « Levitæ autem circumdent regem habentes singuli arma sua. » — « Que les lévites demeurent toujours auprès de la personne du roi avec leurs armes. » (*Paral.*, lib. II, cap. XXIII, vers. 7.) Que d'ordres différents le grand-prêtre a donnés dans le même instant, sans paroître ému ! Il a envoyé Ismaël, il a fait préparer le trône de Joas et appeler sa nourrice, il a ordonné la proclamation quand il en sera temps, maintenant il range les lévites qui doivent attendre Athalie, il rassure la timide Josabeth, il promet la victoire à Joas; il a dit à Dieu : *On t'amène ta proie;* il n'en doute point. (L. R.)

ACTE V, SCÈNE IV.

Vous changez de couleur, princesse!

JOSABETH.

Ah! sans pâlir,
Puis-je voir d'assassins le temple se remplir?
Quoi! ne voyez-vous pas quelle nombreuse escorte...

JOAD.

Je vois que du saint temple on referme la porte :
Tout est en sûreté.

SCENE V.

JOAS, ATHALIE, JOAD, JOSABETH, ABNER, SUITE D'ATHALIE.

(Joas est caché derrière le rideau.)

ATHALIE, à *Joad*.

Te voilà, séducteur,
De ligues, de complots, pernicieux auteur,
Qui dans le trouble seul as mis tes espérances,
Éternel ennemi des suprêmes puissances!
En l'appui de ton Dieu tu t'étois reposé :
De ton espoir frivole es-tu désabusé?
Il laisse en mon pouvoir et ton temple et ta vie.
Je devrois sur l'autel où ta main sacrifie
Te... Mais du prix qu'on m'offre il faut me contenter[1].
Ce que tu m'as promis songe à l'exécuter,
Cet enfant, ce trésor qu'il faut qu'on me remette,
Où sont-ils?

---

[1] Il étoit impossible d'imiter d'une manière plus heureuse et plus naturelle le *quos ego* de Virgile. (G.)

JOAD.

Sur le-champ tu seras satisfaite :
Je te les vais montrer l'un et l'autre à-la-fois.

(Le rideau se tire [1]. On voit Joas sur son trône; sa nourrice est à genoux à sa droite; Azarias, l'épée à la main, est debout à sa gauche; et près de lui Zacharie et Salomith sont à genoux sur les degrés du trône; plusieurs lévites, l'épée à la main, sont rangés sur les côtés.)

Paroissez, cher enfant, digne sang de nos rois [2].
Connois-tu l'héritier du plus saint des monarques,
Reine? De ton poignard connois du moins ces marques.
Voilà ton roi, ton fils, le fils d'Ochozias.
Peuples, et vous, Abner, reconnoissez Joas.

ABNER.

Ciel!

ATHALIE, *à Joad.*

Perfide!

[1] Dans les éditions faites du vivant de Racine, et dans les premières qui ont paru après sa mort, on ne trouve que ces mots : *Le rideau se tire.* Les indications qui suivent ont sans doute été ajoutées, dans la suite, pour faciliter la mise en scène d'*Athalie.*

[2] Je ne connois point de plus grand coup de théâtre. Voltaire a dit que le dernier tableau de *Rodogune* étoit *plus fort.* Oui, de terreur et d'horreur; mais celui-ci réunit la terreur, l'attendrissement, la pompe, et la majesté. Cette pièce me semble, sous tous les rapports, le chef-d'œuvre de l'esprit humain. (L.) Dans le dictionnaire philosophique, Voltaire dit, en parlant du dénouement d'*Athalie*: « C'est là que la catastrophe est admirablement en action; c'est là « que se fait la reconnoissance la plus intéressante : chaque acteur « y joue un grand rôle. On ne tue point Athalie sur le théâtre; le « fils des rois est sauvé, et est reconnu roi : tout ce spectacle transporte les spectateurs. »

ACTE V, SCÈNE V.

JOAD.

Vois-tu cette Juive fidéle
Dont tu sais bien qu'alors il suçoit la mamelle?
Il fut par Josabeth à ta rage enlevé :
Ce temple le reçut, et Dieu l'a conservé.
Des trésors de David voilà ce qui me reste.

ATHALIE.

Ta fourbe à cet enfant, traître, sera funeste.
D'un fantôme odieux, soldats, délivrez-moi.

JOAD.

Soldats du Dieu vivant, défendez votre roi [1].

(Le fond du théâtre s'ouvre : on voit le dedans du temple ; et les lévites armés entrent de tous côtés sur la scène.)

ATHALIE.

Où suis-je? O trahison! ô reine infortunée [2]!
D'armes et d'ennemis je suis environnée!

---

[1] Ce vers embrase le théâtre, électrise le spectateur. Pourquoi ? parceque ce roi est un enfant, et que cet enfant est devenu le nôtre pendant toute la pièce. Voilà ce que personne n'avoit même imaginé possible. (L.)

[2] « Audivit autem Athalia vocem populi currentis; et ingressa « ad turbas in templum Domini, vidit regem sedentem super tri- « bunal juxta morem, et cantores et tubas prope eum, omnemque « populum terræ lætantem, et canentem tubis; et scidit vestimenta « sua, clamavitque : Conjuratio! conjuratio! » — « Athalie entendit le bruit du peuple qui accouroit; et, entrant parmi la foule dans le temple du Seigneur, elle vit le roi assis sur son trône, suivant la coutume, et les chantres et les trompettes auprès de lui, et tout le peuple dans la réjouissance et sonnant de la trompette. Alors elle déchira ses vêtements, et elle s'écria : Trahison! trahison! » (*Reg.*, lib. IV, cap. XI, vers. 13, 14.)

JOAD.

Tes yeux cherchent en vain, tu ne peux échapper,
Et Dieu de toutes parts a su t'envelopper.
Ce Dieu que tu bravois en nos mains t'a livrée :
Rends-lui compte du sang dont tu t'es enivrée.

ATHALIE.

Quoi! la peur a glacé mes indignes soldats!
Lâche Abner, dans quel piége as-tu conduit mes pas[1]?

ABNER.

Reine, Dieu m'est témoin...

ATHALIE.

Laisse là ton Dieu, traître,
Et venge-moi.

ABNER, *se jetant aux pieds de Joas.*

Sur qui? Sur Joas! sur mon maître!

ATHALIE.

Lui Joas! lui ton roi! Songez, méchants, songez
Que mes armes encor vous tiennent assiégés.
J'entends à haute voix tout mon camp qui m'appelle.
On vient à mon secours : tremblez, troupe rebelle!

---

[1] Le spectateur sent combien ce reproche est injuste, puisque Abner ne savoit rien, et c'est encore une des raisons qui font voir combien le silence que Joad a gardé avec lui étoit habilement ménagé par le poëte. Si Abner eût été instruit, c'est alors qu'il auroit joué un rôle *peu digne* d'un guerrier, comme un critique le dit très injustement, puisque Abner ne fait que ce que doit faire un guerrier fidèle et brave, qui se range auprès de son roi. Et remarquez qu'au moment où il tire l'épée l'évènement est encore incertain, comme Athalie le dit elle-même, et que le temple peut être forcé. (L.)

SCENE VI.

JOAS, ATHALIE, JOAD, ISMAEL, ET TOUS LES ACTEURS DE LA SCÈNE PRÉCÉDENTE.

ISMAEL, *à Joad.*

Seigneur, le temple est libre et n'a plus d'ennemis :
L'étranger est en fuite, et le Juif est soumis.
Comme le vent dans l'air dissipe la fumée,
La voix du Tout-Puissant a chassé cette armée.
Nos lévites, du haut de nos sacrés parvis,
D'Ochozias au peuple ont annoncé le fils,
Ont conté son enfance au glaive dérobée [1],
Et la fille d'Achab dans le piége tombée.
Par-tout en même temps la trompette a sonné :
Et ses sons et leurs cris dans son camp étonné
Ont répandu le trouble et la terreur subite
Dont Gédéon frappa le fier Madianite.
Les Tyriens, jetant armes et boucliers,
Ont, par divers chemins, disparu les premiers ;
Quelques Juifs éperdus ont aussi pris la fuite [2] ;
Mais, de Dieu sur Joas admirant la conduite,

---

[1] S'il étoit possible de s'arrêter aux détails dans un tableau qui réunit tant d'effets, on pourroit faire remarquer toute l'élégance de cette langue poétique : *ont conté son enfance*. etc. (L.)

[2] Dans cette belle peinture de la joie publique, le poëte n'oublie pas de faire remarquer que *quelques Juifs éperdus ont pris la fuite*. Il a été dit, au commencement de la pièce, que plusieurs étoient du parti d'Athalie, et adoroient Baal. Plus on examine cette pièce, plus on remarque l'ordre dans lequel tout se suit. (L. R.)

Le reste à haute voix s'est pour lui déclaré.
Enfin, d'un même esprit tout le peuple inspiré,
Femmes, vieillards, enfants, s'embrassant avec joie [1],
Bénissent le Seigneur et celui qu'il envoie.
Tous chantent de David le fils ressuscité.
Baal est en horreur dans la sainte cité;
De son temple profane on a brisé les portes;
Mathan est égorgé [2].

ATHALIE.

Dieu des Juifs, tu l'emportes [3]!
Oui, c'est Joas; je cherche en vain à me tromper :
Je reconnois l'endroit où je le fis frapper;
Je vois d'Ochozias et le port et le geste;
Tout me retrace enfin un sang que je déteste.
David, David triomphe; Achab seul est détruit.
Impitoyable Dieu, toi seul as tout conduit!
C'est toi qui, me flattant d'une vengeance aisée,
M'as vingt fois en un jour à moi-même opposée :

[1] « Lætatusque est omnis populus terræ, et civitas conquievit. »
— « Tout le peuple fit une grande réjouissance, et la ville demeura en paix. » (*Reg.*, lib. IV, cap. XI, vers. 20.)

[2] « Ingressusque est omnis populus terræ templum Baal, et des-
« truxerunt aras ejus, et imagines contriverunt validè, Mathan quo-
« que sacerdotem Baal occiderunt, coram altari. » — « Et tout le
peuple étant entré dans le temple de Baal, ils renversèrent ses autels, brisèrent ses images en cent pièces, et tuèrent Mathan, prêtre
de Baal, devant l'autel. » (*Reg.*, lib. IV, cap. XI, vers. 18.)

[3] Cette exclamation est sublime; c'est le *Christe, vicisti!* de Julien l'apostat. (L. B.) La tragédie tout entière n'est que le tableau du combat de Dieu contre Athalie, combat dans lequel Dieu daigne s'engager pour instruire les rois, consoler les opprimés, et faire trembler les oppresseurs. (G.)

Tantôt pour un enfant excitant mes remords,
Tantôt m'éblouissant de tes riches trésors
Que j'ai craint de livrer aux flammes, au pillage.
Qu'il règne donc ce fils, ton soin et ton ouvrage;
Et que, pour signaler son empire nouveau,
On lui fasse en mon sein enfoncer le couteau!
Voici ce qu'en mourant lui souhaite sa mère [1] :
Que dis-je, souhaiter! Je me flatte, j'espère
Qu'indocile à ton joug, fatigué de ta loi,
Fidéle au sang d'Achab qu'il a reçu de moi,
Conforme à son aïeul, à son père semblable,
On verra de David l'héritier détestable
Abolir tes honneurs, profaner ton autel,
Et venger Athalie, Achab, et Jézabel.

(*Athalie sort; les lévites la suivent.*)

JOAD.

Qu'à l'instant hors du temple elle soit emmenée [2],
Et que la sainteté n'en soit pas profanée.

---

[1] L'atrocité des crimes d'Athalie, le sang de ses enfants dans lequel elle s'est baignée sans pitié, la volonté de Dieu, dont le grand-prêtre est l'interprète, sauvent tout l'odieux qui pourroit résulter pour Joas de commencer son règne par le meurtre de son aïeule. Quelle fierté, quelle énergie dans ces imprécations! Ce ne sont pas de vaines déclamations : l'histoire nous apprend qu'elles ne furent que trop accomplies. (G.)

[2] « Præcepit autem Joïada centurionibus, qui erant super exer-
« citum, et ait eis: « Educite eam extra septa templi; et quicumque
« eam secutus fuerit, feriatur gladio. Dixerat enim sacerdos: Non
« occidatur in templo Domini; imposueruntque ei manus... et in-
« terfecta est ibi. » — « Alors Joïada fit ce commandement aux centurions qui commandoient les troupes, et leur dit: Emmenez-la hors du temple; et si quelqu'un la suit, qu'il soit tué par l'épée:

Allez, sacrés vengeurs de vos princes meurtris[1],
De leur sang par sa mort faire cesser les cris.
Si quelque audacieux embrasse sa querelle,
Qu'à la fureur du glaive on le livre avec elle.

SCENE VII.

JOAS, JOAD, JOSABETH, ABNER, ET TOUS LES ACTEURS DE LA SCÈNE PRÉCÉDENTE.

JOAS, *descendu de son trône.*

Dieu, qui voyez mon trouble et mon affliction,
Détournez loin de moi sa malédiction,
Et ne souffrez jamais qu'elle soit accomplie :
Faites que Joas meure avant qu'il vous oublie.

JOAD, *aux lévites.*

Appelez tout le peuple, et montrons-lui son roi :
Qu'il lui vienne en ses mains renouveler sa foi.
Roi, prêtres, peuple, allons, pleins de reconnoissance,
De Jacob avec Dieu confirmer l'alliance,
Et, saintement confus de nos égaremens,

---

car le pontife avoit dit : Qu'on ne la tue pas dans le temple du Seigneur. Les officiers se saisirent donc de sa personne, et elle fut tuée en ce lieu-là. » (*Reg.*, lib. IV, cap. XI, vers. 15 et 16.)

[1] Comme de *meurtre* on a fait *meurtri*, il étoit naturel que l'un conservât le sens de l'autre, et c'est ce qui a eu lieu d'abord. Mais l'usage, qu'on ne peut pas toujours expliquer, en a décidé autrement, et depuis long-temps *meurtrir* ne signifie plus que *faire des meurtrissures, des contusions.* « Ils l'ont *meurtri* de coups. » Les Anglois, plus conséquents, disent dans un même sens les deux mots *murder* et *murdered.* (L.)

Nous rengager à lui par de nouveaux serments.
Abner, auprès du roi reprenez votre place.

SCENE VIII.

JOAS, JOAD, UN LÉVITE, ET TOUS LES ACTEURS
DE LA SCÈNE PRÉCÉDENTE.

JOAD, *au lévite.*

Hé bien! de cette impie a-t-on puni l'audace?
LE LÉVITE.
Le fer a de sa vie expié les horreurs.
Jérusalem, long-temps en proie à ses fureurs,
De son joug odieux à la fin soulagée,
Avec joie en son sang la regarde plongée.
JOAD.
Par cette fin terrible, et due à ses forfaits,
Apprenez, roi des Juifs, et n'oubliez jamais
Que les rois dans le ciel ont un juge sévère,
L'innocence un vengeur, et l'orphelin un père [1].

---

[1] Cette pièce est regardée avec raison comme le modèle le plus parfait de la tragédie. On est étonné de ce que son mérite a été reconnu si tard. On peut s'étonner aussi de ce qu'il a été enfin si généralement reconnu, que, quand nous parlons des défauts communs aux tragédies, nous exceptons toujours *Athalie,* et que les étrangers en parlent comme nous. Par où une pièce sans amour, sans intrigue, sans aucun de ces événements extraordinaires qu'un poëte invente pour jeter du merveilleux, intéresse-t-elle, ignorants et connoisseurs, spectateurs de tout âge, si ce n'est par le vrai d'une imitation où se trouvent réunies toutes les perfections, celle du style, celle de la versification, celle des caractères, celle de la

conduite? Cette conduite est si simple, que cette pièce est en poésie ce qu'est en peinture ce tableau de Raphaël qui n'offre que deux figures, un ange qui, sans colère et sans émotion, écrase le démon. (L. R.)

FIN D'ATHALIE.

PASSAGE

D'EURIPIDE

TRADUIT PAR GEOFFROY.

Le P. Brumoi, et après lui Luneau, ont voulu trouver quelque rapport entre Athalie et l'Ion d'Euripide, parcequ'il y a dans la pièce grecque un enfant inconnu, élevé dans le temple de Delphes. Cet Ion est un fils naturel qu'Apollon a eu de Créuse, fille d'Érecthée, roi d'Athènes. L'enfant fut enfermé par sa mère dans une corbeille, et déposé dans une grotte. Mercure enleva la corbeille, la porta au temple de Delphes, où, par l'inspiration d'Apollon, la prêtresse se chargea du soin d'élever l'enfant. Créuse épousa ensuite Xuthus; et plusieurs années après, les deux époux n'ayant point d'enfants, allèrent consulter l'oracle de Delphes. La seule scène où l'on puisse apercevoir quelque ressemblance avec Athalie, est celle où Xuthus, à qui l'oracle a fait accroire que l'enfant élevé dans le temple est son fils, lui propose de quitter le temple pour venir demeurer avec lui. Le jeune homme répond qu'il est attaché au temple où son enfance a trouvé un asile.

Mon premier dessein étoit de traduire cette scène tout entière; mais j'en ai été détourné par une foule de naïvetés qui ne sont point dans nos mœurs, et qui nous paroissent contraires à l'effet que le poëte veut produire. Ion, nourri dans le temple de Delphes, est un jeune homme sauvage et farouche, peu accoutumé à réprimer ses passions. Habituellement dominé par une humeur brusque et colère, il reçoit fort mal Xuthus, lorsque cet étranger, sortant du temple, accourt se jeter dans ses bras en l'appelant son fils. Ion rejette ce titre; il se refuse aux caresses d'un inconnu, et repousse des transports qui le fatiguent et l'importunent. La scène commence par ce combat comique de Xuthus, qui prétend avoir trouvé son fils, et d'Ion qui ne veut point reconnoître Xuthus pour son père, et qui le traite comme un fou. Il s'établit ensuite un dialogue naïf et rapide, où chaque interlocuteur ne dit qu'un vers, et souvent même que la moitié d'un. Ion ne tarit point sur les questions: il veut savoir comment Xuthus est son père; il est sur-tout fort curieux de connoître sa mère; et Xuthus est encore plus embarrassé pour le satisfaire sur cet article : ce n'est que sur la parole d'Apollon qu'il se croit père. Tous ces détails sont de la comédie. Enfin, Ion se résigne: c'est toujours beaucoup que d'avoir trouvé un père; le temps lui révélera sa mère; et c'est lorsque Xuthus le voit dans cette disposition, qu'il lui fait la proposition d'abandonner le temple et de venir partager avec lui le trône d'Athènes :

XUTHUS.

« Mon cher Ion, je rends graces au dieu qui me fait
« retrouver un fils, et me rapproche d'un objet si cher.
« Tu dois te féliciter à ton tour d'être réuni à l'auteur de
« tes jours, si long-temps inconnu pour toi. Tu brûles de
« revoir celle qui te porta dans son sein, et je desire avec
« la même ardeur de connoître celle qui m'a rendu père.
« Laissons faire au temps: peut-être nous découvrira-t-il
« un jour ce que nous cherchons; mais il faut commencer
« par quitter le temple de Delphes. Abandonne ce lieu
« d'exil et cet état d'aventurier. Unis ton sort à celui de
« ton père; porte avec moi tes pas vers la célèbre Athènes;

« viens partager mon trône et mes trésors. Au sein des
« grandeurs et de l'opulence, tu ne craindras plus qu'on
« te reproche, comme ici, l'obscurité et l'indigence, les
« deux plus grands maux de l'humanité. Par-tout on van-
« tera tes richesses et ton illustre origine. Mais que vois-je?
« Tu gardes le silence! Immobile, et les yeux fixés vers la
« terre, tu parois plongé dans la plus profonde rêverie.
« La tristesse a pris sur ton visage la place de la joie! Hâte-
« toi de rassurer un père alarmé. »

ION.

« Souvent l'objet qui brille de loin perd tout son éclat
« quand on l'examine de près. Je bénis le jour qui me
« rend un père; mais ni l'or ni la grandeur ne peuvent
« m'éblouir. Mon cœur va s'ouvrir devant vous : le peuple
« d'Athènes se fait gloire d'être sorti de la terre même
« qu'il habite, d'être une race indigène; et c'est là que
« vous voulez me mener, moi qui n'ai qu'un étranger
« pour père, et qui suis le fruit d'une union illégitime!
« Chargé de cet opprobre, si je reste dans une condition
« privée, j'y serai nul et méprisé; si j'aspire aux premiers
« rangs, si je veux être quelque chose, haï des petits, en-
« nemis naturels des grands, je serai la risée de l'honnête
« homme et du sage, qui se tait et s'éloigne des affaires :
« je passerai, dans leur esprit, pour un téméraire qui ne
« sait pas combien il importe de demeurer en repos dans
« une ville pleine de tumulte et de dangers. Aurai-je l'am-
« bition de figurer parmi les hommes d'état et d'entrer
« dans le gouvernement? C'est là que l'envie s'apprête à
« lancer sur moi des regards encore plus perçants. Vous
« le savez, mon père : les chefs des républiques ne voient
« dans leurs collègues que des rivaux et des ennemis.
« Étranger dans la maison où je vais entrer, j'y rencontre
« une femme qui n'a point été mère, et qui jusqu'à pré-
« sent, compagne de vos chagrins, ne partage point au-

« jourd'hui avec vous le plaisir de trouver un fils. Je
« l'entendrai gémir et soupirer en secret. Quel sera son
« désespoir en voyant dans vos bras l'objet de votre ten-
« dresse, tandis qu'elle sera seule, et n'apercevra près
« d'elle aucun gage chéri qui puisse être son appui et sa
« consolation! Ou vous me sacrifierez à votre épouse, ou,
« si vous me donnez la préférence, vous renverserez votre
« maison. Combien de marâtres furieuses n'ont-elles pas
« employé le poison pour se venger de leurs maris! Je
« plains, ô mon père, je vous l'avoue, je plains cette
« femme infortunée, qui va vieillir dans la stérilité! Née
« d'une illustre famille, elle étoit digne d'avoir à qui
« transmettre un si beau sang. C'est en vain qu'on vante
« la royauté: au dehors, éclat trompeur; chagrins et sou-
« cis au dedans. Peut-on être heureux quand on craint
« toujours; quand on ne peut détourner les yeux sans
« voir un assassin à ses côtés? C'est dans la vie privée,
« et non pas sur le trône, que je veux chercher le bon-
« heur. Être réduit à n'aimer que des méchants, et, pour
« conserver sa vie, être forcé de haïr les gens de bien,
« quel état, quel destin! Mais l'or, dites-vous, dédom-
« mage de tout; il est si doux d'être riche! Loin de moi
« des richesses accompagnées d'alarmes! Un bien mo-
« dique, qu'on possède avec honneur et sans inquiétude,
« a pour moi plus d'attraits. Dans cet asile fortuné, tout
« rit à mes vœux jusqu'à ce jour. Je trouve dans ce temple
« deux trésors assez rares, le doux repos, l'innocente
« paix. Ici le méchant ne m'a jamais détourné de ma
« route; je n'ai point éprouvé l'insupportable affront
« d'être forcé de céder le pas à celui qui vaut moins que
« moi. J'offre aux dieux les prières et les plaintes des mor-
« tels; témoin de leur joie ou de leur tristesse, je con-
« serve une ame toujours égale. Pendant que je reçois les
« adieux des uns, d'autres arrivent. Toujours nouveau

« pour eux, ils sont toujours nouveaux pour moi ; et, ce
« qui doit être l'objet des desirs de tout homme sage, mon
« cœur s'accorde ici avec mon devoir. La nature, de con-
« cert avec la divinité, me fait ici une loi d'être juste.
« Voilà ce qui rend à mes yeux cette retraite sacrée pré-
« férable à la cour d'Athènes. O mon père, laissez-moi
« vivre pour moi ! Si je trouve le bonheur, que vous im-
« porte que ce soit dans l'éclat ou dans l'obscurité ? »

Ion, acte II.

Il est absolument possible que Racine ait puisé quelques idées dans cette scène ; la tragédie d'Ion n'en est pas moins d'un genre tout-à-fait opposé à celui d'Athalie. Il est vrai que la pièce grecque est religieuse ; mais il y a la même différence entre le ton des deux ouvrages qu'entre l'esprit des deux religions. Autant la pièce de Racine est noble, terrible, et sublime, autant celle d'Euripide est naïve, familière, je dirois presque comique : car Xuthus est simple et crédule, Apollon malin et rusé. Le dieu vient à bout de faire adopter son bâtard à Xuthus. Créuse apprend avec indignation qu'on veut lui donner un étranger pour héritier ; elle veut faire empoisonner le jeune homme. Le complot est découvert ; le peuple condamne Créuse à être lapidée. Elle se réfugie à l'autel : Ion vient pour l'en arracher ; mais la prêtresse lui apporte le petit berceau dans lequel il étoit enfermé lorsqu'on l'exposa à la porte du temple. Ion fait l'inventaire du berceau devant Créuse, et découvre que cette femme est sa mère ; mais en retrouvant une mère il perd un père, parceque Créuse est forcée de lui apprendre qu'il n'est pas fils légitime de Xuthus. Le naïf Euripide, ami de la nature, et la suivant même quelquefois de trop près, a placé au milieu des transports de la mère et du fils, des réflexions et des questions du jeune homme qui les refroidissent beaucoup. Ion est mécontent de cette espèce de naissance ; il s'imagine que le nom d'Apollon n'est que le manteau d'une intrigue très commune de sa mère avec un simple mortel ; et il pousse la familiarité jusqu'à interroger Créuse sur cet article délicat. Que l'on juge si un drame fondé sur les suites de la galanterie d'un dieu, et sur les aventures d'un enfant trouvé, peut avoir quelque affinité avec la plus auguste, la plus majestueuse des tragédies ! L'Ion d'Euripide est un roman tragi-comique, plein d'invention et d'intérêt ; les situations, et sur-tout celle d'une mère prête à tuer son fils sans le connoître, sont d'un effet vraiment théâtral ; le dialogue a une grace touchante et un naturel exquis. Ce genre, alors nouveau chez les Grecs, se rapproche de nos drames modernes. Ce n'est pas la meilleure piéce d'Euripide ; mais c'est peut-être celle qui atteste le mieux la souplesse, la fécondité de son génie, et le charme de son style. Les Grecs trouvèrent un motif particulier d'intérêt dans le personnage d'Ion, que l'on suppose avoir donné son nom à l'Ionie, contrée de l'Asie mineure peuplée de colonies grecques.

La plus grande et presque la seule conformité entre les deux tragédies, c'est que, dans l'Ion d'Euripide, le dieu Apollon fait tout, et par son autorité justifie tout ce qui s'y fait de contraire aux idées communes : de même, dans Athalie, le véritable Dieu fait tout, et sanctionne de sa divinité tout ce qui se fait d'extraordinaire. Mais il résulte de cette conformité même, que la piéce françoise est aussi différente de la piéce grecque, que le Dieu maître du ciel et de la terre est différent d'une vaine idole. (G.)

FIN DE LA TRADUCTION.

PLAN
DU PREMIER ACTE
D'IPHIGÉNIE EN TAURIDE[1].

SCÈNE I.
IPHIGÉNIE, UNE CAPTIVE GRECQUE.

Iphigénie vient avec une captive grecque, qui s'étonne de sa tristesse, et lui demande si elle est affligée de ce que la fête de Diane se passera sans qu'on immole aucun étranger.

« Tu peux croire, dit Iphigénie, si c'est là un sen-
« timent digne de la fille d'Agamemnon. Tu sais avec

---

[1] On ne peut révoquer en doute l'existence de ce plan, dont le manuscrit, tracé par la main même de l'auteur, fut déposé dans la bibliothèque du roi, et publié par Louis Racine, en 1747, non pas, dit-il, comme un fragment curieux, mais comme un morceau propre à faire connoître de quelle manière Racine, quand il entreprenoit une tragédie, disposoit chaque acte en prose. Le poëte qui sut si heureusement adapter à notre scène le sujet d'*Iphigénie en Aulide*, a dû concevoir le dessein de traiter aussi celui d'*Iphigénie en Tauride;* mais on déplore la triste nécessité que lui imposoit le goût du siècle, de mêler notre amour moderne à des sujets antiques qui s'y prêtent mal. Comment Voltaire pouvoit-il dire à la duchesse du Maine, en parlant de Racine : « Il avoit com-
« mencé *Iphigénie en Tauride*, et la galanterie n'entroit point dans

« quelle répugnance j'ai préparé les misérables que
« l'on a sacrifiés depuis que je préside à ces cruelles
« cérémonies. Je me faisois une joie de ce que la for-
« tune n'avoit amené aucun Grec pour cette journée,
« et je triomphois de la douleur commune qui est
« répandue dans cette île, où l'on compte pour un
« présage funeste de ce que nous manquons de vic-
« times pour cette fête. Mais je ne puis résister à la
« secrète tristesse dont je suis occupée depuis le
« songe que j'ai fait cette nuit. J'ai cru que j'étois à
« Mycène, dans la maison de mon père : il m'a sem-
« blé que mon père et ma mère nageoient dans le
« sang, et que moi-même je tenois un poignard à la
« main pour en égorger mon frère Oreste. Hélas!
« mon cher Oreste!

LA CAPTIVE.

« Mais, madame, vous êtes trop éloignés l'un de

« son plan »? (*Épître à madame la duchesse du Maine, servant de préface à Oreste.*) Elle y entroit si bien, que le fils de Thoas, dans ce plan, est amoureux de la prêtresse Iphigénie. On ignore le temps où Racine traça cette esquisse. Si l'on en croit Louis Racine, ce fut après avoir composé *Phèdre*. Il n'y a aucune apparence que Racine ait travaillé au plan d'une tragédie nouvelle, dans le temps même où il formoit le projet de renoncer au théâtre. On sait, en général, que dans le cours de sa carrière littéraire et dramatique, Racine s'occupa de quelques ouvrages dont il ne reste plus la moindre trace. Longepierre a prétendu lui avoir entendu réciter des morceaux d'une *Alceste*. Quelques personnes ont aussi assuré qu'il avoit voulu traiter le sujet d'*OEdipe*; mais, moins hardi que Voltaire, il en fut, dit-on, détourné par son excessive admiration pour Sophocle, qu'il regardoit comme un modèle bien plus difficile à imiter qu'Euripide. (G.)

« l'autre pour craindre l'accomplissement de votre
« songe.

IPHIGÉNIE.

« Et ce n'est pas aussi ce que je crains; mais je
« crains avec raison qu'il n'y ait de grands malheurs
« dans ma famille : les rois sont sujets à de grands
« changements. Ah! si je t'avois perdu, mon cher
« frère Oreste, sur qui seul j'ai fondé mes espé-
« rances! car enfin j'ai plus sujet de t'aimer que tout
« le reste de ma famille : tu ne fus point coupable de
« ce sacrifice où mon père m'avoit condamnée dans
« l'Aulide; tu étois un enfant de dix ans. Tu as été
« élevé avec moi, et tu es le seul de toute la Grèce
« que je regrette tous les jours.

LA CAPTIVE.

« Mais, madame, quelle apparence qu'il sache
« l'état où vous êtes? Vous êtes dans une île détestée
« de tout le monde : si le hasard y amène quelque
« Grec, on le sacrifie. Que ne renoncez-vous à la
« Grèce? que ne répondez-vous à l'amour du prince? »

IPHIGÉNIE.

« Eh! que me serviroit de m'y attacher? Son père
« Thoas lui défend de m'aimer; il ne me parle qu'en
« tremblant : car ils ignorent tous deux ma nais-
« sance, et je n'ai garde de leur découvrir une chose
« qu'ils ne croiroient pas; car quelle apparence
« qu'une fille que des pirates ont enlevée dans le
« moment qu'on alloit la sacrifier pour le salut de la
« Grèce, fût la fille du général de la Grèce? Mais
« voici ce prince. »

SCÈNE II.

LE FILS DE THOAS, IPHIGÉNIE, LA CAPTIVE
GRECQUE.

IPHIGÉNIE.

« Qu'avez-vous, prince? D'où vient ce désordre et
« cette émotion?

LE FILS DE THOAS.

« Madame, je suis cause du plus grand malheur
« du monde. Vous savez combien j'ai détesté avec
« vous les sacrifices de cette île : je me réjouissois de
« ce que vous seriez aujourd'hui dispensée de cette
« funeste occupation; et cependant je suis cause que
« vous avez deux Grecs à sacrifier.

IPHIGÉNIE.

« Comment, seigneur?

LE FILS DE THOAS.

« On m'est venu avertir que deux jeunes hommes
« étoient environnés d'une grande foule de peuple
« contre lequel ils se défendoient. J'ai couru sur le
« bord de la mer : je les ai trouvés à la porte du tem-
« ple, qui vendoient chèrement leur vie, et qui ne
« songeoient chacun qu'à la défense l'un de l'autre.
« Leur courage m'a piqué de générosité. Je les ai
« défendus moi-même; j'ai désarmé le peuple : et ils
« se sont rendus à moi. Leurs habits les ont fait pas-
« ser pour Grecs : ils l'ont avoué. J'ai frémi à cette
« parole; on les a amenés malgré moi à mon père :
« et vous pouvez juger quelle sera leur destinée. La

« joie est universelle, et on remercie les dieux d'une
« prise qui me met au désespoir. Mais enfin, ma-
« dame, ou je ne pourrai, ou je vous affranchirai
« bientôt de la malheureuse dignité qui vous engage
« à ces sacrifices. Mais voici le roi mon père. »

SCÈNE III.

THOAS, LE FILS DE THOAS, IPHIGÉNIE,
LA CAPTIVE GRECQUE.

THOAS.

« Quoi! madame, vous êtes encore ici! Ne de-
« vriez-vous pas être dans le temple pour remercier
« la déesse de ces deux victimes qu'elle nous a en-
« voyées? Allez préparer tout pour le sacrifice, et
« vous reviendrez ensuite, afin qu'on vous remette
« entre les mains ces deux étrangers. »

Iphigénie sort.

SCÈNE IV.

THOAS, LE FILS DE THOAS.

Le prince fait quelques efforts pour obtenir de son
père la vie des deux Grecs, afin qu'il ne les ait pas
sauvés inutilement. Le roi le maltraite, et lui dit
que ce sont là les sentiments qui lui ont été inspirés
par la jeune Grecque; il lui reproche la passion qu'il
a pour une esclave.

LE FILS DE THOAS.

« Et qui vous dit, seigneur, que c'est une esclave?

THOAS.

« Et quelle autre qu'une esclave auroit été choisie
« par les Grecs pour être sacrifiée? »

LE FILS DE THOAS.

« Quoi! ne vous souvient-il plus des habillements
« qu'elle avoit lorsqu'on l'amena ici? Avez-vous ou-
« blié que les pirates l'enlevèrent dans le moment
« qu'elle alloit recevoir le coup mortel? Nos peuples
« eurent plus de compassion pour elle que les Grecs
« n'en avoient eu; et au lieu de la sacrifier à Diane,
« ils la choisirent pour présider elle-même à ses sa-
« crifices. »

Le prince sort déplorant sa malheureuse générosité, qui a sauvé la vie à deux Grecs, pour la leur
faire perdre plus cruellement.

SCÈNE V.

THOAS, LE CONFIDENT.

THOAS.

Le roi témoigne à son confident qu'il se fait violence en maltraitant son fils.

« Mais quelle apparence de donner les mains à
« une passion qui le déshonore? Allons, et deman-
« dons à la déesse, parmi nos prières, qu'elle donne
« à mon fils des sentiments plus dignes de lui. »

FIN DU PLAN DU PREMIER ACTE D'IPHIGÉNIE.

POÉSIES DIVERSES.

LE PAYSAGE[1],

OU

PROMENADE DE PORT-ROYAL DES CHAMPS.

ODE PREMIÈRE.

LOUANGE DE PORT-ROYAL EN GÉNÉRAL.

Saintes demeures du silence,
Lieux pleins de charmes et d'attraits,
Port où, dans le sein de la paix,
Règne la Grace et l'Innocence;
Beaux déserts qu'à l'envi des cieux,
De ses trésors plus précieux
   A comblé la nature,
Quelle assez brillante couleur
   Peut tracer la peinture
De votre adorable splendeur?

---

[1] Les productions de la jeunesse de Racine, les premiers essais de sa muse, qui lui attirèrent de justes réprimandes de la part de ses maîtres de Port-Royal, sont devenus des monuments vraiment curieux, puisqu'ils marquent de quel point ce grand homme est parti pour aller si loin. M. de Naurois, son arrière-petit-fils, a donc rendu un vrai service aux lettres, en nous communiquant les manuscrits précieux dans lesquels Louis Racine avoit recueilli les premières compositions, et pour ainsi dire les premiers thêmes de

Les moins éclatantes merveilles
De ces plaines ou de ces bois,
Pourroient-elles pas mille fois
Épuiser les plus doctes veilles?
Le soleil vit-il dans son cours
Quelque si superbe séjour
  Qui ne vous rende hommage?
Et l'art des plus riches cités
  A-t-il la moindre image
De vos naturelles beautés?

Je sais que ces grands édifices
Que s'élève la vanité,
Ne souillent point la pureté
De vos innocentes délices.
Non, vous n'offrez point à nos yeux
Ces tours qui, jusque dans les cieux,
  Semblent porter la guerre,
Et qui, se perdant dans les airs,

---

son illustre père, et en nous permettant d'en extraire la description, en vers françois, de la fameuse abbaye de Port-Royal. Cette pièce est sur-tout importante pour les amateurs, parcequ'elle paroît être la première échappée à la jeunesse de Racine. Il n'est pas étonnant qu'on y trouve tous les défauts de goût et de style alors accrédités par la mode, et qui séduisent d'autant plus un jeune homme, qu'il a dans l'esprit moins de force pour s'en garantir. Les sept odes sur Port-Royal sont ce qu'il y a de plus défectueux dans les premiers essais de Racine. A cette époque, il faisoit mieux les vers latins que les vers françois. (G.) On en peut juger par la pièce latine que nous avons rétablie tout entière dans les mémoires sur la vie de Racine, tome I, page 14.

Vont encor sous la terre
Se perdre dedans les enfers.

Tous ces bâtiments admirables,
Ces palais par-tout si vantés,
Et qui sont comme cimentés
Du sang des peuples misérables;
Enfin, tous ces augustes lieux,
Qui semblent faire autant de dieux
  De leurs maîtres superbes,
Un jour trébuchant avec eux,
    Ne seront sur les herbes
Que de grands sépulcres affreux.

Mais toi, solitude féconde,
Tu n'as rien que de saints attraits,
Qui ne s'effaceront jamais
Que par l'écroulement du monde :
L'on verra l'émail de tes champs
Tant que la nuit, de diamants
    Sèmera l'hémisphère;
Et tant que l'astre des saisons
    Dorera sa carrière,
L'on verra l'or de tes moissons.

Que si, parmi tant de merveilles,
Nous ne voyons point ces beaux ronds,
Ces jets où l'onde, par ses bonds,
Charme les yeux et les oreilles,
Ne voyons-nous pas dans tes prés,

Se rouler sur des lits dorés
　　Cent flots d'argent liquide,
Sans que le front du laboureur,
　　A leur course rapide,
Joigne les eaux de sa sueur?

La nature est inimitable;
Et quand elle est en liberté,
Elle brille d'une clarté
Aussi douce que véritable.
C'est elle qui, sur ces vallons,
Ces bois, ces prés et ces sillons,
　　Signe sa puissance;
C'est elle par qui leurs beautés,
　　Sans blesser l'innocence,
Rendent nos yeux comme enchantés.

ODE II.

LE PAYSAGE EN GROS.

Que je me plais sur ces montagnes,
Qui s'élevant jusques aux cieux,
D'un diadème gracieux,
Couronnent ces belles campagnes!
O Dieu, que d'objets ravissants
S'y viennent offrir à mes sens!
　　De leurs riches vallées,
Quel amas brillant et confus,

De beautés rassemblées,
Éblouit mes yeux éperdus!

De là j'aperçois les prairies,
Sur les plaines et les coteaux,
Parmi les arbres et les eaux,
Étaler leurs pompes fleuries.
Deçà je vois les pampres verts
Enrichir cent tertres divers
  De leurs grappes fécondes;
Et là les prodigues guérets,
  De leurs javelles blondes,
Border les prés et les forêts.

Dessus ces javelles fertiles,
Dessus cet or tout mouvant,
Je vois aussi l'air et le vent
Promener leurs souffles tranquilles;
Et comme on voit l'onde en repos,
Souvent refriser de ses flots
  La surface inconstante,
Je vois de ces pompeux sillons,
  La richesse flottante
Ondoyer dessus ces vallons.

Je vois ce sacré sanctuaire,
Ce grand temple, ce saint séjour
Où Jésus encor chaque jour
S'immole pour nous à son père.
Muse, c'est à ce doux Sauveur

Que je dois consacrer mon cœur,
  Mes travaux et mes veilles :
C'est lui de qui le puissant bras
  Fit toutes ces merveilles
Qui nous fournissent tant d'appas.

Ainsi d'un facile langage,
L'on voit ce temple spacieux
S'élevant dessus tous les lieux,
Leur demander un humble hommage,
Et semble aller au firmament,
Publier encor hautement
  A ces sphères roulantes,
Qu'ainsi qu'en l'azur lumineux
  De leurs voûtes brillantes,
Dieu loge en son sein bienheureux.

Je vois ce cloître vénérable,
Ces beaux lieux du ciel bien aimés,
Qui, de cent temples animés,
Cachent la richesse adorable.
C'est dans ce chaste paradis
Que règne en un trône de lis,
  La virginité sainte :
C'est là que mille anges mortels,
  D'une éternelle plainte,
Gémissent aux pieds des autels.

Sacrés palais de l'innocence,
  Astres vivants, chœurs glorieux,

Qui faites voir de nouveaux cieux
Dans ces demeures de silence,
Non, ma plume n'entreprend pas
De tracer ici vos combats,
 Vos jeûnes et vos veilles :
Il faut, pour en bien révérer
 Les augustes merveilles,
Et les taire et les adorer.

Je vois les altières futaies,
De qui les arbres verdoyants,
Dessous leurs grands bras ondoyants,
Cachent les buissons et les haies :
L'on diroit même que les cieux
Posent sur ces audacieux
 Leur pesante machine,
Et qu'eux, d'un orgueil nompareil,
 Prêtent leur forte échine
A ces grands trônes du soleil.

Je vois les fruitiers innombrables
Tantôt rangés en espaliers,
Tantôt ombrager les sentiers
De leurs richesses agréables.
Mais allons dans tous ces beaux lieux
Voir, d'un regard plus curieux,
 Leur pompe renfermée ;
Et vous, souffrez, riches déserts,
 Que mon ame charmée
Contemple vos trésors divers.

ODE III.

DESCRIPTION DES BOIS.

Que ces vieux royaumes des ombres,
Ces grands bois, ces noires forêts,
Cachent de charmes et d'attraits
Dessous leurs feuillages si sombres !
C'est dans ce tranquille séjour
Que l'on voit régner nuit et jour
    La paix et le silence ;
C'est là qu'on dit que nos aïeux,
    Au siècle d'innocence,
Goûtoient les délices des cieux.

C'est là que cent longues allées
D'arbres toujours riches et verts,
Se font voir en cent lieux divers,
Droites, penchantes, étoilées.
Je vois mille troncs sourcilleux
Soutenir le faîte orgueilleux
    De leurs voûtes tremblantes ;
Et l'on diroit que le saphir,
    De deux portes brillantes
Ferme ces vrais lieux de plaisir.

C'est sous ces épaisses feuillées
Que l'on voit les petits oiseaux,

Ces chantres si doux et si beaux,
Errer en troupes émaillées;
C'est là que ces hôtes pieux,
Par leurs concerts harmonieux,
   Enchantent les oreilles,
Et qu'ils célèbrent sans souci
   Les charmantes merveilles
De ces lieux qu'ils ornent aussi.

Là, d'une admirable structure,
On les voit suspendre ces nids;
Ces cabinets si bien bâtis,
Dont l'art étonne la nature;
Là, parfois, l'un sur son rameau
Entraîne le petit fardeau
   D'une paille volante;
L'autre console, en trémoussant,
   Sa famille dolente,
De quelque butin ravissant.

Là, l'on voit la biche légère,
Loin du sanguinaire aboyeur,
Fouler, sans crainte et sans frayeur,
Le tendre émail de la fougère.
Là, le chevreuil champêtre et doux,
Bondit aussi dessus les houx,
   En courses incertaines;
Là, les cerfs, ces arbres vivants,
   De leurs bandes hautaines,
Font cent autres grands bois mouvants.

C'est là qu'avec de doux murmures
L'on entend les petits Zéphirs,
De qui les tranquilles soupirs
Charment les peines les plus dures.
C'est là qu'on les voit tour-à-tour
Venir baiser avec amour
 La feuille tremblante;
Là, pour joindre aux chants des oiseaux
 Leur musique éclatante,
Ils concertent sur les rameaux.

Là, cette chaleur violente
Qui, dans les champs et les vallons,
Brûle les avides sillons,
Se fait voir moins fière et plus lente.
L'œil du monde voit à regret
Qu'il ne peut percer le secret
 De ces lieux pleins de charmes :
Plus il y lance de clartés,
 Plus il leur donne d'armes
Contre ses brûlantes beautés.

ODE IV.

L'ÉTANG.

Que c'est une chose charmante
De voir cet étang gracieux,
Où, comme en un lit précieux,
L'onde est toujours calme et dormante!

Mes yeux, contemplons de plus près
Les inimitables portraits
  De ce miroir humide ;
Voyons bien les charmes puissants
  Dont sa glace liquide
Enchante et trompe tous les sens.

Déja je vois sous ce rivage
La terre jointe avec les cieux,
Faire un chaos délicieux
Et de l'onde et de leur image.
Je vois le grand astre du jour
Rouler, dans ce flottant séjour,
  Le char de la lumière ;
Et, sans offenser de ses feux
  La fraîcheur coutumière,
Dorer son cristal lumineux.

Je vois les tilleuls et les chênes,
Ces géants de cent bras armés,
Ainsi que d'eux-mêmes charmés,
Y mirer leurs têtes hautaines ;
Je vois aussi leurs grands rameaux
Si bien tracer dedans les eaux
  Leur mobile peinture,
Qu'on ne sait si l'onde, en tremblant,
  Fait trembler leur verdure,
Ou plutôt l'air même et le vent.

Là, l'hirondelle voltigeante,
Rasant les flots clairs et polis,

Y vient, avec cent petits cris,
Baiser son image naissante.
Là, mille autres petits oiseaux
Peignent encore dans les eaux
 Leur éclatant plumage :
L'œil ne peut juger au-dehors
 Qui vole ou bien qui nage
De leurs ombres et de leurs corps.

Quelles richesses admirables
N'ont point ces nageurs marquetés,
Ces poissons aux dos argentés,
Sur leurs écailles agréables !
Ici je les vois s'assembler,
Se mêler et se démêler
 Dans leur couche profonde ;
Là, je les vois (Dieu ! quels attraits !)
 Se promenant dans l'onde,
Se promener dans les forêts.

Je les vois, en troupes légères,
S'élancer de leur lit natal ;
Puis tombant, peindre en ce cristal
Mille couronnes passagères.
L'on diroit que, comme envieux
De voir nager dedans ces lieux
 Tant de bandes volantes,
Perçant les remparts entr'ouverts
 De leurs prisons brillantes,
Ils veulent s'enfuir dans les airs.

Enfin, ce beau tapis liquide
Semble enfermer entre ses bords
Tout ce que vomit de trésors
L'Océan sur un sable aride :
Ici l'or et l'azur des cieux
Font, de leur éclat précieux,
 Comme un riche mélange ;
Là, l'émeraude des rameaux,
 D'une agréable frange,
Entoure le cristal des eaux.

Mais quelle soudaine tourmente,
Comme de beaux songes trompeurs,
Dissipant toutes les couleurs,
Vient réveiller l'onde dormante ?
Déja ses flots entre-poussés
Roulent cent monceaux empressés
 De perles ondoyantes,
Et n'étalent pas moins d'attraits
 Sur leurs vagues bruyantes,
Que dans leurs tranquilles portraits.

ODE V.

LES PRAIRIES.

Mon Dieu, que ces plaines charmantes,
Ces grands prés si beaux et si verts,
Nous présentent d'appas divers
Parmi leurs richesses brillantes !

Ce doux air, ces vives odeurs,
Le pompeux éclat de ces fleurs
   Dont l'herbe se colore,
Semble-t-il pas dire à nos yeux
   Que le palais de Flore
Se fait voir vraiment en ces lieux?

C'est là qu'on entend le murmure
De ces agréables ruisseaux,
Qui joignent leurs flots et les eaux
Au vif émail de la verdure.
C'est là qu'en paisibles replis,
Dans les beaux vases de leurs lits,
   Ils arrosent les herbes,
Et que leurs doux gazouillements,
   De leurs ondes superbes
Bravent les bruits les plus charmants.

Je les vois, au haut des montagnes,
Venir, d'un cours précipité,
Offrir leur tribut argenté
Dans le beau sein de ces campagnes;
Et là, d'un pas respectueux,
Traîner en cercles tortueux
   Leurs sources vagabondes;
Et, comme charmés des beautés
   De ces plaines fécondes,
S'y répandre de tous côtés.

Là, ces Méandres agréables,

Descendant, et puis remontant,
Font, dans leur voyage inconstant,
Cent labyrinthes délectables.
Souvent leurs flots, en s'entr'ouvrant,
. . . . [1]

    Font cent îles fleuries;
Tantôt, quittant leur lit natal,
    Ils bordent les prairies
D'une ceinture de cristal.

Là, quand le jour rapporte au monde
Le beau tribut de sa clarté,
Et que l'ombre et l'obscurité
Rentrent dans leur grotte profonde;
Là, dis-je, des portes du ciel,
On voit de perles et de miel
    Choir une riche pluie,
Et Flore, pour ce doux trésor,
    Ouvrir, toute ravie,
Cent petits bassins d'ambre et d'or.

Là, l'on voit aussi sur les herbes
Voltiger ces vivantes fleurs,
Les papillons dont les couleurs
Sont si frêles et si superbes :
C'est là qu'en escadrons divers,
Ils répandent dedans les airs
    Mille beautés nouvelles,

---

[1] Ce vers manque dans le manuscrit.

Et que les essaims abusés
 Vont chercher sous leurs ailes
Les pleurs que l'Aurore a versés.

C'est là qu'en nombreuses allées
L'on voit mille saules épais,
De remparts superbes et frais
Ceindre ces plaines émaillées :
Oui, je les vois de tous côtés,
En laissant l'éclat argenté
 De leurs feuillages sombres,
Comme vouloir à ces ruisseaux,
 Qui dorment sous leurs ombres,
Faire d'officieux rideaux.

ODE VI.

DES TROUPEAUX, ET D'UN COMBAT DE TAUREAUX.

C'est dans ces campagnes fleuries
Qu'on voit mille troupeaux errants,
Aller, en cent lieux différents,
Ronger les trésors des prairies :
Les uns, charmés par leur aspect,
En retirent avec respect
 Leurs dents comme incertaines;
Les autres, d'un cours diligent,
 Vont boire en ces fontaines,
Qui semblent des coupes d'argent.

Là, l'on voit les grasses génisses,
Se promenant à pas comptés,
Par des cris cent fois répétés,
Témoigner leurs chastes délices;
Là, les brebis sur des buissons,
Font pendre cent petits flocons
   De leur neige luisante;
Les agneaux aussi, bondissant
   Sur la fleur renaissante,
Lui rendent leur culte innocent.

Là, l'on voit, en troupes superbes,
Les jeunes poulains indomptés,
Dessous leurs pas précipités,
Faire à peine courber les herbes:
Je vois ces jeunes furieux,
Qui semblent menacer les cieux,
   D'une tête hautaine,
Et par de fiers hennissements,
   S'élançant sur la plaine,
Défier les airs et les vents.

Mais quelle horrible violence
Pousse ces taureaux envieux
A troubler la paix de ces lieux
Sacrés aux charmes du silence?
Déja, transportés de courroux,
Et sous leurs pieds et sous leurs coups,
   Ils font gémir la terre;
Déja leur mugissante voix,

Comme un bruyant tonnerre,
Fait trembler les monts et les bois.

Je vois déja leur poil qui fume,
Leurs yeux semblent étincelants;
Leurs gosiers secs et pantelants
Jettent plus de feu que d'écume;
La rage excite leur vigueur;
Le vaincu redevient vainqueur;
　　Tout coup fait sa blessure :
Leur front entr'ouvert et fendu
　　Fait rougir la verdure,
D'un sang pêle-mêle épandu.

Parfois, l'un fuyant en arrière
Se fait voir plus foible et plus lent;
Et puis revient, plus violent,
Décharger son âpre colère :
De même un torrent arrêté,
D'abord suspend sa fierté,
　　Remonte vers sa source,
Et puis, redoublant en fureur,
　　Son indomptable course
Traîne le ravage et l'horreur.

Pendant cette rude tempête,
L'on voit les timides troupeaux
Attendre qui, des deux rivaux,
Les doit faire enfin sa conquête;
Mais déja l'un, tout glorieux,

Fait, d'un effort victorieux,
    Triompher sa furie ;
L'autre, morne et plein de douleur,
    Va, loin de la prairie,
Cacher sa honte et son malheur.

Mais quittons ces tristes spectacles,
Qui n'offrent rien que d'odieux,
Pour aller visiter des lieux
Où l'on ne voit que des miracles.
Muse, si ce combat affreux
T'a presque fait, malgré mes vœux,
    Abandonner ces plaines,
Viens dans ces jardins, non de fleurs
    Inutiles et vaines,
Mais d'inestimables douceurs.

ODE VII.

LES JARDINS.

Mes yeux, pourrai-je bien vous croire ?
Suis-je éveillé ? Vois-je un jardin ?
N'est-ce point quelque songe vain
Qui me place en ce lieu de gloire ?
Je vois comme de nouveaux cieux
Où mille astres délicieux
    Répandent leur lumière,
Et semble qu'en ce beau séjour

La terre est héritière
De tous ceux qu'a chassés le jour.

Déja sur cette riche entrée
Je vois les pavis rougissants
Étaler les rayons luisants
De leur belle neige empourprée.
Dieu! quels prodiges inouïs!
Je vois naître dessus les lis
    L'incarnat de la rose,
Je vois la flamme et sa rougeur
    Dessus la neige éclose,
Embellir même la blancheur.

Je vois cette pomme éclatante,
Ou plutôt ce petit soleil,
Ce doux abricot sans pareil,
Dont la couleur est si charmante.
Fabuleuses antiquités,
Ne nous vantez plus les beautés
    De vos pommes dorées :
J'en vois qui, d'un or gracieux
    Également parées,
Ravissent le goût et les yeux.

Je vois, sous la sombre verdure,
Ces deux fruits brillants et pompeux,
Parer les murs, comme orgueilleux
D'une inimitable bordure ;
C'est là qu'heureusement pressés,

Et l'un près de l'autre entassés
　Sur cent égales chaînes,
Ils semblent faire avec éclat,
　De leurs branches hautaines,
Cent sillons d'or et d'incarnat.

Je viens à vous, arbres fertiles,
Poiriers de pompe et de plaisirs,
Pour qui nos vœux et nos desirs
Jamais ne se sont vus stériles :
Soit vous qui, sans chercher d'appui,
Voyez sous vos superbes fruits,
　Se courber vos branchages,
Soit vous qui des riches habits
　De vos tremblants feuillages
Faites de si vastes tapis.

Mais quelle assez vive peinture
Suffit pour tracer dignement
Tout le pompeux ameublement
Dont vous a paré la nature?
Vous ne présentez à nos yeux
Que les fruits les plus précieux
　Qu'ait cultivés Pomone;
Ils ont eu le lis pour berceau,
　L'émeraude est leur trône,
L'or et la pourpre leur manteau.

Je les vois, par un doux échange,
Ici mûris, et là naissants,

De leurs fruits blonds et verdissants
Faire un agréable mélange ;
J'en vois même dedans leur fleur
Garder encore la splendeur
De leur blanche couronne,
Et joindre l'espoir du printemps
Aux beaux fruits dont l'automne
Rend nos vœux à jamais contents.

Je sais quelle auguste matière
Pouvoit sur mes sombres crayons
Jeter encore les rayons
De son éclatante lumière ;
Mais déja l'unique flambeau,
Allant se plonger dedans l'eau,
A fait place aux ténèbres ;
Et les étoiles, à leur tour,
Comme torches funèbres,
Font les funérailles du jour.

J'entends l'innocente musique
Des flûtes et des chalumeaux
Saluer l'ombre en ces hameaux
D'une sérénade rustique.
L'ombre qui, par ses doux pavots,
Venant enfin faire aux travaux
Une paisible guerre,
Fait que ces astres précieux,
Pâlissant sur la terre,
Semblent retourner dans les cieux.

N. B. Quelle différence entre ces vers et les vers d'*Athalie!* C'est ainsi que commencent les grands hommes. Outre les vers foibles qui sont dans ces odes, elles ne disent rien que de général à toute campagne, et n'ont rien de particulier à Port-Royal. D'ailleurs, on y trouve beaucoup de pointes que l'auteur aimoit dans sa jeunesse, et qu'il a depuis évitées avec tant de soin. On trouve cependant dans ces odes de l'imagination et du feu. C'est un jeune homme qui se plaît à décrire la solitude dans laquelle il vit, et le fait avec de perpétuelles exclamations, en style de Malherbe et de Racan, dont il pouvoit être alors rempli. (L. R.)

FIN DU PAYSAGE DE PORT-ROYAL.

ODES.

I.

LA NYMPHE DE LA SEINE [1]
A LA REINE.

(1660.)

  Grande reine, de qui les charmes
  S'assujettissent tous les cœurs,
  Et, de nos discordes vainqueurs,
  Pour jamais ont tari nos larmes;
Princesse, qui voyez soupirer dans vos fers
Un roi qui de son nom remplit tout l'univers,
Et, faisant son destin, faites celui du monde,
Régnez, belle THÉRÈSE, en ces aimables lieux
  Qu'arrose le cours de mon onde,
Et que doit éclairer le feu de vos beaux yeux.

---

[1] Des premiers essais de Racine à *la Nymphe de la Seine*, la distance est grande; et cependant cette pièce même n'est pas exempte des vices du temps, qu'on regardoit alors comme des beautés : elle attira au jeune auteur les éloges de Chapelain et de Perrault, et les bienfaits du roi. Il est à remarquer que Chapelain fut le premier Mécène de Racine. Ce Mécène n'étoit pas à dédaigner, puisqu'il étoit honoré de la confiance de Colbert. Ce fut à peu près dans le même temps, vers 1661, qu'il termina une autre production, dont il ne nous reste que le titre; c'étoit un petit poëme intitulé : *Les Bains de Vénus*. Racine le composa pendant son séjour à Uzès, et l'envoya à son ami La Fontaine. (G.)

Je suis la Nymphe de la Seine :
C'est moi dont les illustres bords
Doivent posséder les trésors
Qui rendoient l'Espagne si vaine.
Ils sont des plus grands rois l'agréable séjour;
Ils le sont des plaisirs, ils le sont de l'amour.
Il n'est rien de si doux que l'air qu'on y respire.
Je reçois les tributs de cent fleuves divers;
Mais de couler sous votre empire,
C'est plus que de régner sur l'empire des mers.

Oh! que bientôt sur mon rivage
On verra luire de beaux jours!
Oh! combien de nouveaux Amours
Me viennent des rives du Tage!
Que de nouvelles fleurs vont naître sous vos pas!
Que je vois après vous de graces et d'appas
Qui s'en vont amener une saison nouvelle!
L'air sera toujours calme, et le ciel toujours clair;
Et près d'une saison si belle
L'âge d'or seroit pris pour un siécle de fer.

Oh! qu'après de rudes tempêtes
Il est agréable de voir
Que les Aquilons, sans pouvoir,
N'osent plus gronder sur nos têtes!
Que le repos est doux après de longs travaux!
Qu'on aime le plaisir qui suit beaucoup de maux!
Qu'après un long hiver le printemps a de charmes!
Aussi, quoique ma joie excéde mes souhaits,

Qui n'auroit point senti d'alarmes
Pourroit-il bien juger des douceurs de la paix?

J'avois perdu toute espérance,
Tant chacun croyoit malaisé
Que jamais le ciel apaisé
Dût rendre le calme à la France :
Mes champs avoient perdu leurs moissons et leurs fleurs;
Je roulois dans mon sein moins de flots que de pleurs [1];
La tristesse et l'effroi dominoient sur mes rives;
Chaque jour m'apportoit quelques malheurs nouveaux;
Mes nymphes pâles et craintives
A peine s'assuroient dans le fond de mes eaux [2].

De tant de malheurs affligée,
Je parus un jour sur mes bords,
Pensant aux funestes discords
Qui m'ont si long-temps outragée;
Lorsque d'un vol soudain je vis fondre des cieux
Amour, qui me flattant de la voix et des yeux :
« Triste Nymphe, dit-il, ne te mets plus en peine;
« Je te prépare un sort si charmant et si doux,
      « Que bientôt je veux que la Seine
« Rende tout l'univers de sa gloire jaloux.

---

[1] On admiroit alors ces faux brillants; et il est à craindre qu'on ne recommence bientôt à les admirer. (G.)

[2] *S'assuroient* pour *se rassuroient* : nous avons déja vu, dans *Esther* et dans *Athalie* même, des exemples de cette faute, qui probablement n'en étoit pas une alors. (G.)

« Je t'amène, après tant d'années,
« Une paix de qui les douceurs,
« Sans aucun mélange de pleurs,
« Feront couler tes destinées.
« Mais ce qui doit passer tes plus hardis souhaits,
« Une reine viendra sur les pas de la paix.
« Comme on voit le soleil marcher après l'aurore,
« Des rives du couchant elle prendra son cours ;
« Et cet astre surpasse encore
« Celui que l'Orient voit naître tous les jours.

« Non que j'ignore la vaillance
« Et les miracles de ton roi ;
« Et que, dans ce commun effroi,
« Je doive craindre pour la France.
« Je sais qu'il ne se plaît qu'au milieu des hasards ;
« Que livrer des combats et forcer des remparts
« Sont de ses jeunes ans les délices suprêmes.
« Je sais tout ce qu'a fait son bras victorieux ;
« Et que plusieurs de nos dieux mêmes
« Par de moindres exploits ont mérité les cieux.

« Mais c'est trop peu pour son courage
« De tous ces exploits inouïs :
« Il faut désormais que Louis
« Entreprenne un plus grand ouvrage.
« Il n'a que trop tenté le hasard des combats ;
« L'Espagne sait assez la valeur de son bras ;
« Assez elle a fourni de lauriers à sa gloire :
« Il faut qu'il en exige autre chose en ce jour :

« Et que, pour dernière victoire,
« Elle fournisse encore un myrte à son amour.

« Thérèse est l'illustre conquête
« Où doivent tendre tous ses vœux :
« Jamais un myrte plus fameux
« Ne sauroit couronner sa tête.
« Le ciel, qui les avoit l'un pour l'autre formés,
« Voulut que d'un même or leurs jours fussent tramés.
« Elle est digne de lui, comme il est digne d'elle.
« Des reines et des rois chacun est le plus grand ;
« Et jamais conquête si belle
« Ne mérita les vœux d'un si grand conquérant[1].

« A son exemple, tous les princes
« Ne songeront plus désormais
« Qu'à faire refleurir la paix
« Et le calme dans leurs provinces.
« L'abondance par-tout ramènera les jeux ;
« Les regrets et les soins s'enfuiront devant eux ;
« Toutes craintes seront pour jamais étouffées.
« Les glaives renfermés ne verront plus le jour,
« Ou bien se verront en trophées,
« Par les mains de la Paix, consacrés à l'Amour.

---

[1] Ce jeu de mots de *conquête* et *conquérant* avoit été fourni à Racine par Corneille, qui fait dire à Laodice, dans *Nicomède*, act. I, sc. 1 :

Un si grand conquérant est encor ma conquête. (G.)

Et depuis, Racine l'employa encore dans *Andromaque*, act. V, sc. 11 :

Mener en conquérant sa nouvelle conquête. (G.)

« Cependant Louis et Thérèse
« Passeront leur âge en ces lieux ;
« Et, plus satisfaits que les dieux,
« Boiront le nectar à leur aise [1].
« Je leur ferai cueillir, par de longues faveurs,
« Tout ce que mon empire a de fruits et de fleurs ;
« Je bannirai loin d'eux tout sujet de tristesse ;
« Je serai dans leur cœur, je serai dans leurs yeux ;
« Et c'est pour les suivre sans cesse
« Que tu me vois quitter la demeure des cieux.

« Les plaisirs viendront sur mes traces
« Charmer tes peuples réjouis.
« La Victoire suivra Louis,
« Thérèse amènera les Grâces.
« Les dieux mêmes viendront passer ici leurs jours.
« Ton repos en durée égalera ton cours.
« Mars de ses cruautés n'y fera plus d'épreuves ;
« La gloire de ton nom remplira l'univers ;
« Et la Seine, sur tous les fleuves,
« Sera ce que Thétis est sur toutes les mers.

« Mais il est temps que je me rende
« Vers le bel astre de ton roi ;
« Adieu, Nymphe, console-toi
« Sur une espérance si grande.
« Thérèse va venir, ne répands plus de pleurs ;
« Prépare seulement des lauriers et des fleurs,

---

[1] Cette expression manque de noblesse. (G.)

« Afin d'en faire hommage à sa beauté suprême. »
Ainsi finit Amour, me laissant à ces mots;
  Et je courus, à l'heure même,
Conter mon aventure aux Nymphes de mes flots.

  Oh dieux! que la seule pensée
  De voir un astre si charmant
  Leur fit oublier promptement
  Toute leur misère passée!
Que le Tage souffrit! quels furent ses transports
Quand l'Amour lui ravit l'ornement de ses bords!
Et que pour lui la guerre eût été moins à craindre!
Ses Nymphes, de regret, prirent toutes le deuil;
  Et si leurs jours pouvoient s'éteindre,
La douleur auroit pu les conduire au cercueil.

  Ce fut alors que les nuages
  Dont nos jours étoient obscurcis
  Devant vous furent éclaircis,
  Et n'enfantèrent plus d'orages.
Nos maux de votre main eurent leur guérison;
Vos yeux d'un nouveau jour peignirent l'horizon;
La terre, sous vos pas, devint même fertile.
Le soleil, étonné de tant d'effets divers,
  Eut peur de se voir inutile,
Et qu'un autre que lui n'éclairât l'univers [1].

  L'impatiente Renommée,

---

[1] Expression gigantesque dans le goût espagnol, que la reine Anne d'Autriche avoit mis à la mode. (G.)

      Ne pouvant cacher ses transports,
      Vint m'entretenir sur ces bords
      De l'objet qui l'avoit charmée.
Oh dieux! que ses discours accrurent mes desirs[1]!
Que je sentis dès-lors de joie et de plaisirs
A vous ouïr nommer si charmante et si belle!
Sa voix seule arrêta la course de mes eaux;
      Les Zéphyrs, en foule autour d'elle,
Cessèrent pour l'ouïr d'agiter mes roseaux.

      Tout l'or dont se vante le Tage,
      Tout ce que l'Inde sur ses bords
      Vit jamais briller de trésors,
      Sembloit être sur mon rivage.
Qu'étoit-ce toutefois de ce grand appareil,
Dès qu'on jetoit les yeux sur l'éclat nompareil
Dont vos seules beautés vous avoient entourée?
Je sais bien que Junon parut moins belle aux dieux,
      Et moins digne d'être adorée,
Lorsqu'en nouvelle reine elle entra dans les cieux.

      Régnez donc, princesse adorable,

---

[1] Racine fit quelques changements à la fin de cette strophe. Voici la manière dont il l'avoit d'abord composée :

    Qu'il vous faisoit beau voir, en ce superbe jour,
    Où sur un char conduit par la Paix et l'Amour,
      Votre illustre beauté triompha sur mes rives!
    Les discords après vous se voyoient enchaînés.
      Mais, hélas! que d'ames captives
      Virent aussi leurs cœurs en triomphe menés!

(Voyez les lettres de Racine à ses amis.) (G.)

Sans jamais quitter le séjour
De ce beau rivage, où l'Amour
Vous doit être si favorable.
Si l'on en croit ce dieu, vous y devez cueillir
Des roses que sa main gardera de vieillir [1],
Et qui d'aucun hiver ne craindront l'insolence ;
Tandis qu'un nouveau Mars, sorti de votre sein,
Ira couronner sa vaillance
De la palme qui croît aux rives du Jourdain [2].

II.

SUR LA CONVALESCENCE DU ROI.
1663 [3].

Revenez, troupes fugitives,
Plaisirs, Jeux, Graces, Ris, Amours,
Qui croyiez déja sur nos rives
Entendre le bruit des tambours :
Louis vit ; et la perfidie
De l'insolente maladie

---

[1] *Gardera* pour *empêchera* : façon de parler qui a vieilli. (G).

[2] Il y a du mouvement et de l'imagination, et souvent de l'élégance dans cette pièce, supérieure à tout ce qu'on faisoit alors dans ce genre. (G.)

[3] Cette ode fut composée à l'occasion de la rougeole dont Louis XIV fut attaqué le 9 juin 1663. Voici les preuves irrécusables de son authenticité. Elle parut imprimée séparément, à Paris, chez Pierre Lepetit, imprimeur-libraire ordinaire du roi, en 1663, in-4° de huit pages. Le nom de Racine est au bas en lettres capitales.

SUR LA CONVALESCENCE

Qui l'avoit osé menacer,
Pareille à ces coups de tonnerre
Qui ne font que bruire et passer,
N'a fait qu'épouvanter la terre.

Mais vous ne sauriez vous résoudre
A venir sitôt en des lieux
Où vous avez cru que la foudre
Étoit prête à tomber des cieux ;
Et, dans la frayeur où vous êtes,
Vous avez beau voir sur vos têtes
Le ciel tout-à-fait éclairci,
Vous ne vous rassurez qu'à peine,
Et n'osez plus paraître ici
Que Louis ne vous y ramène.

Tel, sur l'empire de Neptune,
Paroît le timide nocher
Qu'un excès de bonne fortune
A sauvé d'un affreux rocher :
Ses yeux, où la mort paroît peinte,
Regardent long-temps avec crainte-

L'avocat Issali, ami de Racine, l'a insérée dans son catalogue manuscrit des œuvres de ce grand poëte. Louis Racine, à la vérité, n'en fait aucune mention; mais il y a une lacune dans ses mémoires, ainsi que dans la collection des lettres de son père, depuis 1662 jusqu'en 1664. C'est à M. Capperonnier, l'un des conservateurs de la bibliothèque royale, que nous sommes redevables de cette ode devenue extrêmement rare. Au reste, on y retrouve, ainsi que dans la suivante, les défauts de *la Nymphe de la Seine*; mais elles n'ont pas les mêmes beautés. (G.)

L'horrible sommet de l'écueil ;
Et le voyant si redoutable,
Il tremble encore ; et le cercueil
Lui paroît presque inévitable.

Mais, à moins que d'être insensible,
Pouvoit-on n'être point troublé ?
Malgré leur constance invincible,
Les Vertus mêmes ont tremblé :
Elles craignoient que l'Injustice,
Levant toute barrière au Vice,
Ne leur fît des maux inouïs ;
Et sous la conduite d'Astrée,
Si nous eussions perdu Louis,
Alloient quitter cette contrée.

Vous savez que s'il vous caresse
Pour se délasser quelquefois,
Il donne toute sa tendresse
Aux vertus dignes des grands rois ;
Et qu'il suit bien d'autres maximes
Que ces princes peu magnanimes,
Qui n'aspirent à rien de beau,
Qu'un honteux loisir empoisonne,
Et qu'on voit descendre au tombeau
Sans être pleurés de personne.

En cette aventure funeste
Tout le monde a versé des pleurs ;
Jamais la colère céleste

N'avoit plus effrayé les cœurs :
Non pas même au temps de nos pères,
Lorsque les destins trop sévères
Éteignirent ce beau soleil,
Henri, dont l'éclat admirable
Promettoit un siècle pareil
A celui que chante la fable.

Ce que ni l'aïeul ni le père
N'ont point fait au siècle passé,
Aujourd'hui la France l'espère
Du grand roi qu'ils nous ont laissé :
Et si la Fortune irritée,
Par une fin précipitée
Eût traversé notre repos,
Nous pourrions bien dire à cette heure
Que le ciel donne les héros
Seulement afin qu'on les pleure.

Je sais que sa gloire devance
Le cours ordinaire du temps,
Et que sa merveilleuse enfance [1]
Est pleine d'exploits éclatants ;
Qu'il a plus forcé de murailles,
Plus gagné d'illustres batailles,
Que n'ont fait les plus vieux guerriers :
Aussi les Parques étonnées

---

[1] Ces hyperboles appartiennent à la flatterie plus qu'à la poésie. (G.)

Croyoient, en comptant ses lauriers,
Qu'il avoit vécu trop d'années.

Mais enfin, quoique la Victoire
S'empresse à le couvrir d'honneur,
Il n'est point content de sa gloire,
S'il n'achéve notre bonheur :
Il veut que par toute la France
La paix raméne l'abondance,
Et prévienne tous nos besoins;
Que les biens nous cherchent en foule,
Et que sans murmures ni soins
Son aimable régne s'écoule.

Qu'il vive donc, et qu'il jouisse
Des fruits de sa haute valeur :
Que devant lui s'évanouisse
Toute apparence de douleur :
Qu'auprès des beaux yeux de THERÈSE
Son grand cœur respire à son aise,
Et que de leurs chastes amours
Naisse une famille féconde
A qui, comblé d'heur et de jours,
Il puisse partager le monde.

Et vous, conspirez à sa joie,
Amours, Jeux, Ris, Graces, Plaisirs,
Et que chacun de vous s'emploie
A satisfaire ses desirs :
Empêchez que son grand courage,

Qui dans mille travaux l'engage,
Ne le fasse trop tôt vieillir :
Rendez ses beaux jours toujours calmes,
Et faites-lui toujours cueillir
Autant de roses que de palmes.

III.

LA RENOMMÉE AUX MUSES[1].

1663.

On alloit oublier les filles de Mémoire;
 Et, parmi les mortels,
L'Ignorance et l'Erreur alloient ternir leur gloire,
 Et briser leurs autels :

Il falloit qu'un héros, de qui la terre entière
 Admire les exploits,
Leur offrît un asile, et fournît de matière[2]
 A leurs divines voix.

---

[1] *La Renommée aux Muses* eut plus de succès que l'ode *sur la convalescence du roi*, sans être beaucoup meilleure, quoique le sujet fût plus lyrique. Le poëte y célèbre les nombreux encouragements prodigués à cette époque par Louis XIV aux lettres, aux sciences, et aux arts : l'établissement des trois académies, les gratifications et les pensions accordées aux gens de lettres, aux savants nationaux et étrangers, etc. etc. (G.)

[2] Il falloit *et servît de matière.*

Elles étoient au ciel; et la Nymphe qui vole
  Et qui parle toujours
Ne les vit pas plus tôt, qu'elle prit la parole,
  Et leur tint ce discours :

« Puisqu'un nouvel Auguste aux rives de la Seine
  « Vous appelle en ce jour,
« Muses, pour voir Louis, abandonnez sans peine
  « Le céleste séjour.

« Aussi-bien voyez-vous que plusieurs des dieux même,
  « De sa gloire éblouis,
« Prisent moins le nectar que le plaisir extrême
  « D'être auprès de Louis.

« A peine marchoit-il, que la fille sacrée [1]
  « Qui se plaît aux combats,
« Et Thémis, qui préside aux balances d'Astrée,
  « Conduisirent ses pas.

« Les Vertus, qui dès-lors suivirent leur exemple,
  « Virent avec plaisir
« Que le cœur de Louis étoit le plus beau temple
  « Qu'elles pussent choisir.

« Aussi prompte que tout, nous vîmes la Victoire
  « Suivre ses étendards,

---

[1] Expression prosaïque, dont la foiblesse paroit d'autant plus, qu'elle est environnée de phrases poétiques. (G.)

« Jurant qu'à si haut point elle mettroit sa gloire,
  « Qu'on le prendroit pour Mars.

« On sait qu'elle marchoit devant cet Alexandre,
  « Et que, plus d'une fois,
« Elle arrêta la Paix toute prête à descendre
  « Sur l'empire françois.

« Mais enfin ce héros, plus craint que le tonnerre,
  « Après tant de hauts faits,
« A trouvé moins de gloire à conquérir la terre
  « Qu'à ramener la Paix.

« Ainsi, près de LOUIS, cette aimable déesse
  « Établit son séjour;
« Et de mille autres dieux, qui la suivent sans cesse,
  « Elle peupla sa cour.

« Entre les déités dont l'immortelle gloire
  « Parut en ces bas lieux,
« On vit venir THÉRÈSE : et sa beauté fit croire
  « Qu'elle venoit des cieux.

« Vous-même, en la voyant, avoûrez que l'aurore
  « Jette moins de clartés,
« Eût-elle tout l'éclat et les habits encore
  « Dont vous la revêtez.

« Mais, quoique dans la paix LOUIS semble se plaire,
  « Quel orgueil aveuglé

« Osera s'exposer aux traits de sa colère
« Sans en être accablé ?

« Ah ! si ce grand héros vous paroît plein de charmes
« Dans le sein de la Paix,
« Que vos yeux le verront terrible sous les armes,
« S'il les reprend jamais !

« Vous le verrez voler, plus vite que la foudre,
« Au milieu des hasards,
« Faire ouvrir les cités, ou renverser en poudre
« Leurs superbes remparts.

« Qu'il fera beau chanter tant d'illustres merveilles
« Et de faits inouïs !
« Et qu'en si beau sujet vous plairez aux oreilles
« Des peuples de Louis !

« Songez de quelle ardeur vous serez échauffées,
« Quand, pour vous écouter,
« Vous trouverez ce prince à l'ombre des trophées
« Qu'il viendra de planter !

« Ainsi le grand Achille, assis près des murailles
« Où l'on pleuroit Hector,
« De ses braves aïeux écoutoit les batailles,
« Et les siennes encor.

« Quoi que fasse Louis, soit en paix, soit en guerre,
« Il vous peut inspirer

« Des chants harmonieux qui de toute la terre
« Vous feront admirer.

« Qu'on ne nous parle plus de l'amant d'Eurydice :
« Quoi qu'on dise de lui,
« Le Strymon n'a rien vu que la Seine ne puisse
« Voir encore aujourd'hui.

« Je vous promets bien plus : la Fortune, sensible
« A des charmes si doux,
« Laissera désormais la rigueur inflexible
« Qu'elle eût toujours pour vous.

« En vain de vos lauriers on se paroit la tête ;
« Et vos chantres fameux
« Étoient les plus sujets aux coups de la tempête,
« Et les plus malheureux.

« C'est en vain qu'autrefois les lions et les arbres
« Vous suivoient pas à pas :
« La Fortune, toujours plus dure que les marbres,
« Ne s'en émouvoit pas.

« Mais ne la craignons plus : Louis contre sa haine
« Vous protége aujourd'hui ;
« Et, près de cet Auguste, un illustre Mécène[1]
« Vous promet son appui.

« Les soins de ce grand homme apaiseront la rage

[1] Le grand Colbert.

AUX MUSES.

« De vos fiers ennemis ;
« Et, quoi qu'il vous promette, il fera davantage [1]
« Qu'il ne vous a promis.

« Venez donc, puisque enfin vous ne sauriez élire
« Un plus charmant séjour
« Que d'être auprès d'un roi dont le mérite attire
« Tant de dieux à sa cour.

« Moi-même auprès de lui je ferois ma demeure,
« Si ses exploits divers
« Ne me contraignoient pas de voler à toute heure
« Au bout de l'univers. »

Là finit son discours ; et la troupe immortelle
Qui l'avoit écouté
Voulut voir le héros que la Nymphe fidelle
Leur avoit tant vanté.

Sa présence effaça dans leur ame charmée
Le souvenir des cieux ;
Et, dans le même instant, la prompte Renommée
L'alla dire en tous lieux.

---

[1] *Qu'il* est un véritable solécisme : on ne peut jamais mettre le *que* comparatif après *davantage*. (G.)

IV.

TIRÉE DU PSAUME XVII [1].

Diligam te, Domine, etc.

Je t'aimerai, bonté suprême,
Mon défenseur et mon salut.
Grand Dieu! d'un cœur plein de toi-même
Daigne accepter l'humble tribut!
De mes rivaux la haine impie
Attaquoit mon sceptre et ma vie,
Tu sauves ma gloire et mes jours :
En rendre grace à ta tendresse,
C'est assurer à ma foiblesse
Un nouveau droit à tes secours.

Déja, dans mon ame éperdue
La mort répandant ses terreurs,
Présentoit par-tout à ma vue

---

[1] Cette ode a été trouvée, ainsi que les notes qui l'accompagnent, à la vente de Racine le fils, et déposée à la bibliothèque royale par M. Capperonnier. Le manuscrit est de la main même du grand Racine. Il est impossible de fixer l'époque précise à laquelle cette ode a été faite. On y trouve de la sagesse, de la correction, et du goût. Elle est du même ton, du même genre que les hymnes du Bréviaire; plusieurs strophes sont dignes des cantiques. Il est probable que le manuscrit de l'ode et des notes étoit destiné à être mis sous les yeux de Boileau. (G.)

Et ses tourments et ses horreurs [1] :
Ma perte étoit inévitable ;
J'invoquai ton nom redoutable,
Et tu fus sensible à mes cris :
Tu vis leur trame sacrilége,
Et ta pitié rompit le piége
Où leurs complots m'avoient surpris.

Tu dis, et ta voix déconcerte [2]
L'ordre éternel des éléments ;
Sous tes pas la terre entr'ouverte
Voit chanceler ses fondements.
Dans sa frayeur le ciel s'abaisse ;
Devant ton trône une ombre épaisse
Te dérobe aux yeux des vivants ;
Des Chérubins, dans le silence,
L'aile s'étend ; ton char s'élance
A travers les feux et les vents.

Au-devant des pâles victimes
Que poursuit ton glaive perçant,

---

[1] Var. Tout l'appareil de ses horreurs.

Lequel aimeriez-vous mieux, monsieur ? Dit-on *présenter des tourments à la vue de quelqu'un ?* D'un autre côté, *par-tout* et *tout l'appareil*. (*Note de Racine.*)

[2] *Tu dis :* on retrouvera ce tour dans le plus beau des cantiques de Racine :

Tu dis, et les cieux parurent, etc.

Cette strophe est très remarquable par l'harmonie et la force lyrique. (G.)

Prête à sortir de ses abymes,
La mer accourt en mugissant;
Intéressés à ta vengeance,
Tous les fléaux, d'intelligence,
S'unissent pour leur châtiment:
Du monde, près de se dissoudre,
Le chaos en proie à la foudre,
N'est plus qu'un vaste embrasement.

Quand tu souléves la nature
Contre leurs projets inhumains,
Tu récompenses ma droiture
Et l'innocence de mes mains.
Malgré le siécle et ses maximes,
Tu vis mon cœur exempt de crimes:
Pouvoit-il en vain t'implorer?
Dans mon transport vif et sincère
Quels seront mes soins à te plaire,
Et mon ardeur à l'épurer!

De ton amour et de ta crainte
Ce cœur à jamais pénétré
Sera fidéle à ta loi sainte;
Et mon triomphe est assuré.
L'impie aux traits de ta justice
Croit échapper; mais le supplice
Tôt ou tard atteint les pécheurs.
Toujours propice aux ames pures,
C'est sur nos mœurs que tu mesures
Tes châtiments et tes faveurs.

ODE TIRÉE DU PS. XVII.

Tel est l'arrêt de ta sagesse :
Tu soutiens l'humble vertueux,
Et tu confonds la folle ivresse
Du criminel présomptueux.
C'est pour toi que je prends les armes :
Parmi le trouble et les alarmes
Éclaire ma foible raison ;
Guide mes pas ; et, dans mon zèle,
Il n'est rempart ni citadelle
Que je ne force en ton saint nom.

Tu me reprends, tu me consoles ;
Et le miel a moins de douceur [1],
L'or est moins pur que les paroles
Que tu fais entendre à mon cœur.
Quel dieu plus saint, plus adorable,
Dans ses conseils plus admirable,
Plus magnifique en ses bienfaits !
Même au milieu de ta vengeance,
Combien de fois ton indulgence
M'en a-t-elle adouci les traits !

Tu mets un terme à ta justice,
Et ton courroux s'est apaisé ;
Ta main m'enlève au précipice
Que les méchants m'avoient creusé :
Tel ils m'ont vu dans ma jeunesse,
Par les secours de ta tendresse,

---

[1] Psaume XVIII, vers. 11. (*Note de Racine.*)

Renverser leurs desseins pervers,
Tromper leur rage, et, sur ton aile[1],
Prendre l'essor de l'hirondelle[2],
Et m'envoler dans les déserts.

Dieu des batailles, dieu terrible,
Tu m'instruis dans l'art des combats !
Je te dois la force invincible
Qui soutient mon cœur et mon bras[3] :
Ce bras, armé pour leur supplice,
Ne cessera, sous ton auspice,
De triompher et de punir.
Oui, dans le sang de tes victimes,
De leur blasphème et de leurs crimes
J'abolirai le souvenir.

Tandis qu'en proie à l'anathème,
Ils pousseront en vain des cris
Vers les humains, vers le dieu même
Dont la fureur les a proscrits,
Sous mon règne heureux et tranquille
Je verrai mon peuple docile
M'offrir le tribut de son cœur.
L'étranger, forcé de me craindre,

---

[1] Ou, pour éviter la liaison des deux tercets :

    Tel jadis, porté sur ton aile,
    Je pris l'essor de l'hirondelle,
    Et m'envolai dans les déserts. (*Note de Racine.*)

[2] Psaume x, v. 1. (*Note de Racine.*)
[3] Psaume x, v. 1. (*Note de Racine.*)

Sera réduit lui-même à feindre
Un zéle ardent pour son vainqueur.

Tous ces succès sont ton ouvrage;
Et tu me vois en ce grand jour,
Dieu d'Israël, en rendre hommage
A ton pouvoir, à ton amour.
Étends tes soins jusqu'à ma race;
A mes enfants, avec ta grace,
Transmets ma gloire et mes états :
Peux-tu signaler ta puissance
Avec plus de magnificence
Qu'en protégeant les potentats !

FIN DES ODES.

IDYLLE SUR LA PAIX[1].

1685.

Un plein repos favorise vos vœux :
Peuples, chantez la Paix, qui vous rend tous heureux.

Un plein repos favorise nos vœux :
Chantons, chantons la Paix, qui nous rend tous heureux.

Charmante Paix, délices de la terre,
Fille du ciel, et mère des plaisirs,
Tu reviens combler nos desirs ;
Tu bannis la terreur et les tristes soupirs,
Malheureux enfants de la guerre.

Un plein repos favorise nos vœux :
Chantons, chantons la Paix, qui nous rend tous heureux.

Tu rends le fils à sa tremblante mère;
Par toi la jeune épouse espère

---

[1] Cette pièce fut composée en 1685. Racine avoit, depuis huit ans, renoncé à la poésie. Ce fut à la sollicitation du marquis de Seignelay, et à l'occasion de la fête donnée à Louis XIV par ce fils du grand Colbert, que Racine consentit à rentrer dans une carrière qu'il sembloit alors avoir abandonnée pour toujours. Il y a de fort belles strophes dans cette idylle, qui fut mise en musique par Lully, et chantée dans l'orangerie de Sceaux. (G.)

D'être long-temps unie à son époux aimé ;
De ton retour le laboureur charmé
Ne craint plus désormais qu'une main étrangère
Moissonne avant le temps le champ qu'il a semé ;
Tu pares nos jardins d'une grace nouvelle ;
Tu rends le jour plus pur, et la terre plus belle.

Un plein repos favorise nos vœux :
Chantons, chantons la Paix, qui nous rend tous heureux.

Mais quelle main puissante et secourable
A rappelé du ciel cette Paix adorable ?

Quel Dieu, sensible aux vœux de l'univers,
A replongé la discorde aux enfers ?

Déja grondoient les horribles tonnerres [1]
  Par qui sont brisés les remparts ;
Déja marchoit devant les étendards
  Bellone, les cheveux épars,
Et se flattoit d'éterniser les guerres
Que sa fureur souffloit de toutes parts.

Divine Paix, apprends-nous par quels charmes
Un calme si profond succède à tant d'alarmes ?

Un héros, des mortels l'amour et le plaisir,
Un roi victorieux vous a fait ce loisir.

---

[1] Belle strophe, très digne de Racine. (G.)

Un héros, des mortels l'amour et le plaisir,
Un roi victorieux nous a fait ce loisir [1].

Ses ennemis, offensés de sa gloire,
 Vaincus cent fois, et cent fois suppliants,
 En leur fureur de nouveau s'oubliants [2],
Ont osé dans ses bras irriter la victoire.
 Qu'ont-ils gagné, ces esprits orgueilleux,
 Qui menaçoient d'armer la terre entière?
Ils ont vu de nouveau resserrer leur frontière;
 Ils ont vu ce roc sourcilleux [3],
 De leur orgueil l'espérance dernière,
De nos champs fortunés devenir la barrière [4].

Un héros, des mortels l'amour et le plaisir,
Un roi victorieux nous a fait ce loisir.

Son bras est craint du couchant à l'aurore :
La foudre, quand il veut, tombe aux climats gelés,
 Et sur les bords par le soleil brûlés :
De son courroux vengeur, sur le rivage more [5],
 La terre fume encore.

---

[1] Imitation de ce vers de la première églogue de Virgile :

« Deus nobis hæc otia fecit. »

[2] *S'oubliants* : ce participe n'est pas déclinable, même en poésie. (G.) — [3] Luxembourg.

[4] La musique de cette belle strophe, et de celle qui commence par ces mots : *Déja grondoient*, etc., passoit pour un des chefs-d'œuvre de Lulli. (G.) — [5] Alger.

SUR LA PAIX.

Malheureux les ennemis
De ce prince redoutable !
Heureux les peuples soumis
A son empire équitable !
Chantons, bergers, et nous réjouissons :
Qu'il soit le sujet de nos fêtes.

Le calme dont nous jouissons
N'est plus sujet aux tempêtes.
Chantons, bergers, et nous réjouissons :
Qu'il soit le sujet de nos fêtes.
Le bonheur dont nous jouissons
Le flatte autant que toutes ses conquêtes.

De ces lieux l'éclat et les attraits,
Ces fleurs odorantes,
Ces eaux bondissantes [1],
Ces ombrages frais,
Sont des dons de ses mains bienfaisantes.
De ces lieux l'éclat et les attraits
Sont des fruits de ses bienfaits.

Il veut bien quelquefois visiter nos bocages ;
Nos jardins ne lui déplaisent pas.
Arbres épais, redoublez vos ombrages ;
Fleurs, naissez sous ses pas.

O ciel, ô saintes destinées,

---
[1] La cascade de Sceaux.

Qui prenez soin de ses jours florissants,
Retranchez de nos ans
Pour ajouter à ses années.

Qu'il règne, ce héros, qu'il triomphe toujours;
Qu'avec lui soit toujours la paix ou la victoire;
Que le cours de ses ans dure autant que le cours
De la Seine et de la Loire.

Qu'il règne ce héros, qu'il triomphe toujours;
Qu'il vive autant que sa gloire[1] !

---

[1] M. Renouard, libraire à Paris, possède une copie de cette idylle écrite par une des filles de Racine, et dont le titre apprend qu'elle fut composée par Racine et Despréaux.

HYMNES
ET
CANTIQUES SPIRITUELS.

HYMNI
BREVIARII ROMANI.

FERIA SECUNDA,
AD MATUTINUM.

Somno refectis artubus,
Spreto cubili surgimus,
Nobis, Pater, canentibus,
Adesse te deposcimus.

Te lingua primùm concinat,
Te mentis ardor ambiat,
Ut actuum sequentium
Tu, sancte, sis exordium.

HYMNES

TRADUITES

DU BRÉVIAIRE ROMAIN[1].

LE LUNDI,

A MATINES.

Tandis que le sommeil, réparant la nature,
   Tient enchaînés le travail et le bruit,
Nous rompons ses liens, ô clarté toujours pure!
   Pour te louer dans la profonde nuit.

Que dès notre réveil notre voix te bénisse;
   Qu'à te chercher notre cœur empressé
T'offre ses premiers vœux; et que par toi finisse
   Le jour par toi saintement commencé.

---

[1] Ces hymnes furent, suivant l'opinion la plus probable, un des fruits de la jeunesse de Racine; mais il les revit dans un âge plus avancé, et le style annonce un écrivain consommé dans l'art de la versification. Les entraves de la traduction s'y font quelquefois sentir, parceque ces hymnes latines sont presque toutes terminées par des formules qu'il est impossible de rendre poétiquement en françois. (G.)

Cedant tenebræ lumini,
Et nox diurno sideri :
Ut culpa, quam nox intulit,
Lucis labascat munere.

Precamur iidem supplices,
Noxas ut omnes amputes,
Et ore te canentium
Lauderis in perpetuum.

Præsta, pater piissime,
Patrique compar Unice,
Cum Spiritu Paracleto
Regnans per omne sæculum. Amen.

AD LAUDES.

Splendor paternæ gloriæ,
De luce lucem proferens,
Lux lucis, et fons luminis,
Diem dies illuminans.

Verusque sol illabere,
Micans nitore perpeti :
Jubarque Sancti Spiritûs
Infunde nostris sensibus.

Votis vocemus et Patrem,
Patrem perennis glòriæ,
Patrem potentis gratiæ,
Culpam releget lubricam.

HYMNES.

L'astre dont la présence écarte la nuit sombre
   Viendra bientôt recommencer son tour :
O vous, noirs ennemis qui vous glissez dans l'ombre,
   Disparoissez à l'approche du jour.

Nous t'implorons, Seigneur : tes bontés sont nos armes :
   De tout péché rends-nous purs à tes yeux ;
Fais que, t'ayant chanté dans ce séjour de larmes,
   Nous te chantions dans le repos des cieux.

Exauce, Père saint, notre ardente prière,
   Verbe, son fils, Esprit, leur nœud divin,
Dieu qui, tout éclatant de ta propre lumière,
   Régnes au ciel sans principe et sans fin.

A LAUDES.

   Source ineffable de lumière,
Verbe en qui l'Éternel contemple sa beauté,
Astre, dont le soleil n'est que l'ombre grossière,
Sacré jour, dont le jour emprunte sa clarté ;

   Léve-toi, Soleil adorable,
Qui de l'éternité ne fais qu'un heureux jour ;
Fais briller à nos yeux ta clarté secourable,
Et répands dans nos cœurs le feu de ton amour.

   Prions aussi l'auguste Père,
Le Père dont la gloire a devancé les temps,
Le Père tout puissant en qui le monde espère,
Qu'il soutienne d'en haut ses fragiles enfants.

Confirmet actus strenuos,
Dentes retundat invidi,
Casus secundet asperos,
Donet gerendi gratiam.

Mentem gubernet et regat;
Casto fideli corpore,
Fides calore ferveat;
Fraudis venena nesciat.

Christusque nobis sit cibus,
Potusque noster sit fides:
Læti bibamus sobriam
Ebrietatem spiritus.

Lætus dies hic transeat;
Pudor sit ut diluculum;
Fides velut meridies;
Crepusculum mens nesciat.

Aurora cursus provehit,
Aurora totus prodeat,
In Patre totus Filius,
Et totus in Verbo Pater.

Deo Patri sit gloria,
Ejusque soli Filio,

HYMNES.

Donne-nous un ferme courage ;
Brise la noire dent du serpent envieux ;
Que le calme, grand Dieu, suive de près l'orage ;
Fais-nous faire toujours ce qui plaît à tes yeux.

Guide notre ame dans ta route,
Rends notre corps docile à ta divine loi ;
Remplis-nous d'un espoir que n'ébranle aucun doute,
Et que jamais l'erreur n'altère notre foi.

Que Christ soit notre pain céleste ;
Que l'eau d'une foi vive abreuve notre cœur :
Ivres de ton esprit, sobres pour tout le reste [1],
Daigne à tes combattants inspirer ta vigueur.

Que la pudeur chaste et vermeille
Imite sur leur front la rougeur du matin ;
Aux clartés du midi que leur foi soit pareille ;
Que leur persévérance ignore le déclin.

L'aurore luit sur l'hémisphère :
Que Jésus dans nos cœurs daigne luire aujourd'hui,
Jésus, qui tout entier est dans son divin Père,
Comme son divin Père est tout entier en lui.

Gloire à toi, Trinité profonde,
Père, Fils, Esprit saint : qu'on t'adore toujours,

---

[1] Ce vers n'est pas une traduction heureuse du latin : *Sobriam ebrietatem spiritus*. Cette strophe commence désagréablement par ces mots : *Que Christ*, etc. (G.)

Cum Spiritu Paracleto,
Et nunc et in perpetuum. Amen.

AD VESPERAS.

Immense cœli conditor
Qui mixta ne confunderent;
Aquæ fluenta dividens,
Cœlum dedisti limitem.

Firmans locum cœlestibus,
Simulque terræ rivulis
Ut unda flammas temperet,
Terræ solum ne dissipent;

Infunde nunc, piissime,
Donum perennis gratiæ;
Fraudis novæ ne casibus
Nos error atterat vetus.

Lucem fides adaugeat;
Sic luminis jubar ferat:
Ut vana cuncta terreat,
Hanc falsa nulla comprimant.

Præsta, Pater piissime, etc.

Tant que l'astre des temps éclairera le monde,
Et quand les siècles même auront fini leur cours!

A VÊPRES.

Grand Dieu, qui vis les cieux se former sans matière,
  A ta voix seulement;
Tu séparas les eaux, leur marquas pour barrière
  Le vaste firmament.

Si la voûte céleste a ses plaines liquides,
  La terre a ses ruisseaux,
Qui, contre les chaleurs, portent aux champs arides
  Le secours de leurs eaux.

Seigneur, qu'ainsi les eaux de ta grace féconde
  Réparent nos langueurs;
Que nos sens désormais vers les appas du monde
  N'entraînent plus nos cœurs.

Fais briller de ta foi les lumières propices
  A nos yeux éclairés:
Qu'elle arrache le voile à tous les artifices
  Des enfers conjurés.

Règne, ô Père éternel, Fils, sagesse incréée,
  Esprit-Saint, Dieu de paix,
Qui fais changer des temps l'inconstante durée,
  Et ne changes jamais.

FERIA TERTIA,

AD MATUTINUM.

Consors paterni luminis,
Lux ipse lucis, et dies,
Noctem canendo rumpimus,
Assiste postulantibus.

Aufer tenebras mentium;
Fuga catervas dæmonum;
Expelle somnolentiam,
Ne pigritantes obruat.

Sic, Christe, nobis omnibus
Indulgeas credentibus,
Ut prosit exorantibus,
Quod præcinentes psallimus.

Præsta, Pater piissime, etc.

AD LAUDES.

Ales diei nuncius
Lucem propinquam præcinit:

LE MARDI,

A MATINES.

Verbe, égal au Très Haut, notre unique espérance,
 Jour éternel de la terre et des cieux,
De la paisible nuit nous rompons le silence
 Divin Sauveur, jette sur nous les yeux.

Répands sur nous le feu de ta grace puissante;
 Que tout l'enfer fuie au son de ta voix;
Dissipe ce sommeil d'une ame languissante,
 Qui la conduit dans l'oubli de tes lois.

O Christ! sois favorable à ce peuple fidéle,
 Pour te bénir maintenant assemblé;
Reçois les chants qu'il offre à ta gloire immortelle;
 Et de tes dons qu'il retourne comblé.

Exauce, Père saint, notre ardente prière,
 Verbe son fils, Esprit leur nœud divin,
Dieu qui, tout éclatant de ta propre lumière,
 Régnes au ciel sans principe et sans fin.

A LAUDES.

L'oiseau vigilant nous réveille;
Et ses chants redoublés semblent chasser la nuit :

Nos excitator mentium
Jam Christus ad vitam vocat.

Auferte, clamat, lectulos,
Ægro sopore desides :
Castique, recti ac sobrii
Vigilate : jam sum proximus.

Jesum ciamus vocibus,
Flentes, precantes, sobrii :
Intenta supplicatio
Dormire cor mundum vetat.

Tu, Christe, somnum discute,
Tu rumpe mortis vincula,
Tu solve peccatum vetus,
Novumque lumen ingere.

Deo Patri sit gloria,
Ejusque soli Filio, etc.

AD VESPERAS.

Telluris ingens conditor,
Mundi solum qui eruens,
Pulsis aquæ molestiis,
Terram dedisti immobilem :

Jésus se fait entendre à l'ame qui sommeille,
Et l'appelle à la vie, où son jour nous conduit.

« Quittez, dit-il, la couche oisive
« Où vous ensevelit une molle langueur :
« Sobres, chastes et purs, l'œil et l'ame attentive,
« Veillez : je suis tout proche, et frappe à votre cœur. »

Ouvrons donc l'œil à sa lumière,
Levons vers ce Sauveur et nos mains et nos yeux,
Pleurons et gémissons : une ardente prière
Écarte le sommeil, et pénètre les cieux.

O Christ, ô soleil de justice !
De nos cœurs endurcis romps l'assoupissement ;
Dissipe l'ombre épaisse où les plonge le vice,
Et que ton divin jour y brille à tout moment !

Gloire à toi, Trinité profonde,
Père, Fils, Esprit saint : qu'on t'adore toujours,
Tant que l'astre des temps éclairera le monde,
Et quand les siècles même auront fini leur cours.

A VÊPRES.

Ta sagesse, grand Dieu ! dans tes œuvres tracée,
    Débrouilla le chaos ;
Et, fixant sur son poids la terre balancée,
    La sépara des flots.

Ut germen aptum proferens,
Fulvis decora floribus,
Fecunda fructu sisteret,
Pastumque gratum redderet.

Mentis perustæ vulnera
Munda virore gratiæ :
Ut facta fletu diluat,
Motusque pravos atterat.

Jussis tuis obtemperet,
Nullis malis approximet,
Bonis repleri gaudeat,
Et mortis actum nesciat.

Præsta, Pater piissime, etc.

Par-là, son sein fécond, de fleurs et de feuillages
    L'embellit tous les ans,
L'enrichit de doux fruits, couvre de pâturages
    Ses vallons et ses champs.

Seigneur, fais de ta grace, à notre ame abattue,
    Goûter les fruits heureux;
Et que puissent nos pleurs de la chair corrompue
    Éteindre en nous les feux.

Que sans cesse nos cœurs, loin du sentier des vices,
    Suivent tes volontés :
Qu'innocents à tes yeux, ils fondent leurs délices
    Sur tes seules bontés.

Régne, ô Père éternel, Fils, sagesse incréée,
    Esprit saint, Dieu de paix,
Qui fais changer des temps l'inconstante durée,
    Et ne changes jamais.

FERIA QUARTA.

AD MATUTINUM.

Rerum creator optime,
Rectorque noster, aspice:
Nos à quiete noxiâ,
Mersos sopore libera.

Te, Christe sancte, poscimus:
Ignosce culpis omnibus:
Ad confitendum surgimus,
Morasque noctis rumpimus.

Mentes manusque tollimus,
Propheta sicut noctibus
Nobis gerendum præcipit,
Paulusque gestis censuit.

Vides malum quod fecimus,
Occulta nostra pandimus,
Preces gementes fundimus,
Dimitte quod peccavimus.

Præsta, pater piissime, etc.

LE MERCREDI,

A MATINES.

Grand Dieu, par qui de rien toute chose est formée,
    Jette les yeux sur nos besoins divers;
Romps ce fatal sommeil, par qui l'âme charmée
    Dort en repos sur le bord des enfers.

Daigne, ô divin Sauveur que notre voix implore,
    Prendre pitié des fragiles mortels,
Et vois comme du lit, sans attendre l'aurore,
    Le repentir nous traîne à tes autels.

C'est là que notre troupe affligée, inquiète,
    Levant au ciel et le cœur et les mains,
Imite le grand Paul, et suit ce qu'un prophète
    Nous a prescrit dans ses cantiques saints.

Nous montrons à tes yeux nos maux et nos alarmes,
    Nous confessons tous nos crimes secrets;
Nous t'offrons tous nos vœux, nous y mêlons nos larmes :
    Que ta bonté révoque tes arrêts!

Exauce, Père saint, notre ardente prière,
    Verbe son fils, Esprit leur nœud divin,
Dieu qui, tout éclatant de ta propre lumière,
    Règnes au ciel sans principe et sans fin.

AD LAUDES.

Nox et tenebræ et nubila,
Confusa mundi, et turbida,
Lux intrat, albescit polus,
Christus venit: discedite.

Caligo terræ scinditur
Percussa solis spiculo;
Rebusque jam color redit;
Vultu nitentis sideris.

Te, Christe, solum novimus,
Te mente purâ et simplici,
Flendo, et canendo, quæsumus,
Intende nostris sensibus.

Sunt multa fucis illita,
Quæ luce purgentur tuâ:
Tu lux eoi sideris
Vultu sereno illumina.

Deo Patri sit gloria, etc.

A LAUDES.

Sombre nuit, aveugles ténèbres,
Fuyez : le jour s'approche, et l'Olympe blanchit[1] :
Et vous, démons, rentrez dans vos prisons funèbres :
De votre empire affreux un Dieu nous affranchit.

Le soleil perce l'ombre obscure ;
Et les traits éclatants qu'il lance dans les airs,
Rompant le voile épais qui couvroit la nature,
Redonnent la couleur et l'ame à l'univers.

O Christ, notre unique lumière,
Nous ne reconnoissons que tes saintes clartés !
Notre esprit t'est soumis ; entends notre prière,
Et sous ton divin joug range nos volontés.

Souvent notre ame criminelle,
Sur sa fausse vertu, téméraire, s'endort ;
Hâte-toi d'éclairer, ô lumière éternelle,
Des malheureux assis dans l'ombre de la mort !

Gloire à toi, Trinité profonde,
Père, Fils, Esprit saint : qu'on t'adore toujours,
Tant que l'astre des temps éclairera le monde,
Et quand les siècles même auront fini leur cours.

[1] *L'Olympe* est bien mal placé dans une hymne chrétienne. (G.)

HYMNI.

AD VESPERAS.

Cœli Deus sanctissime,
Qui lucidum centrum poli
Candore pingis igneo
Augens decoro lumine;

Quarto die qui flammeam
Solis rotam constituens,
Lunæ ministras ordinem,
Vagosque cursus siderum.

Ut noctibus, vel lumini
Diremptionis terminum,
Primordiis et mensium
Signum dares notissimum.

Illumina cor hominum;
Absterge sordes mentium;
Resolve culpæ vinculum;
Everte moles criminum.

Præsta, Pater piissime, etc.

A VÊPRES.

Grand Dieu, qui fais briller sur la voûte étoilée
  Ton trône glorieux,
Et d'une blancheur vive à la pourpre mêlée
  Peins le centre des cieux,

Par toi roule à nos yeux, sur un char de lumière,
  Le clair flambeau des jours [1],
De tant d'astres par toi la lune en sa carrière
  Voit le différent cours.

Ainsi sont séparés les jours des nuits prochaines
  Par d'immuables lois ;
Ainsi tu fais connaître à des marques certaines
  Les saisons et les mois.

Seigneur, répands sur nous ta lumière céleste,
  Guéris nos maux divers ;
Que ta main secourable, aux démons si funeste,
  Brise enfin tous nos fers.

Règne, ô Père éternel, Fils, Sagesse incréée,
  Esprit saint, Dieu de paix,
Qui fais changer des temps l'inconstante durée,
  Et ne changes jamais !

---

[1] Dans tous les ouvrages de Racine, on ne trouveroit peut-être pas une image aussi fausse que celle d'un *flambeau qui roule sur un char*. (G.)

FERIA QUINTA,

AD MATUTINUM.

Nox atra rerum contegit
Terræ colores omnium,
Nos confitentes poscimus
Te, juste judex cordium,

Ut auferas piacula,
Sordesque mentis abluas :
Donesque, Christe, gratiâ
Ut arceantur crimina.

Mens ecce torpet impia,
Quam culpa mordet noxia :
Obscura gestit tollere,
Et te, Redemptor, quærere.

Repelle tu caliginem
Intrinsecùs quam maximè
Ut in beato gaudeat
Se collocari lumine.

Præsta, Pater piissime, etc.

LE JEUDI,

A MATINES.

De toutes les couleurs que distinguoit la vue,
    L'obscure nuit n'a fait qu'une couleur :
Juste juge des cœurs, notre ardeur assidue
    Demande ici tes yeux et ta faveur.

Qu'ainsi, prompt à guérir nos mortelles blessures,
    Ton feu divin, dans nos cœurs répandu,
Consume pour jamais leurs passions impures,
    Pour n'y laisser que l'amour qui t'est dû.

Effrayés des péchés dont le poids les accable,
    Tes serviteurs voudroient se relever :
Ils implorent, Seigneur, ta bonté secourable,
    Et dans ton sang cherchent à se laver.

Seconde leurs efforts, dissipe l'ombre noire
    Qui dès long-temps les tient enveloppés ;
Et que l'heureux séjour d'une immortelle gloire
    Soit l'objet seul de leurs cœurs détrompés.

Exauce, Père saint, notre ardente prière,
    Verbe son Fils, Esprit leur nœud divin,
Dieu qui, tout éclatant de ta propre lumière,
    Règnes au ciel sans principe et sans fin.

AD LAUDES.

Lux ecce surgit aurea:
Pallens fatiscat cæcitas,
Quæ nosmet in præceps diù
Errore traxit devio.

Hæc lux serenum conferat,
Purosque nos præstet sibi:
Nihil loquamur subdolum,
Volvamus obscurum nihil.

Sic tota decurrat dies,
Ne lingua mendax, ne manus,
Oculive peccent lubrici,
Ne noxa corpus inquinet.

Speculator adstat desuper,
Qui nos diebus omnibus,
Actusque nostros prospicit
A luce primâ in vesperum.

Deo Patri sit gloria, etc.

A LAUDES.

Les portes du jour sont ouvertes,
Le soleil peint le ciel de rayons éclatants :
Loin de nous cette nuit dont nos ames couvertes
Dans le chemin du crime ont erré si long-temps.

Imitons la lumière pure
De l'astre étincelant qui commence son cours,
Ennemis du mensonge et de la fraude obscure;
Et que la vérité brille en tous nos discours.

Que ce jour se passe sans crime,
Que nos langues, nos mains, nos yeux, soient innocents;
Que tout soit chaste en nous, et qu'un frein légitime
Aux lois de la raison asservisse les sens.

Du haut de sa sainte demeure
Un dieu toujours veillant nous regarde marcher;
Il nous voit, nous entend, nous observe à toute heure;
Et la plus sombre nuit ne sauroit nous cacher.

Gloire à toi, Trinité profonde,
Père, Fils, Esprit saint : qu'on t'adore toujours,
Tant que l'astre des temps éclairera le monde,
Et quand les siècles même auront fini leur cours.

AD VESPERAS.

Magnæ Deus potentiæ,
Quis ex aquis ortum genus
Partim remittis gurgiti,
Partim levas in aera;

Demersa limphis imprimens,
Subvecta cœlis irrigans :
Ut stirpe ab unâ prodita,
Diversa rapiant loca.

Largire cunctis servulis,
Quos mundat unda sanguinis,
Nescire lapsus criminum,
Nec ferre mortis tædium.

Ut culpa nullum deprimat;
Nullum levet jactantia,
Elisa mens ne concidat,
Elata mens ne corruat.

Præsta, Pater piissime, etc.

A VÊPRES.

Seigneur, tant d'animaux par toi des eaux fécondes
    Sont produits à ton choix,
Que leur nombre infini peuple ou les mers profondes,
    Ou les airs, ou les bois.

Ceux-là sont humectés des flots que la mer roule,
    Ceux-ci, de l'eau des cieux;
Et, de la même source ainsi sortis en foule,
    Occupent divers lieux.

Fais, ô Dieu tout puissant! fais que tous les fidèles
    A ta grace soumis,
Ne retombent jamais dans les chaînes cruelles
    De leurs fiers ennemis!

Que, par toi soutenus, le joug pesant des vices
    Ne les accable pas;
Qu'un orgueil téméraire en d'affreux précipices
    N'engage point leurs pas!

Règne, ô Père éternel, Fils, Sagesse incréée,
    Esprit saint, Dieu de paix,
Qui fais changer des temps l'inconstante durée,
    Et ne changes jamais!

FERIA SEXTA,

AD MATUTINUM.

Tu Trinitatis unitas,
Orbem potenter qui regis,
Attende laudum cantica,
Quæ excubantes psallimus.

Nam lectulo consurgimus
Noctis quieto tempore,
Ut flagitemus vulnerum
A te medelam omnium.

Quo fraude quidquid dæmonum
In noctibus deliquimus,
Abstergat illud cœlitùs
Tuæ potestas gloriæ.

Ne corpus adsit sordidum,
Nec torpor instet cordium,
Nec criminis contagio
Tepescat ardor spiritus.

Ob hoc, Redemptor, quæsumus,
Reple tuo nos lumine.

LE VENDREDI,

A MATINES.

Auteur de toute chose, essence en trois unique [1],
   Dieu tout puissant, qui régis l'univers,
Dans la profonde nuit nous t'offrons ce cantique;
   Écoute-nous, et vois nos maux divers.

Tandis que du sommeil le charme nécessaire
   Ferme les yeux du reste des humains,
Le cœur tout pénétré d'une douleur amère,
   Nous implorons tes secours souverains.

Que tes feux de nos cœurs chassent la nuit fatale;
   Qu'à leur éclat soient d'abord dissipés
Ces objets dangereux que la ruse infernale
   Dans un vain songe offre à nos sens trompés.

Que notre corps soit pur; qu'une indolence ingrate
   Ne tienne point nos cœurs ensevelis;
Que par l'impression du vice qui nous flatte,
   Tes feux sacrés n'y soient point affoiblis.

Qu'ainsi, divin Sauveur, tes lumières célestes
   Dans tes sentiers affermissant nos pas,

---

[1] Cette expression manque de clarté et d'harmonie: *Trinitatis unitas* vaut mieux. (G.)

Per quod dierum circulis,
Nullis ruamus actibus.

Præsta, Pater piissime, etc.

AD LAUDES.

Æterna cœli gloria,
Beata spes mortalium
Celsi tonantis Unice,
Castæque proles Virginis.

Da dexteram surgentibus,
Exurgat et mens sobria,
Flagrans et in laudem Dei
Grates respendat debitas.

Ortus refulget Lucifer,
Sparsamque lucem nuntiat :
Cadit caligo noctium;
Lux sancta nos illuminet.

Manensque nostris sensibus,
Noctem repellat sæculi.

Nous détournent toujours de ces piéges funestes
  Que le démon couvre de mille appas.

Exauce, Père saint, notre ardente prière,
  Verbe son fils, Esprit leur nœud divin,
Dieu qui, tout éclatant de ta propre lumière,
  Régnes au ciel sans principe et sans fin.

A LAUDES.

  Astre que l'Olympe révère [1],
Doux espoir des mortels rachetés par ton sang,
Verbe, fils éternel du redoutable Père,
Jésus, qu'une humble Vierge a porté dans son flanc,

  Affermis l'ame qui chancelle;
Fais que, levant au ciel nos innocentes mains,
Nous chantions dignement et ta gloire immortelle
Et les biens dont ta grace a comblé les humains.

  L'astre avant-coureur de l'aurore,
Du soleil qui s'approche annonce le retour;
Sous le pâle horizon l'ombre se décolore:
Lève-toi dans nos cœurs, chaste et bienheureux jour!

  Sois notre inséparable guide,
Du siècle ténébreux perce l'obscure nuit;

---

[1] On ne peut pas s'accoutumer à entendre parler de l'Olympe à *Laudes*. (G.)

Omnique fine diei
Purgata servet pectora.

Quæsita jam primùm fides
Radicet altis sensibus,
Secunda spes congaudeat,
Qua major extat Charitas.

Deo Patri sit gloria, etc.

AD VESPERAS.

Plasmator hominis Deus,
Qui cuncta solus ordinans
Humum jubes producere
Reptantis et feræ genus;

Qui magna rerum corpora,
Dictu jubentis vivida,
Ut serviant per ordinem,
Subdens dedisti homini.

Repelle à servis tuis,
Quidquid per immunditiam,
Aut moribus se suggerit,
Aut actibus se interserit.

Défends-nous en tout temps contre l'attrait perfide
De ces plaisirs trompeurs dont la mort est le fruit.

Que la Foi dans nos cœurs gravée,
D'un rocher immobile ait la stabilité;
Que sur ce fondement l'Espérance élevée
Porte pour comble heureux l'ardente Charité.

Gloire à toi, Trinité profonde,
Père, Fils, Esprit saint : qu'on t'adore toujours,
Tant que l'astre des temps éclairera le monde,
Et quand les siécles même auront fini leur cours.

A VÊPRES.

Créateur des humains, grand Dieu, souverain maître
   De ce vaste univers,
Qui, du sein de la terre, à ton ordre, vis naître
   Tant d'animaux divers,

A ces grands corps sans nombre et différents d'espéce,
   Animés à ta voix,
L'homme fut établi par ta haute sagesse
   Pour imposer ses lois.

Seigneur, qu'ainsi ta grace à nos vœux accordée
   Régne dans notre cœur;
Que nul excès honteux, que nulle impure idée
   N'en chasse la pudeur.

Da gaudiorum præmia;
Da gratiarum munera;
Dissolve litis vincula,
Adstringe pacis fœdera.

Præsta, Pater piissime, etc.

Qu'un saint ravissement éclate en notre zèle;
> Guide toujours nos pas;
Fais d'une paix profonde, à ton peuple fidèle,
> Goûter les doux appas.

Règne, ô Père éternel, Fils, Sagesse incréée,
> Esprit saint, Dieu de paix,
Qui fais changer des temps l'inconstante durée,
> Et ne changes jamais !

SABBATO,

AD MATUTINUM.

Summæ Deus clementiæ,
Mundique factor machinæ,
Unus potentialiter,
Trinusque personaliter.

Nostros pius cum canticis
Fletus benignè suscipe :
Quo corde puro sordibus
Te perfruamur largiùs.

Lumbos, jecurque morbidum
Adure igni congruo,
Accincti ut sint perpetim,
Luxu remoto pessimo.

Ut quique horas noctium
Nunc concinendo rumpimus,
Donis beatæ patriæ
Ditemur omnes affatim.

Præsta, pater piissime,
Patrique compar Unice,

LE SAMEDI,

A MATINES.

O toi qui, d'un œil de clémence,
Vois les égarements des fragiles humains;
Toi, dont l'être un en trois, et le même en puissance [1],
A créé ce grand tout soutenu par tes mains,

Éteins ta foudre dans les larmes
Qu'un juste repentir mêle à nos chants sacrés;
Et que puisse ta Grace, où brillent tes doux charmes,
Te préparer un temple en nos cœurs épurés.

Brûle en nous de tes saintes flammes
Tout ce qui de nos sens excite les transports,
Afin que, toujours prêts, nous puissions dans nos ames
Du démon de la chair vaincre tous les efforts.

Pour chanter ici tes louanges,
Notre zéle, Seigneur, a devancé le jour :
Fais qu'ainsi nous chantions un jour avec tes anges
Les biens qu'à tes élus assure ton amour.

Père des anges et des hommes,
Sacré Verbe, Esprit saint, profonde Trinité,

---

[1] Ce vers est mauvais; mais, poétiquement parlant, il est encore meilleur que les deux vers latins dont il est la traduction. (G.)

Cum Spiritu Paracleto
Regnans per omne sæculum. Amen.

AD LAUDES.

Aurora jam spargit polum,
Terris dies illabitur,
Lucis resultat spiculum :
Discedat omne lubricum.

Phantasma noctis decidat;
Mentis reatus subruat;
Quidquid tenebris horridum
Nos attulit culpæ, cadat.

Et manè illud ultimùm
Quod præstolamur cernui;
In lucem nobis effluat,
Dum hoc canore concrepat.

Deo Patri sit gloria, etc.

AD VESPERAS.

O lux beata Trinitas
Et principalis Unitas
Jam sol recedit igneus,

HYMNES.

Sauve-nous ici-bas des périls où nous sommes,
Et qu'on loue à jamais ton immense bonté.

A LAUDES.

L'aurore brillante et vermeille
Prépare le chemin au soleil qui la suit;
Tout rit aux premiers traits du jour qui se réveille:
Retirez-vous, démons qui volez dans la nuit.

Fuyez, songes, troupe menteuse,
Dangereux ennemis par la nuit enfantés,
Et que fuie avec vous la mémoire honteuse
Des objets qu'à nos sens vous avez présentés.

Chantons l'auteur de la lumière,
Jusqu'au jour où son ordre a marqué notre fin;
Et qu'en le bénissant notre aurore dernière
Se perde en un midi sans soir et sans matin.

Gloire à toi, Trinité profonde,
Père, Fils, Esprit saint: qu'on t'adore toujours,
Tant que l'astre des temps éclairera le monde,
Et quand les siècles même auront fini leur cours.

A VÊPRES.

Source éternelle de lumière,
Trinité souveraine et très simple unité,
Le visible soleil va finir sa carrière:

Infunde lumen cordibus.

Te manè laudum carmine,
Te deprecemur vesperè
Te nostra supplex gloria
Per cuncta laudet sæcula.

Deo Patri sit gloria,
Ejusque soli Filio,
Cum Spiritu Paracleto,
Et nunc, et in perpetuum.
Amen.

Fais luire dans nos cœurs l'invisible clarté.

Qu'au doux concert de tes louanges
Notre voix et commence et finisse le jour;
Et que notre ame enfin chante avec tes saints anges
Le cantique éternel de ton céleste amour.

Adorons le Père suprême,
Principe sans principe, abyme de splendeur,
Le Fils, Verbe du Père, engendré dans lui-même,
L'Esprit, des deux qu'il lie, amour, don, paix, ardeur[1].

[1] Il est fâcheux que l'extrême difficulté d'expliquer clairement et poétiquement les mystères de la religion ait contraint Racine de finir par un vers aussi dur une hymne d'une harmonie si douce. (G.)

FIN DES HYMNES.

CANTIQUES SPIRITUELS [1],

CANTIQUE PREMIER.

A LA LOUANGE DE LA CHARITÉ.

(Tiré de la première Épître de saint Paul aux Corinthiens, ch. XIII.)

Les méchants m'ont vanté leurs mensonges frivoles ;
 Mais je n'aime que les paroles
 De l'éternelle vérité.
 Plein du feu divin qui m'inspire,
 Je consacre aujourd'hui ma lyre
 A la céleste Charité.

En vain je parlerois le langage des anges ;
 En vain, mon Dieu, de tes louanges
 Je remplirois tout l'univers :
 Sans amour, ma gloire n'égale
 Que la gloire de la cymbale
 Qui d'un vain bruit frappe les airs.

Que sert à mon esprit de percer les abîmes
 Des mystères les plus sublimes,

---

[1] *Les Cantiques spirituels* sont des odes admirables. Le génie de Racine s'y montre dans toute sa maturité ; c'est la dernière de ses productions : c'est le chant du cygne. Ils furent composés pour la communauté de Saint-Cyr, en 1694. (G.)

Et de lire dans l'avenir?
Sans amour ma science est vaine,
Comme le songe dont à peine
Il reste un léger souvenir.

Que me sert que ma foi transporte les montagnes,
Que, dans les arides campagnes,
Les torrents naissent sous mes pas;
Ou que, ranimant la poussière,
Elle rende aux morts la lumière,
Si l'amour ne l'anime pas?

Oui, mon Dieu, quand mes mains de tout mon héritage
Aux pauvres feroient le partage;
Quand même pour le nom chrétien,
Bravant les croix les plus infames,
Je livrerois mon corps aux flammes,
Si je n'aime, je ne suis rien.

Que je vois de vertus qui brillent sur ta trace,
Charité, fille de la Grace!
Avec toi marche la Douceur,
Que suit, avec un air affable
La Patience inséparable
De la Paix, son aimable sœur.

Tel que l'astre du jour écarte les ténèbres,
De la nuit compagnes funèbres :
Telle tu chasses d'un coup d'œil
L'envie, aux humains si fatale,

Et toute la troupe infernale
Des vices, enfants de l'orgueil.

Libre d'ambition, simple, et sans artifice,
Autant que tu hais l'injustice,
Autant la vérité te plaît.
Que peut la colère farouche
Sur un cœur que jamais ne touche
Le soin de son propre intérêt?

Aux foiblesses d'autrui loin d'être inexorable,
Toujours d'un voile favorable
Tu t'efforces de les couvrir.
Quel triomphe manque à ta gloire [1]?
L'amour sait tout vaincre, tout croire,
Tout espérer, et tout souffrir.

Un jour Dieu cessera d'inspirer des oracles;
Le don des langues, les miracles,
La science aura son déclin :
L'amour, la charité divine,
Éternelle en son origine,
Ne connoîtra jamais de fin.

Nos clartés ici-bas ne sont qu'énigmes sombres;
Mais Dieu, sans voiles et sans ombres,
Nous éclairera dans les cieux;

---

[1] Racine disoit avoir cherché pendant dix jours ce vers qui sert de transition aux deux parties de cette strophe.

Et ce soleil inaccessible,
Comme à ses yeux je suis visible,
Se rendra visible à mes yeux.

L'amour sur tous les dons l'emporte avec justice.
    De notre céleste édifice
    La foi vive est le fondement;
    La sainte espérance l'élève,
    L'ardente Charité l'achéve,
    Et l'assure éternellement.

Quand pourrai-je t'offrir, ô Charité supréme,
    Au sein de la lumière même,
    Le cantique de mes soupirs;
    Et, toujours brûlant pour ta gloire,
    Toujours puiser et toujours boire
    Dans la source des vrais plaisirs [1]?

---

[1] Ce cantique est remarquable par une correction et une élégance continue, qui peuvent suppléer aux richesses poétiques dont le sujet n'étoit pas susceptible. Je n'y trouve à reprendre que ces deux vers pénibles :

Que me sert que ma foi transporte les montagnes...
Nos clartés ici bas ne sont qu'*énigmes sombres.* (G.)

CANTIQUE II.

SUR LE BONHEUR DES JUSTES, ET SUR LE MALHEUR
DES RÉPROUVÉS.

(Tiré du livre de La Sagesse, ch. v.)

Heureux qui, de la sagesse
Attendant tout son secours,
N'a point mis en la richesse
L'espoir de ses derniers jours!
La mort n'a rien qui l'étonne;
Et, dès que son Dieu l'ordonne,
Son ame, prenant l'essor,
S'élève d'un vol rapide
Vers la demeure où réside
Son véritable trésor.

De quelle douleur profonde
Seront un jour pénétrés
Ces insensés qui du monde,
Seigneur, vivent enivrés;
Quand, par une fin soudaine,
Détrompés d'une ombre vaine
Qui passe et ne revient plus,
Leurs yeux, du fond de l'abyme,
Près de ton trône sublime
Verront briller tes élus!

« Infortunés que nous sommes,
« Où s'égaroient nos esprits!
« Voilà, diront-ils, ces hommes,
« Vils objets de nos mépris :
« Leur sainte et pénible vie
« Nous parut une folie;
« Mais, aujourd'hui triomphants,
« Le ciel chante leur louange,
« Et Dieu lui-même les range
« Au nombre de ses enfants.

« Pour trouver un bien fragile
« Qui nous vient d'être arraché,
« Par quel chemin difficile,
« Hélas! nous avons marché!
« Dans une route insensée
« Notre ame en vain s'est lassée,
« Sans se reposer jamais,
« Fermant l'œil à la lumière,
« Qui nous montroit la carrière
« De la bienheureuse paix.

« De nos attentats injustes
« Quel fruit nous est-il resté?
« Où sont les titres augustes
« Dont notre orgueil s'est flatté?
« Sans amis et sans défense,
« Au trône de la vengeance
« Appelés en jugement,
« Foibles et tristes victimes,

« Nous y venons de nos crimes
« Accompagnés seulement. »

Ainsi, d'une voix plaintive,
Exprimera ses remords
La pénitence tardive
Des inconsolables morts.
Ce qui faisoit leurs délices,
Seigneur, fera leurs supplices;
Et, par une égale loi,
Tes saints trouveront des charmes
Dans le souvenir des larmes
Qu'ils versent ici pour toi [1].

CANTIQUE III.

PLAINTES D'UN CHRÉTIEN SUR LES CONTRARIÉTÉS
QU'IL ÉPROUVE AU-DEDANS DE LUI-MÊME.

(Tiré de l'ÉPÎTRE DE SAINT PAUL AUX ROMAINS, ch. VII.)

Mon Dieu, quelle guerre cruelle!
Je trouve deux hommes en moi:
L'un veut que, plein d'amour pour toi,
Mon cœur te soit toujours fidèle;

---

[1] On admire dans ce beau cantique l'harmonie du style, le beau choix des expressions, la richesse des rimes, et toutes les graces de la versification. La dernière strophe sur-tout est d'une rare beauté. (G.)

L'autre, à tes volontés rebelle,
Me révolte contre ta loi.

L'un, tout esprit et tout céleste,
Veut qu'au ciel sans cesse attaché,
Et des biens éternels touché,
Je compte pour rien tout le reste;
Et l'autre, par son poids funeste,
Me tient vers la terre penché[1].

Hélas! en guerre avec moi-même,
Où pourrai-je trouver la paix?
Je veux, et n'accomplis jamais.
Je veux; mais (ô misère extrême!)
Je ne fais pas le bien que j'aime,
Et je fais le mal que je hais.

O grace, ô rayon salutaire!
Viens me mettre avec moi d'accord.
Et, domptant par un doux effort
Cet homme qui t'est si contraire,
Fais ton esclave volontaire
De cet esclave de la mort.

---

[1] « Voilà deux hommes que je connois bien ! » s'écria Louis XIV, lorsque Racine lui lut ce cantique. (G.)

CANTIQUE IV.

SUR LES VAINES OCCUPATIONS DES GENS DU SIÈCLE.

1694.

(Tiré de divers endroits d'Isaïe et de Jérémie.)

Quel charme vainqueur du monde
Vers Dieu m'élève aujourd'hui?
Malheureux l'homme qui fonde
Sur les hommes son appui!
Leur gloire fuit et s'efface
En moins de temps que la trace
Du vaisseau qui fend les mers,
Ou de la flèche rapide
Qui, loin de l'œil qui la guide,
Cherche l'oiseau dans les airs.

De la sagesse immortelle
La voix tonne et nous instruit :
« Enfants des hommes, dit-elle,
« De vos soins quel est le fruit?
« Par quelle erreur, ames vaines,
« Du plus pur sang de vos veines
« Achetez-vous si souvent,
« Non un pain qui vous repaisse,

« Mais une ombre qui vous laisse
« Plus affamés que devant[1]?

« Le pain que je vous propose
« Sert aux anges d'aliment;
« Dieu lui-même le compose
« De la fleur de son froment.
« C'est ce pain si délectable
« Que ne sert point à sa table
« Le monde que vous suivez.
« Je l'offre à qui veut me suivre :
« Approchez. Voulez-vous vivre?
« Prenez, mangez, et vivez. »

O Sagesse! ta parole[2]
Fit éclore l'univers,
Posa sur un double pole
La terre au milieu des airs.
Tu dis : et les cieux parurent;
Et tous les astres coururent
Dans leur ordre se placer.
Avant les siécles tu régnes;
Et qui suis-je, que tu daignes
Jusqu'à moi te rabaisser?

---

[1] *Devant* pour *auparavant* ne se dit plus, et avoit déja tout-à-fait vieilli lorsque Racine a fait ce cantique. (G.)

[2] Cette strophe magnifique et pleine du plus beau mouvement lyrique, réunit la sublimité des idées à la grandeur du style; c'est la plus belle de ce cantique, qui me paroît le plus beau de tous. (G.)

Le Verbe, image du Père,
Laissa son trône éternel;
Et d'une mortelle mère
Voulut naître homme et mortel.
Comme l'orgueil fut le crime
Dont il naissoit la victime,
Il dépouilla sa splendeur,
Et vint, pauvre et misérable,
Apprendre à l'homme coupable
Sa véritable grandeur.

L'ame heureusement captive
Sous ton joug trouve la paix,
Et s'abreuve d'une eau vive
Qui ne s'épuise jamais.
Chacun peut boire en cette onde,
Elle invite tout le monde;
Mais nous courons follement
Chercher des sources bourbeuses,
Ou des citernes trompeuses
D'où l'eau fuit à tout moment.

FIN DES CANTIQUES.

ÉPIGRAMMES [1].

I.

SUR CHAPELAIN.

Froid, sec, dur, rude auteur, digne objet de satire,
De ne savoir pas lire oses-tu me blâmer?
Hélas! pour mes péchés, je n'ai su que trop lire,
　　Depuis que tu fais imprimer [2]!

---

[1] Racine étoit né avec un talent particulier pour la raillerie et pour la satire. Quatre ou cinq de ces épigrammes le placent à côté de J.-B. Rousseau, notre plus grand maître en ce genre. (G.) Nous ne placerons point ici une épigramme contre l'abbé Abeille, qui commence par ce vers:

　　Abeille, arrivant à Paris, etc.,

quoiqu'elle ait été attribuée à Racine par l'auteur des *Trois siècles de la littérature*, et même insérée dans une édition des œuvres de ce poëte, donnée en 1807. Cette épigramme, que nous croyons être de Rousseau, parut d'abord dans des feuilles étrangères avec la lettre initiale du nom de l'auteur; et, sur cette seule indication, quelques personnes crurent pouvoir l'attribuer à Racine, sans faire attention que, dans cette pièce de vers, il est parlé de l'abbé Abeille comme *entré chez les quarante beaux-esprits*, et qu'il ne fut reçu de l'académie françoise que plus de cinq ans après la mort de Racine. (L.)

[2] Voyez, au sujet de cette épigramme, les mémoires sur la vie de Racine, tome I, page 28.

II.

SUR ANDROMAQUE.

Le vraisemblable est peu dans cette piéce,
 Si l'on en croit et d'Olonne et Créqui :
Créqui dit que Pyrrhus aime trop sa maîtresse;
D'Olonne, qu'Andromaque aime trop son mari [1].

III.

SUR LA MÊME TRAGÉDIE.

Créqui prétend qu'Oreste est un pauvre homme
 Qui soutient mal le rang d'ambassadeur;
Et Créqui de ce rang connoît bien la splendeur :
Si quelqu'un l'entend mieux, je l'irai dire à Rome [2].

IV.

SUR L'IPHIGÉNIE DE LE CLERC.

Entre Le Clerc et son ami Coras,
 Deux grands auteurs rimant de compagnie,

---

[1] Cette épigramme passe les bornes de la raillerie, puisqu'elle attaque l'honneur et la réputation des personnes. Créqui avoit la réputation d'être trompé par sa maîtresse, d'Olonne étoit sur-tout fameux par les intrigues de sa femme. Bussy Rabutin s'est plu à les recueillir dans le premier volume de son *Histoire amoureuse des Gaules*, où il en a fait la plus piquante satire.

[2] Cette épigramme est moins cruelle et plus plaisante. Créqui, ambassadeur à Rome, y avoit reçu un affront, et se retira sans avoir obtenu satisfaction. (G.)

ÉPIGRAMMES.

N'a pas long-temps sourdirent grands débats
Sur le propos de leur *Iphigénie.*
Coras lui dit : « La pièce est de mon cru. »
Le Clerc répond : « Elle est mienne, et non vôtre. »
Mais aussitôt que l'ouvrage a paru,
Plus n'ont voulu l'avoir fait l'un ni l'autre[1].

V.

SUR L'ASPAR DE M. DE FONTENELLE.

L'origine des sifflets.

Ces jours passés, chez un vieil histrion,
Un chroniqueur émut la question
Quand dans Paris commença la méthode
De ces sifflets qui sont tant à la mode.
« Ce fut, dit l'un, aux pièces de Boyer. »
Gens pour Pradon voulurent parier.
« Non, dit l'acteur; je sais toute l'histoire,
« Que par degrés je vais vous débrouiller :
« Boyer apprit au parterre à bâiller;

---

[1] Le Clerc ne désavoua point son *Iphigénie* : il voulut au contraire se l'attribuer tout entière, et ôter à Coras la part qu'il pouvoit y avoir. L'épigramme n'en est pas moins excellente, parceque ce n'est pas la vérité, c'est le trait malin que l'on cherche dans un ouvrage de ce genre. (G.) Nous donnons cette épigramme avec deux corrections qui n'ont encore été faites dans aucune édition. La première est le mot *sourdirent*, de *sourdre*, au lieu de *s'ourdirent*. La seconde est dans ce vers :

Mais, aussitôt que l'ouvrage a paru.

On lit dans toutes les éditions de Racine *que la pièce eut paru.* (Voyez le *Ménagiana.*)

« Quant à Pradon, si j'ai bonne mémoire,
« Pommes sur lui volèrent largement;
« Mais quand sifflets prirent commencement,
« C'est, (j'y jouois, j'en suis témoin fidèle)
« C'est à l'*Aspar* du sieur de Fontenelle [1]. »

VI.

SUR LE GERMANICUS DE PRADON [2].

Que je plains le destin du grand Germanicus!
   Quel fut le prix de ses rares vertus!
   Persécuté par le cruel Tibère,
   Empoisonné par le traître Pison,
Il ne lui restoit plus, pour dernière misère,
   Que d'être chanté par Pradon.

VII.

SUR LE SÉSOSTRIS DE LONGEPIERRE.

Ce fameux conquérant, ce vaillant Sésostris,
Qui jadis en Égypte, au gré des destinées,
   Véquit de si longues années [3],
   N'a vécu qu'un jour à Paris [4].

---

[1] C'est là une des meilleures épigrammes de Racine : le philosophe Fontenelle ne pouvoit s'en consoler; et cet homme, qui avoit tant d'esprit, ne trouva jamais pour se venger que des injures grossières et des plaisanteries détestables. La tragédie d'*Aspar* fut donnée en 1680 : la première représentation n'en fut point achevée. (G.)

[2] Cette tragédie de Pradon n'a jamais été imprimée : elle fut jouée pour la première fois en 1694. (G.)

[3] *Véquit*: expression usitée du temps de Racine, et qui, d'a-

ÉPIGRAMMES.

VIII.

SUR LA JUDITH DE BOYER [5].

A sa *Judith*, Boyer, par aventure,
Étoit assis près d'un riche caissier ;
Bien aise étoit : car le bon financier
S'attendrissoit et pleuroit sans mesure.
« Bon gré vous sais, lui dit le vieux rimeur :
« Le beau vous touche, et ne seriez d'humeur
« A vous saisir pour une baliverne. »
Lors le richard, en larmoyant, lui dit :
« Je pleure, hélas ! pour ce pauvre Holoferne,
« Si méchamment mis à mort par Judith. »

près la remarque de Richelet, étoit de plus beau style que *vécut*. Ce mot a vieilli, et ne pourroit plus s'employer aujourd'hui, même dans le style familier.

[4] Longepierre et Pradon ont été malheureux : le premier a été en butte aux épigrammes de Racine et de Rousseau ; le second s'est vu déchiré par les satires de Boileau et par les épigrammes de Racine. Il y a des gens qui prétendent qu'il étoit au-dessous de Racine de s'acharner sur de misérables poëtes dramatiques, assez punis par leurs chutes : il ne faut pas plaindre Pradon, personnage aussi orgueilleux que sot. Longepierre mérite plus de pitié : c'étoit un homme plus instruit, et un meilleur homme que Pradon. Sa tragédie de *Sésostris*, représentée en 1695, n'a point été imprimée. (G.)

[5] Il n'y a point d'exemple d'une mauvaise pièce qui ait eu un succès aussi prodigieux que celui de *Judith*. On en cite des circonstances tout-à-fait extraordinaires : le concours étoit, dit-on, si grand, que les hommes furent forcés de se retirer dans les coulisses, et de céder les banquettes du théâtre aux femmes. La pièce faisoit couler tant de larmes, que les femmes avoient des

IX.

SUR LA TROADE, TRAGÉDIE DE PRADON,
JOUÉE EN 1679.

Quand j'ai vu de Pradon la pièce détestable,
Admirant du destin le caprice fatal :
Pour te perdre, ai-je dit, Ilion déplorable,
    Pallas a toujours un cheval.

X.

SUR L'ASSEMBLÉE DES ÉVÊQUES, CONVOQUÉE A PARIS
PAR ORDRE DU ROI.

Un ordre, hier venu de Saint-Germain,
Veut qu'on s'assemble : on s'assemble demain.
Notre archevêque et cinquante-deux autres
    Successeurs des apôtres

mouchoirs étalés sur leurs genoux. Une des scènes les plus pathétiques de la tragédie fut appelée la scène des mouchoirs. Nous avons vu ces pantomimes larmoyantes se renouveler à *Misanthropie et Repentir*. Boyer fit la sottise de faire imprimer sa pièce pendant la quinzaine de Pâques, 1695. Elle fut sifflée quand on la reprit, le lundi de Quasimodo. La Champmêlé, qui jouoit Judith, très scandalisée d'un accueil et d'un bruit auquel elle étoit si peu accoutumée, dit au parterre : « Messieurs, nous sommes surpris de « ce que vous recevez si mal une pièce que vous avez applaudie « pendant tout le carême. » Il y avoit alors des plaisants au parterre ; un de ces plaisants répondit : « Les sifflets étoient à Ver- « sailles, aux sermons de l'abbé Boileau. » On peut croire ce qu'on voudra de cette anecdote ; mais le succès extravagant et la soudaine disgrace de la *Judith* de Boyer sont des faits certains. (G.)

S'y trouveront. Or, de savoir quel cas
S'y traitera, c'est encore un mystère :
C'est seulement chose très claire
Que nous avons cinquante-deux prélats
Qui ne résident pas.

XI.

SUR LES COMPLIMENTS QUE LE ROI REÇUT AU SUJET
DE SA CONVALESCENCE.

Grand Dieu! conserve-nous ce roi victorieux
Que tu viens de rendre à nos larmes [1].
Fais durer à jamais des jours si précieux :
Que ce soient là nos dernières alarmes.
Empêche d'aller jusqu'à lui
Le noir chagrin, le dangereux ennui,
Toute langueur, toute fièvre ennemie,
Et les vers de l'académie [2].

[1] On venoit de faire au roi l'opération de la fistule, en 1686. (G.)

[2] Cette plaisanterie sur l'académie paroît déplacée dans un sujet si sérieux. Que pouvoit craindre Louis XIV des vers de l'académie, sinon d'être profondément endormi par leur harmonie? L'académie dans tous les temps fut exposée aux traits de la satire, et jamais elle ne prétendit se faire de la protection du roi et de son existence légale un rempart contre l'épigramme : c'étoit même autrefois la mode de s'en moquer avant d'y être arrivé. Quant à Racine, il étoit depuis long-temps académicien lorsqu'il se permit cette plaisanterie. (G.)

FIN DES ÉPIGRAMMES.

CHANSON

CONTRE FONTENELLE.

Adieu, ville peu courtoise,
Où je crus être adoré.
Aspar est désespéré.
Le poulailler de Pontoise
Me doit remener demain
Voir ma famille bourgeoise,
Me doit remener demain,
Un bâton blanc à la main.

Mon aventure est étrange.
On m'adoroit à Rouen.
Dans le Mercure galant
J'avois plus d'esprit qu'un ange.
Cependant je pars demain,
Sans argent et sans louange;
Cependant je pars demain,
Un bâton blanc à la main [1].

---

[1] Ces couplets ont été attribués à Boileau et à Racine.

MADRIGAL

Mis à la tête d'un petit ouvrage de M. le duc DU MAINE,
presque encore enfant.

Ne pensez pas, messieurs les beaux-esprits,
   Que je veuille, par mes écrits,
Prendre une place au temple de mémoire.
   Vous savez de qui je suis fils :
   Il me faut donc une autre gloire,
   Et des lauriers d'un plus grand prix.

IMPROMPTU

Fait dans la chambre de l'abbé BOILEAU, docteur en Sorbonne [1].

Contre Jansénius j'ai la plume à la main ;
Je suis prêt à signer tout ce qu'on me demande :
   Qu'il soit hérétique ou romain,
   Je veux conserver ma prébende.

---

[1] Barbier d'Aucourt rapporte ces quatre vers dans une lettre en date du 4 juin 1664. Ils ont été faits à l'occasion du formulaire du clergé de France, qui parut avant celui du pape Alexandre VII.

POUR LE PORTRAIT

D'ANTOINE ARNAULD.

Sublime en ses écrits, doux et simple de cœur [1],
Puisant la vérité jusqu'en son origine,
De tous ses longs combats Arnauld sortit vainqueur,
Et soutint de la foi l'antiquité divine [2].
De la grace il perça les mystères obscurs ;
Aux humbles pénitents traça des chemins sûrs ;
Rappela le pécheur au joug de l'Évangile.
Dieu fut l'unique objet de ses desirs constants :
L'Église n'eut jamais, même en ses premiers temps,
De plus zélé vengeur, ni d'enfant plus docile.

[1] Racine eut toujours une vénération extraordinaire, et une espèce de passion pour le grand Arnauld : jamais la crainte de déplaire à la cour ne put arrêter l'explosion de ses sentiments pour ce docteur célèbre. Presque tous les éditeurs de Racine ont défiguré ce beau portrait, en substituant, dans le second vers, *jusqu'à* à *jusqu'en*; et, dans le troisième, *ses longs travaux* à *ses longs combats*. Dans le Nécrologe de Port-Royal, ces vers sont imprimés comme nous les donnons ici. (G.)

[2] Allusion au livre de *la Perpétuité de la Foi.*

ÉPITAPHE

D'ANTOINE ARNAULD.

Haï des uns, chéri des autres,
Estimé de tout l'univers,
Et plus digne de vivre au siècle des apôtres
Que dans un siècle si pervers,
Arnauld vient de finir sa carrière pénible.
Les mœurs n'eurent jamais de plus grave censeur;
L'erreur, d'ennemi plus terrible;
L'Église, de plus ferme et plus grand défenseur.

SONNET

SUR LA TROADE DE PRADON.

D'un crêpe noir Hécube embéguinée
Lamente, pleure, et grimace toujours,
Dames en deuil courent à son secours,
Oncques ne fut plus lugubre journée.

Ulysse vient, fait nargue à l'hyménée;
Le cœur fera de nouvelles amours.
Pyrrhus et lui font des vaillants discours;
Mais aux discours leur vaillance est bornée.

Après cela, plus que confusion :
Tant il n'en fut dans la grande Ilion
Lors de la nuit aux Troyens si fatale.

En vain Baron entend le brouhaha,
Point n'oseroit en faire la cabale :
Un chacun bâille, et s'endort, ou s'en va.

AUTRE SONNET
SUR LA TRAGÉDIE DE GENSÉRIC,
DE MADAME DESHOULIÈRES.

La jeune Eudoxe est une bonne enfant,
La vieille Eudoxe une franche diablesse,
Et Genséric un roi fourbe et méchant,
Digne héros d'une méchante pièce.

Pour Trasimond, c'est un pauvre innocent,
Et Sophronie en vain pour lui s'empresse ;
Hunneric est un homme assez indifférent,
Qui comme on veut et la prend et la laisse.

Et sur le tout le sujet est traité
Dieu sait comment ! Auteur de qualité [1]
Vous vous cachez en donnant cet ouvrage.

[1] Pendant quelque temps, on avoit attribué *Genséric* au duc de Nevers.

C'est fort bien fait de se cacher ainsi;
Mais, pour agir en personne bien sage,
Il nous falloit cacher la piéce aussi [1].

STANCES

A PARTHENISSE [2].

Parthénisse, il n'est rien qui résiste à tes charmes :
Ton empire est égal à l'empire des Dieux;
Et qui pourroit te voir sans te rendre les armes,
Ou bien seroit sans ame, ou bien seroit sans yeux.

Pour moi, je l'avouerai, sitôt que je t'eus vue,
Je ne résistai point, je me rendis à toi;
Mes sens furent charmés, ma raison fut vaincue,
Et mon cœur tout entier se rangea sous ta loi.

---

[1] Ces deux sonnets, attribués à Racine, n'avoient encore été publiés dans aucune édition de ses œuvres. Il en avoit composé un autre en l'honneur du cardinal Mazarin, à l'occasion de la paix des Pyrénées. On n'a jamais pu retrouver cette pièce : c'est celle que Racine appelle *le triste Sonnet*, parcequ'elle lui attira des réprimandes et des excommunications de la part de ses parents et de ses anciens maîtres de Port-Royal.

[2] Ces stances, attribuées à Racine, furent copiées sur un manuscrit précieux, et insérées dans le journal général de France, de l'abbé de Fontenay, le 2 octobre 1788. Elles ne se trouvent dans aucune édition de Racine.

Je vis sans déplaisir ma franchise asservie;
Sa perte n'eut pour moi rien de rude et d'affreux;
J'en perdis tout ensemble et l'usage et l'envie;
Je me sentis esclave, et je me crus heureux.

Je vis que tes beautés n'avoient pas de pareilles;
Tes yeux par leur éclat éblouissoient les miens;
La douceur de ta voix enchanta mes oreilles,
Les nœuds de tes cheveux devinrent mes liens.

Je ne m'arrêtai pas à ces beautés sensibles,
Je découvris en toi de plus rares trésors;
Je vis et j'admirai ces beautés invisibles,
Qui rendent ton esprit aussi beau que ton corps.

Ce fut lorsque voyant ton mérite adorable,
Je sentis tous mes sens t'adorer tour-à-tour;
Je ne voyois en toi rien qui ne fût aimable,
Je ne sentois en moi rien qui ne fût amour.

Ainsi je fis d'aimer l'heureux apprentissage;
Je m'y suis plu depuis, j'en aime la douceur;
J'ai toujours dans l'esprit tes yeux et ton visage,
J'ai toujours Parthénisse au milieu de mon cœur.

Oui, depuis que tes yeux allumèrent ma flamme,
Je respire bien moins en moi-même qu'en toi;
L'amour semble avoir pris la place de mon ame,
Et je ne vivrois plus, s'il n'étoit plus en moi.

A PARTHENISSE.

Vous qui n'avez point vu l'illustre Parthénisse,
Bois, fontaines, rochers, agréable séjour!
Souffrez que jusqu'ici son beau nom retentisse,
Et n'oubliez jamais sa gloire et mon amour.

URBIS ET RURIS DIFFERENTIA [1].

Quanquam Parisiæ celebrentur ab omnibus artes,
   Et quisque in lato carcere clausus ovet,
Nescio quid nostris arridet gratius arvis,
   Quod non in tantæ mœnibus urbis habet.
Illic assurgunt trabibus subnixa superbis
   Atria, et aurato culmine fulget apex.
Sed mihi dulcius est sylvas habitare remotas,
   Tectaque quæ sicco stramine canna tegit.
Illic ultrices posuêre sedilia curæ,
   Illic insidiæ, crimina, furta latent.
Hic requies, fidum pietas hic inclyta portum
   Invenit; his lucet sanctior aura locis.
Illic sæva fames laudum; hic contemptus honorum.
   Illic paupertas; hic fugiuntur opes.
Urbicolæ ruri, nil rusticus invidet urbi.
   Oppida plena dolis, ruraque fraude carent.
Quàm miserum sacris viduas virtutibus urbes,

---

[1] Cette pièce est attribuée à Racine dans le *Recueil de pièces d'histoire et de littérature*, donné en 1731, par l'abbé Granet et le père Desmolets. Cependant il est probable qu'elle n'est pas de lui.

URBIS ET RURIS DIFFERENTIA.

Quàm miserum stygiis præda manere lupis!
Sed quid non urbes habitent quoque numina, quæris?
   Non habitat fœdos gratia pura locos.
Arcet fumus apes, expellunt crimina Christum;
   Mors vitam, clarum nox fugat atra diem.
Hìc blandum invitant tranquilla silentia somnum;
   Illìc assiduo murmure rupta quies.
Nempe micant, inquis, diversis floribus horti,
   Et lætos cantus plurima fundit avis.
Ergo dissimulas quàm dulces ruris amœni
   Deliciæ, ruris cui levis umbra placet!
Hìc vos securis, Musæ, regnatis in oris;
   Hìc vobis virtus jungitur alma comes.
Oppida non fugiunt, fateor, non arma Camenæ;
   Loricam Pallas induit atque togam.
At laxis vitium frænis grassatur in urbe,
   Atque illìc Musæ crimina sola docent.
Necquicquam pavidos circumdant mœnia reges,
   Frustrà hæret lateri, nocte dieque, manus.
Non vera his, sed falsa quies: miserosque tumultus
   Mentis non lictor, non domus ampla movet.
Quisquis amas strepitus, per me licet, urbe potire;
   Me tamen ipsa magis rura nemusque juvant.

COUPLETS

SUR LA RÉCEPTION DE FONTENELLE

A L'ACADÉMIE FRANÇOISE [1].

Or, écoutez, noble assistance,
Ce qu'à l'académie on fit
Dans la mémorable séance
Où l'on reçut un bel-esprit.
  Ce qui fut dit
Par ces modéles d'éloquence
A bien mérité d'être écrit.

Quand le novice académique
Eut salué fort humblement,
D'une normande rhétorique
Il commença son compliment,
  Où sottement
De sa noblesse poétique
Il fit un long dénombrement.

---

[1] Ces couplets se trouvent dans une édition des Œuvres de Fontenelle, publiée à Amsterdam en 1764. L'éditeur déclare dans une note que Racine le fils doute fort qu'ils soient de son père; et sa raison d'en douter est que les amis les plus intimes de cet illustre poëte ne lui en ont jamais parlé : il ne les connoissoit même que depuis la mort de Fontenelle par M. Thiriot, qui les donnoit sans balancer à Racine.

CHANSON.

Corneille, diseur de nouvelles,
Suppôt du *Mercure galant*,
Loua son neveu Fontenelle,
Et vanta le prix excellent
    De son talent;
Non satisfait des bagatelles
Qu'il dit de lui douze fois l'an.

Entêté de son faux système,
Perrault, philosophe mutin,
Disputa d'une force extrême;
Et, coiffé de son avertin,
    Fit le lutin,
Pour prouver clairement lui-même
Qu'il n'entend ni grec ni latin.

Doyen de pesante figure,
Qui trouves le secret nouveau
De parler aux rois en peinture,
Et d'apostropher leur tableau,
    Ah! qu'il fait beau
De te voir, dans cette posture,
Faire à Louis le pied de veau!

Si tu ne savois pas mieux faire,
Lavau, falloit-il imprimer?
Ne sors point de ton caractère,
Contente-toi de déclamer,
    Sans présumer

CHANSON.

Que ton éloquence grossière
Sur le papier puisse charmer.

Boyer, Le Clerc, couple inutile,
Grands massacreurs de Hollandois,
Porteurs de madrigaux en ville;
Moitié Gascons, moitié François,
    Vieux Albigeois,
Allez exercer votre style
Près du successeur d'Henri trois.

Touchant les vers de Benserade,
On a fort long-temps balancé
Si c'est louange ou pasquinade :
Mais le bon-homme est fort baissé ;
    Il est passé ;
Qu'on lui chante une sérénade
De *Requiescat in pace.*

Prions donc, messieurs, je vous prie,
Leur protecteur, le grand Louis,
Que du corps de l'académie
Tous ignorants soient interdits ;
    Comme jadis,
Quand Richelieu, ce grand génie,
Prit les premiers quatre fois dix.

FIN DU QUATRIÈME VOLUME.

TABLE

DES PIÈCES CONTENUES DANS CE VOLUME.

Esther, tragédie en trois actes. — Page 1
   Préface. — 3
   Prologue d'Esther. — 9

Athalie, tragédie en cinq actes. — 107
   Préface. — 109
   Traduction d'un passage d'Euripide par Geoffroy. — 247

Plan du premier acte d'Iphigénie en Tauride. — 253

POÉSIES DIVERSES.

Le Paysage, ou Promenade de Port-Royal des Champs. — 261
   Louanges de Port-Royal en général. — ibid.
   Le Paysage en gros. — 264
   Description des bois. — 268
   L'Étang. — 270
   Les Prairies. — 273
   Des Troupeaux, et d'un combat de Taureaux. — 276
   Les Jardins. — 279

Odes. — Ire. La Nymphe de la Seine à la Reine. — 285
   II. Sur la convalescence du Roi. — 293
   III. La Renommée aux Muses. — 298
   IV. Tirée du psaume XVII. — 304

IDYLLE sur la Paix. Page 310
HYMNES traduites du Bréviaire romain. 315 à 355
CANTIQUES SPIRITUELS. 356 à 366
ÉPIGRAMMES. 367 à 373
CHANSON contre Fontenelle. 374
MADRIGAL. 375
IMPROMPTU. ibid.
PORTRAIT d'Antoine Arnauld. 376
ÉPITAPHE du même. 377
SONNETS. ibid. et 378
STANCES à Parthénisse. 379
Urbis et ruris differentia. 381
COUPLETS sur la réception de Fontenelle à l'académie françoise. 383

FIN DE LA TABLE DU QUATRIÈME VOLUME.

www.ingramcontent.com/pod-product-compliance
Lightning Source LLC
Chambersburg PA
CBHW071857230426
43671CB00010B/1374